Nur sechs Tage lang, vom 7. bis zum frühen Morgen des 13. April 1919, währte die »Bairische Räterepublik«, die auch als »Dichterrepublik« in die Geschichte einging und deren wichtigstes Sprachrohr der Anarchist Erich Mühsam war. Bis heute beflügeln diese sechs Tage sozialrevolutionäre Träume von einer gesellschaftlichen Alternative zu Parlamentarismus einerseits und Parteidiktatur andererseits. Doch wie genau sah Mühsams Vision aus, und woran scheiterte sie?

Markus Liske montiert und kommentiert Texte, Tagebuchauszüge und Briefe Erich Mühsams zu einer umfassenden Erzählung seines jahrzehntelangen Ringens um eine wirklich freie Gesellschaft – zu einer individuellen ideengeschichtlichen Reise, die 1901 in Friedrichshagen bei Berlin beginnt und die mit der Ermordung dieses außergewöhnlichen Dichters und Menschenfreundes im KZ Oranienburg endet.

Markus Liske, 1967 in Bremen geboren, lebt in Berlin. Er ist Autor und Teil der Band »Der singende Tresen«. Nach mehreren Bänden mit Satiren und Essays war er 2011 Mitherausgeber der erzählerischen Anthologie »Kaltland – Eine Sammlung«. Für den Verbrecher Verlag stellte er mit Manja Präkels das Erich-Mühsam-Lesebuch »Das seid ihr Hunde wert!« (2014) und den Band »Vorsicht Volk! Oder: Bewegungen im Wahn?« (2015) zusammen. Sein erster Roman »Glücksschweine« erschien 2016 ebenfalls im Verbrecher Verlag.

Markus Liske

SECHS TAGE IM APRIL

Erich Mühsams Räterepublik

VERBRECHER VERLAG

Erste Auflage
@ Verbrecher Verlag 2019
www.verbrecherei.de

Korrektorat: Christian Wöllecke
Satz: Christian Walter
Druck: CPI Clausen & Bosse, Leck
Der Verlag dankt Vreda Marschner.

ISBN: 978-3-95732-375-0

Printed in Germany

Vorwort
9

I. POESIE DER REVOLUTION
13

II. ALLE MACHT DEN RÄTEN!
85

III. TESTAMENT DER FREIHEIT
249

Literaturauswahl
287

Von deutschen Dichtern lies am meisten,
nur die so viel wie Mühsam leisten.

Mynona alias Salomo Friedlaender

Vorwort

Runde Jubiläen bedeutender historischer Ereignisse bringen gewöhnlich eine wahre Schwemme von mehr oder weniger wissenschaftlichen Büchern und Artikeln mit sich, die oft mehr über die Zeit aussagen, in der sie geschrieben wurden, als über die Zeit, die sie zu beschreiben vorgeben. So war es auch, als man 2018 des hundert Jahre zurückliegenden Revolutionsversuchs im Deutschen Reich nach dem Ende des Ersten Weltkriegs gedachte. Da dieser von Arbeitern und Soldaten getragene Aufstand letztlich in eine repräsentative demokratische Verfassung mündete, und wir heute in Zeiten leben, in denen diese Form der Demokratie scheinbar ihren Glanz verloren hat, weltweit wieder autoritäre Regime auf dem Vormarsch sind, mag es nachvollziehbar sein, die sogenannte Weimarer Republik als wenn auch labiles, so doch strahlendes Ergebnis einer vollendeten Revolution umzudeuten. Falsch ist es dennoch.

Diese nach dem Ort ihrer verfassungsgebenden Nationalversammlung benannte Republik war de facto eine Fortsetzung des Deutschen Reiches. Ihre maßgeblichen Konstrukteure, die Sozialdemokraten Friedrich Ebert und Philipp Scheidemann, waren keine Revolutionäre, sondern Repräsentanten des alten Systems. Die tatsächlichen Revolutionäre wurden auf ihren Befehl hin überall im Reich von rechtsextremen Freikorps-Verbänden zusammengeschossen, wurden mithilfe haarsträubender Rechtsverdrehungen zu langen Haftstrafen oder zum Tode verurteilt. Damit bereiteten Ebert und Scheidemann bereits 1919 den Boden für den Aufstieg des deutschen Faschismus. Dass das sicherlich nicht ihre Intention war, dass sie vielmehr wohl dachten, ohne eine Einbindung des nationalistisch-autoritären Bürgertums und gegen die Interessen der kapitalistischen Elite des Kaiserreichs könne kein neues System geschaffen werden, sei dahingestellt. Doch das Gemetzel an den Revolutionären auch in der Rückschau nicht als entscheidenden Geburtsfehler der Republik zu erkennen und die Revolution mithin als eine gescheiterte zu beschreiben, ist nur um den Preis möglich, dass man den Ermordeten unterstellt, sie seien Feinde der Republik gewesen, ihr Ziel eine Parteidiktatur, wie jene, die sich in der Sowjetunion herausbildete.

So kommt es wohl, dass die Bayerische Räterepublik, deren gewaltsames Ende zugleich das Ende der Revolutionszeit markiert, in den meisten Publikationen des Jahres 2018 eher randständig, zuweilen gar als bloße Skurrilität beschrieben wird. Dass sie überdies meist mit dem USPD-Sozialdemokraten Kurt Eisner, der ihr Zustandekommen gar nicht mehr erlebte, identifiziert wird. Und dass ihr entschiedenster Verfechter und lebenslanger Apologet zuweilen nicht einmal erwähnt wird: der 1878 in Berlin geborene und 1934 im KZ Oranienburg ermordete anarchistische Dichter Erich Mühsam.

Als Manja Präkels und ich 2014 für den Verbrecher Verlag das Erich Mühsam-Lesebuch »Das seid ihr Hunde wert!« zusammenstellten, war es unser Ziel, Originaltexte Mühsams unkommentiert zu einer künstlerischen Autobiographie zu montieren, die alle Phasen und Facetten seines Lebens beleuchten sollte. Die Zeit seines Engagements für die Bayerische Räterepublik und die Idee einer von autoritären Strukturen befreiten Gesellschaft, die ihn lebenslang umtrieb, konnten dabei notgedrungen nicht in angemessener Ausführlichkeit dargestellt werden. Mit diesem Buch nun möchte ich das nachholen und damit zugleich die bedauerliche zeitliche Lücke in der wunderbaren Gesamtausgabe von Mühsams Tagebüchern, die die letzten Kriegsjahre und die komplette Revolutionszeit umfasst, wenigstens ein bisschen schließen.

Dass es diese Lücke überhaupt gibt, ist zweifellos der Tatsache geschuldet, dass Mühsams Tagebuchhefte jener Jahre Bewertungen von Begegnungen und Gesprächen mit späteren Parteikommunisten enthielten, die der sowjetischen Zensur nicht genehm waren. Jedenfalls waren die Tagebücher komplett, als Zenzl Mühsam nach der Ermordung ihres Mannes in die Sowjetunion floh und dessen Nachlass dem Maxim-Gorki-Institut übergab. Als sie 1955, nach fast zwei Jahrzehnten in sowjetischen Gefängnissen, Straflagern und Verbannung, in die DDR ausreisen durfte, waren sie es nicht mehr.

Der Leidensweg Zenzls in der Sowjetunion und ihre späteren Schwierigkeiten, wenigstens ein paar von Mühsams Texten in der DDR zu veröffentlichen, belegen, für wie gefährlich seine libertären Ansichten von Parteikommunisten und -sozialisten auch lange nach seinem Tod noch erachtet wurden, und dass die Räterepublik, wie sie Mühsam in Bayern realisieren wollte, in scharfem Gegensatz zum autoritären Staatssozialismus späterer Jahre gestanden hätte.

Wie schon bei »Das seid ihr Hunde wert!« habe ich auch in diesem Buch auf Kommentare von Zeitzeugen komplett verzichtet und lasse ausschließlich Erich und Zenzl Mühsam selbst zu Wort kommen. Das Buch hat mithin nicht den Anspruch, eine umfassende historische Darstellung der Revolutionszeit in Bayern zu liefern, sondern ausschließlich den, die subjektive Perspektive Mühsams zu beleuchten.

Zur besseren Lesbarkeit wurden die Texte in neue Rechtschreibung gesetzt und offensichtliche Druckfehler der Originalausgaben behoben. Des Weiteren wurden bei Mühsam unsystematisch variierende Begrifflichkeiten, etwa bei Parteikürzeln, zum leichteren Verständnis vereinheitlicht. Die Mehrheitssozialdemokraten (MSPD bzw. MSP) erscheinen hier daher durchgängig als SPD, die Unabhängigen Sozialdemokraten, von Mühsam hin und wieder nur mit USP abgekürzt, unter dem gebräuchlicheren Kürzel USPD.

Mein Dank gilt all denen, die sich im Laufe der letzten Jahrzehnte um Mühsams Werk verdient gemacht haben, insbesondere den Herausgebern der Tagebücher Chris Hirte und Conrad Piens sowie unseren gemeinsamen Verlegern Jörg Sundermeier und Kristine Listau. Außerdem möchte ich meiner Frau, Freundin und Kollegin Manja Präkels für zahllose inspirierende Diskussionen danken, den Musikerkollegen unserer Band Der Singende Tresen für all die gemeinsamen Auftritte in Sachen Mühsam, meiner guten Freundin Anja Exner für ihre Hilfe bei der Transkription und Maria Oschana dafür, dass ich dieses Buch in ihrer schönen, stillen Wohnung über den Dächern von Exarchia fertigstellen konnte. Danke.

Markus Liske
Athen, Januar 2019

I.

POESIE DER REVOLUTION

Hoffnung

Von meiner Hoffnung lass ich nicht,
ich ließe denn mein Leben,
dass einmal noch das Weltgericht
ein Lächeln muss umschweben.

Und kann es nicht durch Gott geschehn,
dass sich die Menschheit liebe,
so muss es mit dem Teufel gehn,
dem sich die Welt verschriebe.

Der Teufel hol Gesetz und Zwang
samt allen toten Lettern!
Er leih dem Geiste Mut und Drang,
die Tafeln zu zerschmettern!

Am Anfang trennte Gottes Rat
die Guten von den Bösen.
Am Ende steht die Menschentat,
den Gottesbann zu lösen.

Stumm starrt der Weltengeist und friert,
wo wild Begriffe toben.
Wenn einst das Wort die Tat gebiert,
wird er uns lächelnd loben.[1]

---

[1] Aus: Sammlung 1898–1928, Berlin 1928

Es müssen beeindruckende Bilder gewesen sein: Zehntausende Menschen strömen auf die Münchener Theresienwiese, und es ist nicht Oktoberfest. Sie singen in den großen Bierkellern der Stadt, und es sind keine Volkslieder. Aus den Fenstern hängen Fahnen, die nicht blauweiß sind wie der bayerische Himmel, sondern – rot. November 1918. Die Revolution hat München erfasst und wird hier, im rückständigen Süden des Deutschen Reiches, fünf Monate später ihre unwahrscheinlichste und anrührendste Blüte hervorbringen – die Bayerische Räterepublik. Ein politisches Kuriosum, ersonnen von anarchosozialistischen Dichtern und Querdenkern, gesellschaftlichen Außenseitern, eben noch Spottfiguren des monarchistischen Bürgertums. Eine kurze Episode nur in dieser Zeit der Unruhe, weniger noch als der sprichwörtliche Wimpernschlag der Geschichte. Ein Moment der Freiheit, bevor aus Bayern der reaktionärste Teil der sogenannten Weimarer Republik werden wird, aus München Adolf Hitlers »Hauptstadt der Bewegung«. Und doch beflügelt die Bayerische Räterepublik bis heute die Fantasien jener, die die Welt, in der wir leben, nicht für die beste aller möglichen halten, und die zugleich der Überzeugung sind, dass es linke Perspektiven jenseits von Parteidiktatur und tristem Bürokratismus gibt. Jener also, die Gleichheit nicht gegen Freiheit aufwiegen mögen. Die eigentliche Bayerische Räterepublik, von Nationalsozialisten und Konservativen später gern als »Literatenrepublik« oder »Judenrepublik« verächtlich gemacht, von Parteikommunisten als »Scheinräterepublik« diskreditiert, dauerte gerade einmal sechs Tage. Dennoch (oder vielleicht gerade deswegen) haftet ihr der Zauber des nicht gewählten Weges im Sinne von Robert Frosts berühmtem Gedicht »The road not taken« an.

Andere Wege – parlamentarische Demokratie, Faschismus, Staatssozialismus – wurden lange genug beschritten, um sie in all ihren Facetten analysieren zu können. Dieser Weg aber fand, zumindest für den deutschsprachigen Raum, im Frühjahr 1919, kaum dass er betreten war, ein blutiges Ende. Wobei allerdings sein Anfang nicht erst im No-

vember 1918 zu suchen ist, auch wenn er sich Vielen erst im Zuge der Revolution als ernsthafte Perspektive offenbarte. Im weiteren ideengeschichtlichen Rahmen war zu diesem Zeitpunkt bereits eine jahrhundertelange Strecke auf Trampelpfaden am Rande der Hauptstraße der Historie zurückgelegt worden, und auch die konkrete Vorarbeit der wichtigsten Akteure dieser Bayerischen Räterepublik hatte schon Jahre zuvor begonnen, zu einer Zeit, als das deutsche Kaiserreich noch unumstößlich, seine Gesellschaftsstruktur festgefügt und keine Revolution in Sichtweite schien.

Selbstverständlich gibt es keinen einzelnen Punkt auf der Zeitachse, der sich als ein klar definierter Ursprung markieren ließe, von dem aus sich alles Weitere in kausaler Zwangsläufigkeit entwickelt hätte. Was es aber gibt, das sind folgenreiche Begegnungen, erstere längere Gespräche zwischen Menschen, deren äußere Gegebenheiten und konkrete Inhalte weitgehend unserer Fantasie überlassen bleiben. Im Falle der Bayerischen Räterepublik ist die wahrscheinlich wichtigste Begegnung dieser Art im Jahr 1901 und fast 600 Kilometer nordöstlich vom späteren Schauplatz München zu verorten. Man kann sie sich so vorstellen: Zwei schmächtige, zottelbärtige Männer mit breitkrempigen Hüten spazieren am Ufer des Müggelsees entlang. In ihren ausgebeulten schwarzen Anzügen wirken sie zwischen den mit weißen Kleidern, Rüschenblusen und Sonnenschirmchen, mit Frack und Zylinder oder mit pickelhaubengekrönten Ausgehuniformen herausgeputzten Sommerfrischlern der Berliner Oberschicht wie zerzauste Rabenvögel, die in einen Zuchttaubenschwarm geraten sind. Sich jederzeit der missgünstigen Blicke gewiss, schlendern sie aufreizend lässig dahin. Der ältere von beiden doziert über eine freiere und gerechtere Gesellschaft jenseits von Kaiserverehrung, preußischem Uniformfetischismus, Ausbeutung, Kapitalismus, Krieg. Der Mann ist mit seinen gerade mal 31 Jahren längst kein Unbekannter mehr. Seit zehn Jahren schon gehört er zum Umfeld des Friedrichshagener Dichterkreises, war zwi-

schenzeitlich Herausgeber der Zeitschrift Der Sozialist gewesen und hatte 1893 die Berliner Anarchisten auf dem Sozialistischen Arbeiterkongress der II. Internationale in Zürich vertreten. Sein Name ist Gustav Landauer, Sohn einer jüdischen Schuhhändlerfamilie aus Karlsruhe, studierter Germanist und Philosoph. Im Gegensatz zu den marxistischen Sozialisten, die überwiegend in der SPD ihre politische Heimat sehen, betrachtet er die Welt nicht allein materialistisch. Ein anderes, besseres Leben, so seine Überzeugung, wird auch neue Menschen brauchen. Die möchte er in ländlichen Siedlungen aufziehen und unterrichten. »Umbildung der Seelen« nennt er das.

Der acht Jahre jüngere Mann an seiner Seite lauscht begierig. Auch er stammt aus einem bürgerlich-jüdischen Elternhaus. Vor Kurzem erst ist er nach Berlin gezogen und hat an Silvester 1900 seinen verhassten und nur auf Druck des Vaters erlernten Beruf aufgegeben, um fortan als Dichter zu leben. Doch dieser private Befreiungsakt genügt ihm nicht. Alle Formen von Zwang und Ungerechtigkeit sind ihm ein geradezu körperliches Gräuel, gleich, ob sie ihn persönlich betreffen oder nicht. Er sucht nach Visionen einer freieren Welt, wie sie Landauer zu bieten hat, aber er will diese Welt nicht als eine irgendwann kommende vorbereiten, sondern selbst in ihr leben oder beim Versuch sie zu errichten sein Leben lassen. Der Name dieses hitzköpfigen jungen Poeten, den es zur Revolution drängt, koste es was es wolle, ist Erich Mühsam. Was ihn antreibt, ist dem ersten Text zu entnehmen, den er wenig später als Redakteur für die anarchistische Zeitschrift »Der arme Teufel« verfasst:

»Nolo« will ich mich nennen – nolo: ich will nicht! Nein, ich will in der Tat nicht! Nein, ich will nicht mehr all die unnötigen Leiden sehn, deren die Welt so übervoll ist; mich all den Torheiten fügen, die uns die Freude rauben und das Glück in all den Ketten hängen, die unsere Füße hindern, auszuschreiten, und unsere Hände, zuzugreifen. Ich will nicht mehr mit ansehen, wie ungerecht und chaotisch des Lebens höchste Güter – Kunst und Wissen, Arbeit und Genuss, Liebe und Erkenntnis – verstreut liegen. Ich will nicht mehr – nolo! (...) Ein neues Wissen, eine neue Kunst ringt hervor. Neue Wahrheiten erzwingen sich ihren Weg. Helfen wir ihnen zum Licht und zum Leben! Die alten Dogmen müssen dem Neuen weichen, das gewaltig hereintritt.²

Der junge Dichter Mühsam will keine Kompromisse – nicht für die Welt und nicht für sich. 18 Jahre später allerdings wird es sein deutlich besonnenerer Mentor Landauer sein, den der Kampf um die Räterepublik auf grausame Weise das Leben kostet. Mühsam wird zu diesem Zeitpunkt bereits in einer Zelle sitzen, zur Untätigkeit verdammt, das Schicksal verfluchend. In diesem schlimmsten aller Kompromisse – zwischen Leben und Tod – gefangen, verfasst er, gerade 41 Jahre alt geworden, eine »Selbstbiographie«:

Nicht die äußeren Daten eines Lebenslaufs geben das Bild eines Schicksals, sondern die inneren Wandlungen eines Menschen bezeichnen seine Bedeutung für die Mitwelt. Nur im Zusammenhang mit dem Weltgeschehen haben die Begebenheiten im Leben des Einzelnen Interesse für die Gesamtheit. Wessen Privatleben niemals die Zentren des Gesellschaftslebens berührt, dessen Biographie kann für Seelenforscher höchst wichtig sein, die Allgemeinheit geht sie nichts an.

Wäre meine Lyrik als Ausdruck meiner Gesamtpersönlichkeit alles, was ich den Volksgenossen zu bieten hätte, dann hätte ich der Aufforderung, eine Selbstbiographie zu schreiben, in der Weise entsprochen, dass ich den Literaturhistorikern Gelegenheit gegeben hätte, mich zu klassifizieren: Geboren 6. April 1878 in Berlin; Kindheit, Jugend, Gymnasialbesuch in Lübeck; unverständige Lehrer, niemand,

---

2 Aus: Nolo, Der arme Teufel, 1. Jahrgang, Nr. 1, Berlin 1902

der die Besonderheit des Kindes erkannt hätte, infolgedessen: Widerspenstigkeit, Faulheit, Beschäftigung mit fremden Dingen. Frühzeitige Dichtversuche, die weder in der Schule noch im Elternhause Förderung finden, im Gegenteil als Ablenkung von der Pflicht betrachtet werden und deshalb im Geheimen geübt werden müssen. Dummejungenstreiche, zuletzt – als Untersekundaner – geheime Berichte über Schulinterna an die sozialdemokratische Zeitung; daher wegen »sozialistischer Umtriebe« Relegation. Ein Jahr Obersekunda in Parchim (Mecklenburg), dann Apothekerlehrling in Lübeck; 1900 Apothekergehilfe an verschiedenen Orten, zuletzt in Berlin. Als freier Schriftsteller Teilnahme an der »Neuen Gemeinschaft« der Brüder Hart; Bekanntschaft mit vielen öffentlich sichtbaren Persönlichkeiten. Freundschaft mit Gustav Landauer, Peter Hille, Paul Scheerbart und anderen. Bohemeleben; Reisen in der Schweiz, in Italien, Österreich, Frankreich; schließlich 1909 dauernder Wohnsitz in München; Kabaretttätigkeit, Theaterkritik, schriftstellerische Tätigkeit, meist polemisch-essayistisch. Freundschaftlicher Verkehr mit Frank Wedekind und vielen andern Dichtern und Künstlern. Drei Gedichtbände, vier Theaterstücke; 1911–14 Herausgeber der literarisch-revolutionären Monatsschrift »Kain. Zeitschrift für Menschlichkeit«, die vom November 1918 bis April 1919 als reines Revolutionsorgan in neuer Folge erschien. Seitdem in den Händen der konterrevolutionären bayerischen Staatsgewalt.

Mit diesen Mitteilungen wäre meine Biographie erschöpft, wenn ich mein Leben allein in meinen literarischen Leistungen charakterisiert sähe. Aber ich betrachte meine schriftstellerische Arbeit, vor allem meine dichterischen Erzeugnisse, nur als das Archiv meiner seelischen Erlebnisse, als Teilausdruck meines Temperaments. Das Temperament eines Menschen ist die Summe der Stimmungen, die Hirn und Herz von den Ausströmungen der Umwelt empfangen. Das meinige ist revolutionär. Mein Werdegang und meine Lebenstätigkeit wurden bestimmt von dem Widerstand, den ich von Kindheit an den Einflüssen entgegensetzte, die sich mir in Erziehung und Entwicklung im privaten und gesellschaftlichen Leben aufzudrängen suchten. Die Abwehr dieser Einflüsse war von jeher der Inhalt meiner Arbeit und meiner Bestrebungen.

Im Staat erkannte ich früh das Instrument zur Konservierung all der Kräfte, aus denen die Unbilligkeit der gesellschaftlichen Einrichtungen erwachsen ist. Die Bekämpfung des Staates in seinen wesentlichen Erscheinungsformen, Kapitalismus, Imperialismus, Militarismus, Klassenherrschaft, Zweckjustiz und Unterdrückung in jeder Gestalt, war und ist der Impuls meines öffentlichen Wirkens. Ich war Anarchist, ehe ich wusste, was Anarchismus ist; ich war Sozialist und Kommunist, als ich anfing, die Ursprünge der Ungerechtigkeit im sozialen Betriebe zu begreifen. Die Klärung meiner Ansichten verdanke ich meinem Freunde Gustav Landauer; er war mein Lehrer, bis ihn die weißen Garden ermordeten, die eine sozialdemokratische Regierung zur Niederzwingung der Revolution nach Bayern gerufen hatte.

Meine revolutionäre Tätigkeit hat mich oft mit den Staatsgewalten in Konflikt gebracht. So stand ich 1910 vor Gericht wegen des Versuches, das sogenannte Lumpenproletariat zu sozialistischem Bewusstsein heranzuziehen ... Während des Krieges stand ich in den Reihen der Opposition gegen die Lenker der deutschen Schicksale ... Wegen der Weigerung, eine Arbeit im vaterländischen Hilfsdienst anzunehmen, wurde ich Anfang 1918 nach Traunstein in Zwangsaufenthalt geschickt, wo ich bis zur Auflösung der »Großen Zeit« in Niederlage und Zerfall blieb.

Selbstverständlich fand mich die Revolution von der ersten Stunde aktiv auf dem Posten ...[3]

---

3 Aus: Sammlung 1898–1928, Berlin 1928

Im Jahr 1901 allerdings, als Mühsams Traum von der Revolution beginnt, ist von einer revolutionären Situation weit und breit noch nichts zu sehen. Das erst dreißig Jahre zuvor gegründete Deutsche Reich ist eine hermetische Klassengesellschaft, getragen von einem völkisch-nationalistisch geprägten Bürgertum, dessen besinnungslose Kaiserverehrung ein Spiegelbild jener eigenen Sehnsucht nach Größe und Bedeutung ist, die bereits in der gescheiterten bürgerlichen Revolution von 1848/49 mitgeschwungen hatte. Genährt werden die identitären Fantastereien von einem romantisch überformten Militarismus und einer konstruierten Volkshistorie, die ihren steinernen Ausdruck in immer bizarreren Monumentaldenkmalen findet: das Hermannsdenkmal (1875), das den Sieg vermeintlicher Vorfahren über Rom feiern soll, das Niederwalddenkmal (1883) als »Wacht am Rhein« gegen den französischen Erzfeind, das Kyffhäuserdenkmal (1886) für den zum Paten des Reiches berufenen Kaiser Friedrich Barbarossa, das Reiterstandbild am Deutschen Eck (1887) für seinen halluzinierten Wiedergänger Wilhelm I. und schließlich das Völkerschlachtdenkmal (1913), dessen düster-dräuende Formgebung aus heutiger Perspektive bereits die Weltkriege und den Nationalsozialismus anmoderiert. Das gebildete Bürgertum ergötzt sich am bombastischen Sound der Wagner-Opern, lässt seine Kinder die klassischen »Dichter und Denker« auswendig lernen. Die Studenten grölen in ihren Burschenschaften Schmählieder auf die französischen Nachbarn, antisemitische und rassistische Theorien sind auch an den Universitäten zunehmend en vogue. Unter dem Bildungs- und Wohlstandsfirnis vegetieren die von Tuberkulose und Typhus geplagten Arbeiter der prosperierenden deutschen Industrie zusammengepfercht wie Nutztiere in dunklen Hinterhöfen. Ihre parlamentarische Vertretung, die SPD, hat sich zwar längst zur Massenpartei entwickelt und wird ab 1912 sogar stärkste Kraft im Reichstag sein, hat aber den Schock des bismarckschen Sozialistengesetzes so tief in den Knochen sitzen, dass sie sich stets bemüht, keinen

Zweifel an ihrer Treue »zu Kaiser und Vaterland« aufkommen zu lassen.

Der junge Erich Mühsam hat mithin gute Gründe, seine politische Heimat nicht in dieser marxistisch daherschwadronierenden Partei, die da glaubt, den Sozialismus für sich gepachtet zu haben, zu verorten und stattdessen neue Wege zu Gerechtigkeit, Gleichheit und Freiheit zu suchen. Er weiß, was er nicht will, aber was er will, das muss er erst noch herausfinden. In seiner frühen Novelle »Tante Klodt« lässt er den Ich-Erzähler sagen:

Ich fühlte den unwiderstehlichen Drang in mir, es den anderen gleichzutun, mitzureden im Rat der Weisen und womöglich meine freiheitlichen Ansichten – oh, ich hatte schon Zeitung gelesen und manchmal mit zugehört, wenn mein Vater mit guten Freunden über Politik redete – in gesetzgeberischer Tätigkeit zu verwerten. Aber wie sollte ich es anfangen, mein wertvolles Ich zur Geltung zu bringen? In den Rat der Stadt würde mich zunächst noch keiner wählen. In Volksversammlungen als Redner auftreten, das ging auch nicht. Da würde mir mein Vater schön auf den Kopf kommen, da würde mein Lehrprinzipal schöne Augen machen. So entschied ich mich denn, meine Lebensweisheit an einen Stammtisch zu tragen. Ja, beim vollen Schoppen Bier im Kreise gewiegter und erfahrener Männer, da wollte ich es herauslassen, was mich erfüllte, da sollten meine Ideale den erstaunten Hörern mit schwungvollen Worten entwickelt werden.[4]

Tatsächlich treibt sich der frisch in Berlin eingetroffene Mühsam erst einmal an verschiedenen Künstlerstammtischen herum, sucht im Café

---

4 Aus: Tante Klodt, Mühsam-Magazin Nr. 4 der Erich-Mühsam-Gesellschaft Lübeck 1994

*des Westens*⁵*, das schon bald zu einer Art Lebensmittelpunkt für ihn werden wird, nach Anschluss. Zum wichtigsten Anlaufpunkt aber wird die »Neue Gemeinschaft« der Brüder Heinrich und Julius Hart, zweier Dichter aus »besserem Hause«:*

Heinrich Hart war derjenige, der mich bei dem Ursprung aus dem bürgerlichen Beruf eines Apothekergehilfen ins Ungewisse dessen, was mir Freiheit schien und was sich auf dem schwanken Grunde der erwerbsmäßigen Schriftstellerei aufbauen sollte, ermutigte und förderte und mir so lange ein selbstloser und guter Berater war, bis mein Enthusiasmus für die von ihm und seinem Bruder Julius Hart begründete »Neue Gemeinschaft« verflogen war und mein rebellisches Temperament mich steinigere Wege aufsuchen ließ.⁶

Was diese »Neue Gemeinschaft« ausmacht, was sie will, ist schwer auf einen Punkt zu bringen. Vor allem ist sie ein Sammelbecken für Künstler und Denker unterschiedlichster Provenienz, die nicht im Elfenbeinturm sitzen, sondern das Leben der Menschen tätig verändern wollen, mit eigenem Beispiel voran. Unter ihnen sind Vegetarier und Veganer, Anhänger von Freikörperkultur und freier Liebe, Mystiker, Psychoanalytiker und Anarchisten. Damit ist die »Neue Gemeinschaft« Teil der oft ins Skurrile driftenden Lebensreformbewegungen, die das erstarkende deutsche Bürgertum seit Mitte des 19. Jahrhunderts hervorbringt. Und da diese Szene nicht sehr groß ist, kennt jeder jeden, gibt es zahlreiche personelle Überschneidungen zu anderen Initiativen, wie dem Friedrichshagener Dichterkreis oder der Freien Volksbühne,

---

5 Das Café des Westens befand sich an der Stelle des heutigen Kranzler-Ecks im damals neuesten und modernsten Teil Berlins. Wegen seines Stammpublikums aus jungen Künstlern, Dichtern und Philosophen wurde es auch »Café Größenwahn« genannt.
6 Aus: Soll man Memoiren schreiben? – Namen und Menschen. Unpolitische Erinnerungen, Leipzig 1949

einem der politischeren Projekte, das sich gegen die staatliche Zensur wendet und versucht, Proletariern und Arbeitslosen Zugang zur Kultur zu ermöglichen. Heinrich Hart wird zu Mühsams Türöffner, und durch ihn nimmt er auch erste Fühlung zu seinem späteren Mentor auf:

Heinrich Hart schien meine Befangenheit gar nicht zu bemerken. Er behandelte mich wie einen Gleichaltrigen und Gleichklugen und berichtete von den Veranstaltungen, die die »Neue Gemeinschaft« schon geleistet hatte, von denen, die demnächst folgen sollten, von der Wohnung in der Uhlandstraße, wo bald im eigenen Heim Vorträge und gesellige Zusammenkünfte neue Menschen zu neuem Leben vereinigen würden, bis ein großes Landgut erworben werden könne, und da sollten wir dann als Vorläufer einer in sozialer Verbundenheit wirkenden großen Commune der Menschheit eine Gemeinschaft des Glücks, der Schönheit, der Kunst und der von neuer Religiosität erfüllten Weihe »vorleben«. Ich war aufs höchste begeistert von all den herrlichen Aussichten und auch von dem Mann, der so gläubig und von seiner Mission erfüllt, und dabei doch so klar und stellenweise sogar humorvoll in seiner harten westfälischen Aussprache mir jungem Menschen seine Ideen und Pläne darlegte. Dann fragte er mich nach meinen eigenen Angelegenheiten, und als ich ihm nun erzählte, dass mir die Apothekerei bis zum Halse stehe, dass ich die Berufung zum Dichter in mir fühle, dass ich deshalb meine Existenz als freier Schriftsteller führen wolle, dass mir aber von allen Seiten abgeraten und die schrecklichste Enttäuschung prophezeit würde, da rief er fröhlich: »Unsinn! Wenn Sie keine Angst haben vor ein bisschen Hunger und ein paar Fehlschlägen, dann tun Sie getrost, was Sie ja doch tun müssen. Wie kann man denn einem Menschen von dem abraten, wozu es ihn drängt!« Er stellte mir seinen Rat zur Verfügung, ermunterte mich, ihm meine Gedichte zu bringen, und lud mich ein, zur Eröffnung des Gemeinschaftsheims und zu dem Vortrag zu kommen, den Gustav Landauer an dem und dem Tage im Architektenhause über Tolstoi halten werde. Beim Abschied schenkte er mir die zweite Flugschrift vom Reich der Erfüllung: »Die ›Neue Gemeinschaft‹, ein Orden vom wahren Leben. Vorträge und Ansprachen, gehalten bei den Weihefesten, den Versammlungen und Liebesmahlen der ›Neuen Gemeinschaft‹ mit Beiträgen von Heinrich Hart, Julius Hart, Gustav Landauer und Felix Hollaender«.

Beglückt zurückgekehrt an meine Arbeitsstätte am Wedding, stürzte ich mich auf das Buch. Darin aber fand ich einen Aufsatz, den ich fünf-, sechsmal hintereinander las, der mich erschütterte, aufwühlte, überwältigte und mit einer Klarheit erfüllte, die mir zugleich zeigte, wie wenig Klarheit ich aus den Hymnen und Lyrismen des ersten Bändchens gewonnen hatte. Den Namen des Verfassers dieses Aufsatzes kannte ich bis dahin noch nicht, diese Berühmtheit war meinem und offenbar auch Curt Siegfrieds[7] literarischem Spürgeist entgangen, und ich ahnte auch jetzt noch nicht, wie schlechthin entscheidend für mich der geistige Einfluss und die bis zu seinem gewaltsamen Tode anhaltende Freundschaft mit der Persönlichkeit werden sollte, die hier als Autor der Arbeit »Durch Absonderung zur Gemeinschaft« zum ersten Male in meine werdende Welt trat. Es war Gustav Landauer. Die von Heinrich und Julius Hart in den violetten Heften zuerst publizierte Arbeit aber hat Landauer später in sein Werk »Skepsis und Mystik« übernommen, ein Buch, dessen wesentlicher Inhalt bezeichnenderweise gerade eine scharfe Polemik gegen Julius Harts verschwommene Philosophie vom Neuen Gott und von der neuen Weltanschauung ausmacht.[8]

---

[7] Ein Jugendfreund Erich Mühsams aus Lübeck, der sich 1903 in München das Leben nimmt.
[8] Aus: Namen und Menschen – Namen und Menschen. Unpolitische Erinnerungen, Leipzig 1949

Die esoterisch-verquaste Überhöhung und Ritualisierung der »Neuen Gemeinschaft« stößt Mühsam bald ebenso ab wie die bourgeoise Lebensführung der Hauptprotagonisten. Da kann und will er nicht mithalten, sucht sein Heil lieber in ungezügelter künstlerischer Rebellion. Der kategorisierende Begriff dafür liegt ihm deutlich näher: Boheme. In seinen »Unpolitischen Erinnerungen« schreibt er:

Vor zwanzig Jahren wurde schrecklich viel über den Begriff der Boheme und des Bohemiens orakelt, und ich gehörte zu denen, die sich gelegentlich in Zeitschriften um die Klärung des wichtigen Problems bemühten, ob ein Bohemien als Produkt sozialer Gegebenheiten oder als ahasverischer Menschentypus anzusehen sei, wie er, unabhängig von Zeit und Umwelt, aus dem Zwang individueller Eigenschaften entsteht. In einem Artikel, den Karl Kraus 1906 in seiner Fackel druckte, habe ich mich, wenn mich mein Gedächtnis nicht täuscht, im Sinne der Auffassung ausgesprochen, dass Boheme die gesellschaftliche Absonderung künstlerischer Naturen sei, denen die Bindung an Konventionen und die Einfügung in allgemeine Normen der Moral und der öffentlichen Ordnung nicht entspreche. Wogegen ich besonders polemisierte, war die neckische Leutseligkeit, mit der die Verehrer des »munteren Künstlervölkchens« einen Taler springen ließen, um irgendwo ein gereimtes Dankeschön zu erwischen oder sich im Kreise von Malern, Dichtern und hübschen Modellen angenehm und ein wenig sündhaft unterhalten zu lassen.

Meine eigene Lebensführung entsprach so wenig den Anforderungen grundsatzfester Zeitgenossen an geregelte Ausgeglichenheit, dass das Bestreben, mich doch wie jeden Menschen irgendwo einzuordnen, nur durch die Etikettierung als Bohemien erreicht werden konnte. Die mit dieser Bezeichnung verbundenen Assoziationen werden gemeinhin von Murgers Zigeunerleben und Puccinis Oper hergeleitet, wo materielle Kalamitäten so lange mit leichtsinnigen Scherzen verpflastert werden, bis die Kunstjünger arrivieren und die Kapitulation vor sittenstrammer Moral und staatsbürgerlicher Korrektheit vollziehen. Man braucht nur an die ganz großen Bohemenaturen der Weltliteratur, etwa an Li Tai Pe oder François Villon, zu erinnern, um die Seichtigkeit solcher Vorstellungen zu zeigen. Ich habe gewiss viele recht vergnügte Stunden in Gesellschaft künstlerischer Menschen verlebt, und wir haben uns gewiss, wenn kein Geld da war, mit allerlei gewagten Mitteln zu helfen gesucht, weniger, um uns zu amüsieren, als um in häufig schlimmster Not unsere Kameradenpflicht zu erfüllen, aber dass das sozusagen organisierte Bummeln den Lebensinhalt geistig bewegter Persönlichkeiten ausgemacht hätte, dafür habe ich kein Beispiel gefunden. Weder Armut noch Unstetigkeit ist entscheidendes Kriterium für die Boheme, sondern Freiheitsdrang, der den Mut findet, gesellschaftliche Bindungen zu durchbrechen und sich die Lebensformen zu schaffen, die der eigenen inneren Entwicklung die geringsten Widerstände entgegensetzen.

Stimmt die Definition, dann habe ich nichts gegen meine Charakterisierung als Bohemien einzuwenden, dann ist aber auch klar, dass Boheme angeborene Eigenschaft von Menschen ist, die sich dadurch nicht ändert, dass der Freiheitswille nicht auf die Führung des eigenen Lebens in größtmöglicher Ungebundenheit beschränkt bleibt, sondern sich in Arbeit für die soziale Befreiung aller umsetzt. Bewusst oder geahnt – der Rebellentrotz der Fronde war bei all den Bohemenaturen lebendig, die nur je meinen Weg gekreuzt haben, ob sie sich aus dumpfen Proletarierkreisen, aus bigottischer Kleinbürgeratmosphäre, aus behütetem Bürgerwohlstand oder aus dem Museumsstaub adliger Herrenschlösser zur Freiheit der Künste und zur Geselligkeit auf sich selbst gestellter Menschen geflüchtet hatten. (...)

Die »Neue Gemeinschaft« ließ den sprühenden Glanz ihres Heiligenscheins rasch matt werden. Weihe in Permanenz schafft Narren, Zeloten und Spekulanten. Die Wohnung in der Uhlandstraße diente uns Jungen immerhin in den weihefreien Stunden als Klubraum zur Selbstbeköstigung. Zuerst hatten Gustav Landauer und ich uns die Erlaubnis erwirkt, dort zu kochen. Mir wurde die Erlaubnis dazu allerdings von Landauer bald entzogen, und er, der damals keine Familie hatte, übernahm die Bereitung der Mahlzeiten allein, nachdem ich einmal zur Herstellung von Omeletten alle Milch- und Eiervorräte verrührt hatte, ohne dass die Eierkuchen aufhörten zu zerbröckeln; ich hatte nämlich eine falsche Tüte genommen und statt Mehl Gips erwischt. Bald fand sich als dritter Mittagsstammgast ein Blumen- und Ansichtskartenmaler, Albert Jung, ein, und als Landauer dann zur Begründung seiner zweiten Ehe mit Hedwig Lachmann nach England abreiste, etablierten etliche junge Leute eine reguläre Tischgemeinschaft, und eine Anzahl Damen der »Neuen Gemeinschaft« übernahmen je einen Wochentag, um uns mit einem regelmäßigen Mittagessen zu versorgen. (...) Wir sollten bestimmte Verpflegungsbeiträge leisten, taten es aber selten und ließen uns recht gern von unseren freiwilligen Köchinnen gratis bewirten, am liebsten von der schönen, jungen Ludmilla von Rehren, die stets erlesene Speisen auf den Tisch stellte und in die wir samt und sonders verliebt waren.

Diese Tischgemeinschaft hatte mit Boheme herzlich wenig zu schaffen, sie war für die eigentlichen Zigeuner unter uns Verbürgerlichung, für die zu bürgerlichem Wandel Hinstrebenden so etwas wie Sturm und Drang, für uns alle eine faute de mieux-Angelegenheit, die kennzeichnender für die Entwicklung der »Neuen Gemeinschaft« war als für uns. Die »Neue Gemeinschaft« selbst alterte mit unheimlicher Geschwindigkeit. Die Harts und einige der Gläubigsten erhielten sich ihren Optimismus, andere fanden sich bald enttäuscht. Denn aus dem Überschwang des Sternenfluges zu neuen Lebensformen wurde Gewöhnung und in Jugendstil, der dazumal revoltierend modern war, gekleidete Spießerei. Regelmäßig zweimal wöchentlich gab es Vortragsabende, bei denen manchmal ausgezeichnete Köpfe ausgezeichnete Gedanken entwickelten: Martin Buber zum Beispiel, noch sehr jung, aber schon priesterlich versonnen, sprach im modernen Geiste von altjüdischer Mystik, Dr. Magnus Hirschfeld erzählte von sexuellen Absonderlichkeiten, die beim Namen zu nennen damals noch grauenvoll verwegen schien, es gab sehr interessante und wertvolle Diskussionen – aber der Freiheitsdrang derer, die im »Orden vom wahren Leben« grundstürzende Erschütterung von Himmel und Erde fördern und feiern wollten, blieb ungestillt. Kritik schuf Verstimmung, und der Zorn der Eiferer wandte sich nicht gegen das Kritisierte, nicht dagegen, dass schöngeistige Damen sich gewöhnten, mit Häkelarbeiten dabeizusitzen, wenn Julius Hart unsere Seelen mit All-Einheit impfte, nicht dagegen, dass spleenige Weltreformer zu Dutzenden in der »Neuen Gemeinschaft« ihre Traktätchen zu verhökern suchten, sondern gegen uns junge Stänkerer mit dem Eigensinn des unbestechlichen Idealismus, die wir Verwirklichung forderten und die Gemeinschaft der Vereinsversimplung anklagten.

Die Idee, auf eigener Scholle Verbindung von Arbeit und Verbrauch zu schaffen, lockte sogar Makler herbei, die mit sauber ausgerechneten Voranschlägen in der Tasche an Sonnenwendfeiern draußen in der Mark teilnahmen und zwischen Chorgesang und Weiherede ein smartes Grundstücksgeschäft anregten. Schließlich versackte die ganze Siedlungsidee in einem Kompromiss, der den Bohemecharakter des Plans, Menschen, fern von aller Konvention, ein freies Leben in selbst gewählten Formen führen zu lassen, zur komischsten Karikatur verzerrte. Statt Land zu erwerben, wurde in Schlachtensee ein Säuglingsheim gemietet, dessen Räume nach Bedarf und Zahlfähigkeit unter die Familien verteilt wurden, welche sich bereit zeigten, die Überwindung der Gegensätze durch Benutzung einer gemeinsamen Küche vorzuleben. Auch ein paar junge Adepten der neuen Weltanschauung durften mit hinausziehen; ich gehörte schon nicht mehr dazu, war aber in der ersten Zeit noch häufig als Gast draußen und sah ingrimmig und höhnend die erträumte Herrlichkeit in einem Lustspiel-Pensionat grotesken Kalibers dahinschwinden. Ein paar schöne Feste und künstlerische Veranstaltungen konnten die ursprüngliche Idee nicht retten.[9]

So erinnert sich ein etwas altersmilder Mühsam. Der junge Mann aber braucht einen radikalen Bruch und vollzieht ihn 1904 mit einem Artikel für die Zeitschrift »Der Anarchist«. Unter dem deutlichen Titel »Das Ende vom Liede« heißt es dort:

Deutschland ist bekanntlich das Land der »Dichter und Denker«; und es ist erfreulich, dass der Sprachgebrauch diese beiden Kategorien immerhin wertvoller Abarten der Gattung Mensch sorglich auseinanderhält. Denn es gibt nichts Bedenklicheres, als wenn's die Dichter mit dem Denken, oder die Denker mit dem Dichten kriegen. Solches Zusammenkochen von Hirnschmalz und Seelenbrühe bewirkt fast immer eine ungenießbare Moralsuppe, die auszulöffeln selbst den Urhebern oft recht sauer wird. Am besten ist es hier, man gießt die Terrine einfach aus, wenn man merkt, dass der Inhalt unschmackhaft ist. Zu diesem Radikal-Verfahren scheinen sich denn nun auch die lieben Schlachtenseer entschlossen zu haben, nachdem sich die Köche, die den Brei verdorben haben, zuerst gründlich den Magen vergiftet hatten.

Wen beschliche nicht ein Weltenschauer beim Anblick der beiden gelben und violetten Wedeltücher, die an Sonn- und Feiertagen aus der Urchristen-Brutanstalt am Schlachtensee dem Fremdling der neuen Götter neue Welterkenntnis zuwinken! Diese schmucken Fahnen also sollen, wie glaubwürdig versichert wird, mit dem 1. Oktober dieses Jahres endgültig eingezogen, und dann voraussichtlich

---

9 Aus: Boheme – Namen und Menschen. Unpolitische Erinnerungen, Leipzig 1949

zu Reformkleidern für einige der am Religionsstiften seinerzeit beteiligt gewesene Damen umgearbeitet werden.

Wenn Euch also, liebe Genossen, im nächsten Winter in Berlin ein paar sezessionistisch angetane Reformweiber in Tao-Gewändern begegnen, so erkennt daran, wie recht Julius Hart mit seiner Verwandlungslehre hat. Denn, wenn man erwägt, dass die Fahnen, aus denen diese Gewänder entstanden sind, das Symbol einer Gemeinschaft waren, die die Lösung aller ethischen, ästhetischen, religiösen und sozialen Fragen versprach – und nach Julius Harts Philosophie ist ja das Symbol mit dem Symbolisierten identisch – so erhellt daraus, dass jene Damen als wandelnde Lösung der sozialen Frage in Erscheinung treten werden.

Freilich! Als ich vor gut 3 ½ Jahren mit dem ganzen Enthusiasmus eines vom bourgeoisen Betrieb Angeekelten in der Neuen Gemeinschaft Zuflucht suchte, in der sicheren Voraussetzung, dass all das, was die Brüder Hart damals in ihren Broschüren über das neue Land sagten, das sie gründen wollten, nicht nur Worte seien, sondern Aufstachelungen zu kräftigem Tun; dass das, was Gustav Landauer in seinem Aufsatz »Durch Absonderung zur Gemeinschaft« (...) ausführte, von denen, die es der Öffentlichkeit übergaben, verstanden und gewürdigt wurde; – da glaubte ich nicht, dass all das, was viele wertvolle und freiheitlechzende Menschen begeistert zusammenführte, eines Tages als Damenkleider-Schleppen durch den Kot gezerrt werden; und dass die so enthusiastisch begrüßte Neue Gemeinschaft keinen andern als den von Frauengewändern herrührenden Tiergartenstaub aufwirbeln würde.

Denn alle die, die sich wirklich der Sache – nicht bloß dem philosophischen Sport – hingaben, taten dies mit dem ausgesprochenen Zweck, dem sozialistisch-individualistischen Ideal zu dienen – und sie alle zogen sich nach und nach zurück, als aus der groß angelegten Idee der »Neuen Gemeinschaft« allmählich erst eine immerhin wertvolle Organisation zur Veranstaltung künstlerischer Soireen, dann – in der Uhlandstraße – eine literarisch-gesellige Vereinigung, dann – in Schlachtensee – eine Familien-Haushaltungs-Genossenschaft, – weiterhin ein Hotel mit Selbstbedienung – und schließlich ein Berliner Vororts-Pensionat wurde, das sich von ebensolchen Institutionen nur noch durch das ethische Aushängeschild unterschied.

Dass man am 1. Oktober nun endlich in Schlachtensee die Bude zuklappen will, ist das erste Versöhnliche, was von der Neuen Gemeinschaft seit langer Zeit zu verzeichnen ist. Wenn nur nicht etwa ein paar Unentwegte auf den Einfall kommen, in erneuten Verbrüderungs-Orgien eine Neuauflage dieser Hartschen Weltbeglückung in Szene zu setzen. Woran scheiterte denn nun die an sich so schöne Idee einer Neuen Gemeinschaft? Erstens an den Gründern! Die Brüder Hart – deren Name als Stürmer und Dränger in der Zeit der sogenannten Literatur-Revolution der 80er Jahre in allen Ehren – kamen auf die überaus verständige Idee, eine Anzahl Menschen um sich zu sammeln, mit denen sie sich aus dem ganzen widerwärtigen kapitalistischen und staatsautoritativem Getriebe absondern wollten, um mit ihnen ein Stück Land zu erobern, auf dem in gemeinschaftlicher Arbeit alles hergestellt werden sollte, was das tägliche Leben erforderte. Dass dieser Plan gut, gesund und durchführbar ist, leuchtet ohne weiteres ein. Die Harts glaubten aber, dass ein gemeinschaftliches Zusammenwirken nicht anders denkbar sei als auf Grund einer gemeinsamen »Weltanschauung«, d.h. gemeinsamen Dogmenglaubens. Jede Glaubenslehre erzeugt aber pfäffische Unduldsamkeit und weiterhin bei denen, die sie ausbreiten, einen Unfehlbarkeitsdünkel, der über dem Bestreben, die Überzeugung vom eigenen Wert allen anderen aufzuoktroyieren, alles praktische Tun vergisst und verhindert.

Nun kommt im Falle Julius Hart hinzu, dass seine Philosophie ein ganz ungenießbares Ragout aus persischen Dichtern und indischen Denkern ist; wobei es gleichgültig ist, ob er das Dichterische durch das Denkerische oder umgekehrt verdorben hat. Jedenfalls stellt diese ganze »Philosophie« aus Gegensatzüberwindung, Verwandlung von Abstraktem in Konkretes, Alleinheit, Autotheismus, Kosmopolitismus und Gegenseitigkeitsverständnis allenfalls eine Dichterphantasie dar, die man zwar nicht konsequent und logisch, aber doch wortreich und anmutig nennen kann; nie und nimmer aber eine Grundlage, auf der sich sozialistische Experimente verwirklichen lassen können. Die positiven Ziele der Gemeinschaft gingen dann auch dadurch glücklich in ihrer positivistischen Umrahmung verloren. Was von Priestern geschoben wird, kippt stets am Felsblock der Pfafferei und fällt entweder in den weichen Dung irgendeiner Konfessions-Sekte oder aber – im günstigeren Falle – zerschellt es.[10]

Diese brachiale Abkehr von der »Neuen Gemeinschaft« bedeutet jedoch keinen absoluten Bruch mit der Szene, der sie entsprungen ist, oder gar den Menschen aus ihrem Umfeld. Viel zu überschaubar ist in den ersten Jahren des 20. Jahrhunderts jener Teil der Gesellschaft, der sich über alternative Lebensformen Gedanken macht, Kritik und Zweifel nicht als Ausdruck »jüdischen Zersetzungswillens« erachtet, sich für die Freiheit des Denkens und der Kunst einsetzt. Man kennt sich, man trifft sich, ist letztlich abhängig voneinander. Ohne regelmäßige (auch finanzielle) Unterstützung aus diesen Kreisen wäre Mühsams Lebensentwurf als freier Dichter in jener Zeit schlichtweg nicht denkbar. Aber Mystizismus, Vegetarismus und andere die soziale Frage aussparende lebensreformerische Ansätze werden für ihn künftig nur noch Material für Spottgedichte sein. Seine regelmäßige Tätigkeit als lyrisch-satirischer Kommentator politischer Tagesereignisse in Zeitschriften wie »Der wahre Jakob« oder »Der arme Teufel« und seine Leidenschaft für Schüttelreime haben ihn inzwischen zum gerngesehe-

---

10 Aus: Das Ende vom Liede, Der Anarchist, 2. Jahrgang, Nr. 5, Berlin Juli 1904

nen Akteur diverser Kabarettbühnen gemacht. Dennoch sieht er sich nie ausschließlich als Satiriker. Die Liste seiner frühen Veröffentlichungen ist von skurriler Vielfalt: 1903 erscheint die Broschüre »Die Homosexualität. Ein Beitrag zur Sittengeschichte unserer Zeit«, 1904 das gemeinsam mit Hanns Heinz Ewers verfasste Kinderbuch »Billys Erdengang. Eine Elefantengeschichte für artige Kinder« und schließlich mit »Die Wüste« sein Debüt als »ernsthafter« Lyriker, der allerdings auf Haltung nicht verzichten will:

> O ihr Verständigen, ihr Gehirnathleten! –
> Ihr wisst im tiefsten Weltenschrein Bescheid.
> In euern Rechenseelen grämt kein Leid, –
> Ihr müsst zu keiner fernen Sehnsucht beten!
> Der Brummer, der schon früh im Bette
> Die Qual der Welt ins Ohr mir summt,
> Euch schreckt er nicht. Ihr wisst: das fette
> Sechsbein ist ein Insekt, das brummt.
> Wohl dem, der klug ist und gelehrt!
> Es stimmt zufrieden, viel zu wissen. –
> Ihr habt dem frechen Vieh gewehrt
> Und wühlt euch wärmer in die Kissen. – –
> Die Fliege kommt zu mir und andern Tieren,
> Zu euern Kindern auch, die nicht so klug.
> Wir fühlen in dem drohungsschweren Flug
> Den Schmutz der Welt. – Wir schrecken auf und frieren.[11]

Wenig später erscheinen die Broschüre »Ascona«, eine weitere Abgrenzung zu den Mystikern und Lebensreformern seines Umfelds, das humoristische Büchlein »Die Psychologie der Erbtante. Eine Tanthologie

---

11 Aus: Die Wüste, Berlin 1904

aus 25 Einzeldarstellungen als Beitrag zur Lösung der Unsterblichkeits-Frage« und schließlich das Lustspiel *»Die Hochstapler«. Parallel dazu ist Mühsam inzwischen ständig auf Reisen – in die Schweiz, nach Italien, Frankreich und Österreich, zumeist gemeinsam mit seinem Freund Johannes Nohl, mit dem er zeitweilig auch eine Liebesbeziehung führt. Ihr weitgehend auf Pump oder mit kleinen Gaunereien finanziertes Vagabundenleben ist geprägt von hemmungslosem Hedonismus. Mühsam schreibt zahllose Bettelbriefe an Familie, Freunde und Kollegen, verdingt sich als Kabarettist und verfasst Gedichte und Artikel für zahlreiche Zeitschriften, um ihren exzessiven Lebensstil aufrechterhalten zu können. Fast scheint es, als hätte er sich vom libertären Sozialismus seines Mentors Gustav Landauer abgewendet, hin zum amoralisch-individualistischen Anarchismus Max Stirners. Aber so ist es nicht. In einem Artikel für Karl Kraus' Magazin »Die Fackel« schreibt er 1906 über sein Boheme-Leben:*

Ich persönlich, der ich bei der Untugend der Deutschen, jeden Menschen, mit dem sie sich abzugeben haben, auf eine bestimmte Note festzulegen, das Pech habe, wo immer von mir die Rede ist, mich als das Musterexemplar eines Bohemiens bezeichnet zu finden, verwahre mich entschieden und ausdrücklich gegen diese Charakterisierung, solange sie von den äußeren Symptomen meines Wesens, etwa von meiner Haartracht oder meiner nicht eben übermäßig eleganten Toilette hergeleitet wird.

Was in Wahrheit den Bohemien ausmacht, ist die radikale Skepsis in der Weltbetrachtung, die gründliche Negation aller konventionellen Werte, das nihilistische Temperament, wie es etwa in Turgenjews »Väter und Söhne« zum Ausdruck kommt, und wie es Peter Kropotkin als das Charakteristikum der russischen Nihilisten in den »Memoiren eines Revolutionärs« schildert.

Gewiss offenbart sich dieses Temperament, das alle Anpassung an die uniforme Lebensart des Philisters fanatisch perhorresziert, äußerlich in der Methode, die der Bohemien wählt, um sein eigenes Ich gegen die Masseninstinkte der Gesellschaft durchzusetzen. Immer wird der Bohemien ein Sonderling sein, und schon deshalb wäre es lächerlich, ein Schema für die Lebensweise der Boheme aufzeigen zu wollen. (...)

Die Verzweiflung über die Unüberbrückbarkeit der Kluft zwischen sich und der Masse, die Wut gegen den vertrotteten Konventionsdrill der Gesellschaft mag natürlich den Bohemien oft genug zum bewussten Auftrotzen gegen das Gewöhnliche verführen, das sich in der brutal zur Schau getragenen Unterstreichung des Andersseins äußert. Den Schluss, den Julius Bab in seiner Arbeit über die Berliner Boheme[12] daraus zieht, indem er den Bohemien »asozial« nennt, halte ich für falsch. Im Gegenteil wird die schroffe Ablehnung der bestehenden Zustände mit allen ihren Ausdrucksformen in den allermeisten Fällen mit der sehr sozialen Sehnsucht nach einer idealen Menschheitskultur verbunden sein.

Sehr verdienstvoll ist dagegen die Parallele, die Bab zwischen der Boheme und dem Anarchismus zieht. Der Hass gegen alle zentralistischen Organisationen, der dem Anarchismus zugrunde liegt, die antipolitische Tendenz des Anarchismus und das anarchistische Prinzip der sozialen Selbsthilfe sind wesentliche Eigenschaften der Bohemenaturen. Daher stammt denn auch das innige Solidaritätsgefühl zum sogenannten fünften Stande, zum Lumpenproletariat, das fast jedem Bohemien eigen ist.

Es ist dieselbe Sehnsucht, die die Ausgestoßenen der Gesellschaft verbindet, seien sie nun ausgestoßen von der kaltherzigen Brutalität des Philistertums, oder seien sie Verworfene aus eigener, vom Tem-

---

12 Für Julius Babs Buch »Die Berliner Boheme« war Mühsam zeitweilig als ein Art Feldforscher tätig.

perament diktierter Machtvollkommenheit. Die Mitmenschen, die mit lachendem Munde und weinendem Herzen die Kaschemmen und Bordells, die Herbergen der Landstraße und die Wärmehallen der Großstadt bevölkern, der Janhagel und Mob, von dem selbst die patentierte Vertretung des sogenannten Proletariats weit abrückt – sie sind die engsten Verwandten der gutmütig belächelten, als Folie philiströsen Größenwahns spöttisch geduldeten Künstlerschaft, die in ihrer verzweifelten Verlassenheit mit der Sehnsucht eines erhabenen Zukunftsideals die Welt befruchtet.

Verbrecher, Landstreicher, Huren und Künstler – das ist die Boheme, die einer neuen Kultur die Wege weist.[13]

Tatsächlich verfasst Mühsam auch während seiner »Wanderjahre« aufrührerische Flugblätter und hält flammende Reden auf politischen Versammlungen im gesamten deutschsprachigen Raum. Seit 1903 wird er deshalb regelmäßig von Polizeispitzeln überwacht, deren Berichte ihn als »gefährlichen Agitator« und »einen der zügellosesten anarchistischen Hetzredner«[14] klassifizieren. In seinen »Unpolitischen Erinnerungen« schreibt er über diese Zeit:

Ich galt ja wohl lange Zeit als »Prototyp eines Kaffeehausliteraten«, und doch war es für niemanden ein Geheimnis, dass ich in Arbeiterzirkeln verkehrte, mit Zettelverteilung und Hauspropaganda Kleinarbeit tat, an Gruppenabenden Vorträge und in öffentlichen Versammlungen Agitationsreden hielt. Ich stand als Angeklagter in politischen Prozessen vor dem Strafrichter, und jeder wusste, dass ich im Privatleben unter Künstlern zigeunerte, in Kabaretts lustige Gedichte, Schüttelreime und allerlei Bosheiten vortrug, mich in Ber-

---
13 Aus: Boheme, Die Fackel, 8. Jahrgang, Nr. 202, Wien April 1906
14 Zitiert nach: Erich Mühsam – Leben und Werk, Heinz Hug, Vaduz 1974

lin, München, Zürich, Genf, Florenz, Paris, Wien herumtrieb, in fidelen Ateliers, ein Mädel auf dem Schoß, schlechte Witze riss, mit den zeitlosen Schwärmern der Boheme, wie dem prachtvollen Friedrich von Schennis, ganze Nächte durch zechte und mit vielen berühmten Leuten, die ich – nicht immer bloß für mich – anpumpte, befreundet war.[15]

Wie man sich den jungen Mühsam als Agitator unter polizeilicher Beobachtung vorstellen kann, zeigen die Polemiken, die er in jenen Jahren in verschiedenen linkssozialistischen Zeitschriften veröffentlicht, wie hier 1904 unter dem Titel »Die Knute im Rechtsstaat«:

Bei uns konnten so energetische Bewegungen, wie sie seit drei Jahren und länger in Russland von den revolutionären Sozialisten und Anarchisten gefordert werden, nicht aufkommen, obgleich immer wieder behauptet wird, das Polizeiregime in Russland sei das kulturwidrigste der Welt. Freilich will ich damit unerörtert lassen, ob nicht die Sozialdemokratie dadurch, dass sie bei zu kräftiger revolutionärer Propaganda gewisse politische Interessen gefährdet sieht, solche geflissentlich hintangehalten hat. Auch dürfte es sich ja mit Rücksicht auf das Strafgesetzbuch nicht eben für mich empfehlen, die terroristischen Akte der revolutionären Elemente Russlands als vorbildlich für die deutschen Unterdrückten hinzustellen.

Es handelt sich hier auch nicht darum, bestimmte politische Kampfmittel anzuempfehlen, die der Knutenwirtschaft im deutschen »Rechtsstaat« gegenüber in Anwendung kommen sollten. Würde sich die Arbeiterschaft – denn in ihr ist zunächst die Macht zu erblicken, die die Ablösung des Knutenregimes auszuführen hat – vorerst

---

[15] Aus: Soll man Memoiren schreiben? – Namen und Menschen. Unpolitische Erinnerungen, Leipzig 1949

von ihrer Wahlbeflissenheit und anderen politischen Betätigungen etwas zurückziehen und alle Energie auf die zielbewusste Aufbesserung ihrer wirtschaftlichen Lage richten, würde sie also mit allem Nachdruck auf die Vorbereitung zum Generalstreik bedacht sein, so wäre damit schon dem großspurigen Geschwätz der heutigen »Volks-Führer« ein recht gewichtiger Riegel vorgeschoben.

Worauf es ankommt ist zunächst: Das Volk soll wissen, dass es geknechtet ist, es soll wissen, dass es keine Willens-, keine Meinungs- und keine Handlungsfreiheit hat, und es soll wissen, dass die großartige »Verfassung« des Staates für das Wohl der Allgemeinheit keinen Pfifferling wert ist, so wenig wie die Phrasen der sozialdemokratischen Führerschaft, die »Arbeiter-Partei« habe das Volk schon aus tiefstem Elend emporgehoben. Das Volk soll wissen, dass es noch bis zum Halse in Not und Kot drinsteckt, dass sein Rücken allmählich unempfindlich geworden ist gegen die Knutenhiebe, die unausgesetzt darauf herniedersausen, und dass kein Parlament und keine politische Aktion vorerst aus der Demütigung herausführt, sondern nur die Klarheit darüber, wie unsagbar traurig es in Wahrheit bestellt ist, und die Erkenntnis der Erlösung durch den revolutionären Sozialismus.

Wofür arbeitet das Volk? Für das Wohlbehagen der Satten. Es schuftet in menschenunwürdigem Frondienst, damit es in erbärmlicher Kärglichkeit dahinvegetieren kann, und damit andere, denen ein gütigeres Schicksal die Last der Arbeit abnahm, in Luxus schwelgen können. Das nennt die Welt das kapitalistische System. Wer verschuldet dies System? – Die Monarchie? – Die regierenden Personen? – Nein! Der Staat verschuldet es. Der Staat an sich führt solche Verhältnisse mit sich. Der Staat aber ist nur abzulösen durch den Sozialismus.

Die besten Jahre des deutschen Jünglings muss er der »Sicherheit des Staates« opfern, indem er sich zum Militärdienst hingeben muss. Der Militarismus verschlingt den größten Teil der Erträgnisse der

Volksarbeit. Warum? Es gibt Nachbarstaaten, mit denen man gefährliche Einzelindividuen wohl gemeinschaftlich befehden mag, vor denen man sich selbst aber nie sicher genug fühlt. Werden sich diese Dinge ändern, wenn die Monarchie durch eine Republik ersetzt wird? Nein! Wenn statt der Ministerien durch Majoritäten bestimmte Gewalten an der Spitze marschieren? Nein! – Der Militarismus ist eine unvermeidliche Begleiterscheinung des Staates, und eine unvermeidliche Begleiterscheinung des Militarismus ist der Soldatendrill und somit die Soldatenmisshandlungen. Ohne die Befreiung vom Staate keine Befreiung vom Militarismus! Die Befreiung vom Staate durch den Sozialismus!

Die dritte Geißel des Volkes ist die Justiz, und gerade sie zeigt, dass die Knute bei uns nicht schlechter geführt wird als in Russland. In die privatesten Privatangelegenheiten jedes Einzelnen schnüffelt die Justiz. Wer seine Meinung sagt und haut mit einem Worte der Erregung daneben, wird seiner Freiheit beraubt. Strafe! Rache! Das ist die Waffe des Staates. In die Kunst, in die Wissenschaft, in die Sittlichkeitsempfindungen und in das Verhältnis der Menschen zueinander – überall greift ungebeten die Justiz hinein, vernichtet Menschenleben und Familienexistenzen, und arbeitet so der Not und dem Elend immer mehr noch in die Hände. Aber ein Staat hat die Justiz nötig, sie stützt den Staat, der ohne sie aus den Fugen gehen würde. Dass die Justiz selbst ausschließlich ihre Opfer unter denen findet, die die idealen Verhältnisse des Staates zu »Verbrechern« gemacht haben, versteht sich von selbst. Wer daher die Knute der Justiz fühlt, der fühlt die Knute des Staates. Der Staat aber wird überwunden durch den Sozialismus.

Haben wir es besser als unsere östlichen Nachbarn? Nein! Denn schlechter als bei uns kann es bei ihnen nicht stehen. Mit demokratischen Mätzchen, mit Resolutionen und Interpellationen ist da nichts getan. Zu arbeiten gilt es an der wirtschaftlichen Besserung, am Wohlstand für alle. Daher geht hin alle, die ihr mich verstanden habt, und propagiert den revolutionären Sozialismus!¹⁶

Was genau dieser »revolutionäre Sozialismus« ist, das allerdings bleibt bei Mühsam nicht ohne Grund im Ungefähren. Sein hitziges Temperament erträumt sich den sofortigen radikalen Umsturz, die ekstatische Entladung gegen das bestehende System. Zugleich ist er seinem Lehrer Landauer, der die Revolution eher als Prozess sieht, vorangetrieben von genossenschaftlichen Gemeinschaften innerhalb des kapitalistischen Staates, ein treuer Schüler. Als Landauer 1908 den von diesem Gedanken getragenen »Sozialistischen Bund« gründet, stellt Mühsam seine agitatorischen Qualitäten sofort in den Dienst dieser Sache. Aber die konkrete Perspektive einer Räterepublik, wie sie Landauer theoretisch fixiert, eines Systems, in dem kleine Gesellschaftszellen kontinuierlich ihren politischen Willen konstituieren und von unten nach oben in die jeweils nächstgrößeren Zusammenhänge tragen bis hin zu einem Völkerbund, kommt bei Mühsam in dieser Lebensphase praktisch nicht vor. Die wird für ihn erst im Zuge der Revolution 1918 zum persönlichen Leitbild. Vorerst beschränkt er sich darauf, eine eigene Ortsgruppe des Sozialistischen Bundes zu gründen – in München, wo er sich Ende 1908 niederlässt. Dieser Wechsel des Lebensmittelpunkts ist nicht politisch motiviert. Das stark landwirtschaftlich geprägte Bayern gilt in jeder Hinsicht als rückständig gegenüber den industrialisierten Teilen des Reiches, und auch die anarchosozialistischen Zeitschriften, die in jener Zeit als Basisorganisationen fungieren, finden sich eher im preußischen Norden. Niemand hätte also 1908 ahnen können, dass gerade in München zehn Jahre später die Revolution beginnen würde. Was den lebens- und erfahrungshungrigen Mühsam magisch anzieht, ist die Schwabinger Künstlerszene in der

---

16 Aus: Die Knute des Rechtsstaats, Kampf, Berlin 1904

die von ihm propagierte freie Liebe, ganz ohne theoretischen Überbau, gelebtes Konzept ist:

Schwabing war eine Massensiedlung von Sonderlingen, und darin liegt seine pädagogische Bedeutung. Schwabings auffällige Minderheit bewirkte bei der unauffälligen Mehrheit, dass sie nicht mehr auffiel. Ja, ganz München gewöhnte sich an das Ungewöhnliche, lernte Toleranz und gönnte der Seltsamkeit ihr Lebensrecht. (...) Im Allgemeinen war die Langhaarigkeit der Schwabinger Männer so wenig wie die Kurzhaarigkeit vieler Schwabinger Frauen – Lotte Pritzel und Emmy Hennings brauchten den Bubikopf nicht erst von der Mode geschnitten zu bekommen – noch die Samtkittel der Schwabinger Maler ein wichtiges Kennzeichen Schwabings. Kennzeichen war nur, dass jeder seine Aufmachung selbst bestimmte, einer von Eitelkeit, ein anderer von Bequemlichkeit, der dritte von Stilgefühl und mancher auch von seinem Schneider beraten. (...) Schwabing! Ich denke an zahllose Stunden der Vergnügtheit, der Besinnung und des künstlerischen Genusses. Ich denke an Faschingsnächte von maßloser Ausgelassenheit und an Menschen von seltsamen Gehaben, aber genialer Beweglichkeit des Geistes, so an den Psychiater Dr. Otto Groß, den bedeutendsten Schüler Sigmund Freuds, dem es wohl zu danken ist, dass die Psychoanalyse aus der einseitigen Betrachtung des Lebens von der sexualen Seite herausfand zur Erkenntnis der sozialen Bedingtheit des seelischen Erlebens. Ich denke an die trefflichen Schwabinger Mädchen, die Leben und Liebe vorurteilsfrei und unbefangen zu nehmen und zu geben verstanden. Ich denke an die freie seelische Luft, die Schwabing durchwehte und den Stadtteil zu einem kulturellen Begriff machte.[17]

---

17 Aus: Schwabing – Namen und Menschen. Unpolitische Erinnerungen, Leipzig 1949

In München unterhält Mühsam auch freundschaftliche Beziehungen zu den großen Literaten seiner Zeit, zu Frank Wedekind, Gustav Meyrink, Klabund, Else Lasker-Schüler, Joachim Ringelnatz, Rainer Maria Rilke oder Heinrich Mann, um nur einige zu nennen. Manche von ihnen schauen dann auch hin und wieder interessiert bei den Treffen seiner Ortsgruppe des Sozialistischen Bundes vorbei. Diese »Gruppe Tat« ist quasi ein weiteres Kulturhighlight für die Schwabinger Szene, denn sie hat weniger den Anspruch, genossenschaftliche Basisarbeit zu leisten, als den, das sogenannte Lumpenproletariat – Kleinkriminelle, Stricher und Huren – bei reichlich Freibier zu politisieren. Der bayerischen Polizei ist sie nichtsdestotrotz von Beginn an ein Dorn im Auge:

Bayerische Freiheitlichkeit

Die Münchner Polizeibehörde hat in ihrem Eifer, mich und meine Freunde an unserer agitatorischen Tätigkeit für die Befreiung der Gesellschaft zu hindern, nach vielen Schlägen ins Wasser einen Schlag ins Gesicht der Menschlichkeit getan. Sie hat sechs Ausländer, zwei Schweizer und vier Österreicher, darunter eine Frau, des Landes verwiesen, weil sie im Seelenleben der Betroffenen Sympathien für die von mir empfohlenen anarchistischen Ideen witterte. Die amtliche Mitteilung der Polizei erklärt, dass die Ausweisung »im Anschluss an die polizeiliche Aufhebung der Mühsamschen Anarchistengruppe Tat, deren Anhänger die Genannten waren«, erfolgt sei. Die Münchner Polizeibehörde scheint von ihrer eigenen Macht etwas phantastische Vorstellungen zu haben. Wenn sie sich nämlich anmaßt, von einer Aufhebung der Gruppe Tat zu sprechen, so sei ihr mitgeteilt, dass solche Aufhebung ihrer Willkür durchaus entzogen ist. Dass die Gruppe in Wahrheit trotz der Aufhebung am Leben und recht gesund ist, weiß die Polizei ja selbst, die mitunter genötigt ist, auch nach der Aufhebung noch zu öffentlichen Veranstaltungen, die die Anarchisten ihr ganz legal vorher anzeigen, ihre offiziellen Vertreter zu entsenden. Der Öffentlichkeit seien einige Daten geliefert, die einer Revision der landesüblichen Legende von der bayerischen Freiheitlichkeit als Unterlage dienen mögen.

Der im Jahre 1908 von Gustav Landauer in Berlin ins Leben gerufene »Sozialistische Bund« bezweckt die Ersetzung der kapitalistischen Gesellschaft durch staatlosen Sozialismus. Mittel zum Zweck ist die Schaffung werktätiger Gruppen, die ihre Arbeit statt für den Unternehmer und den Markt für den eigenen Bedarf verrichten. Der Bund begann seine Tätigkeit mit der Sammlung von Menschen in statutenlosen Gruppen, die sich im Anfang natürlich wesentlich auf propagandistische Aufklärung beschränken müssen. Der Gruppenkalender unseres Organs »Der Sozialist« weist zurzeit 19 derartige Gruppen auf (14 in Deutschland, 5 im Ausland). Meine Agitation in München bewirkte auch hier im Frühjahr 1909 die Konstituierung einer Gruppe, der »Gruppe Tat« … Da sich die Arbeit der Gruppen des Sozialistischen Bundes ganz in gesetzlichen Grenzen hält, haben die außerbayerischen Polizeibehörden unsere Schwestergruppen bis jetzt immer in Ruhe gelassen. Die Münchner Polizei aber lieferte vom ersten Tage an, seit wir uns rührten, Beweise ihrer Nervosität, Staatstreue und Ungeschicklichkeit. Zuerst kam man uns mit dem Vereinsgesetz. Der Gruppenwart wurde wegen Unterlassung der Anmeldung der Gruppe mit einer Polizeistrafe bedacht. Das zur Entscheidung angerufene Gericht stellte fest, dass die Gruppe Tat als statuten- und beitragsloses Gebilde nicht als Verein im Sinne des Gesetzes anzusehen ist. Der Mann wurde freigesprochen. Die Kosten trug die Staatskasse. – Jetzt wurde das Strafgesetzbuch nach Paragraphen abgewälzt, die gegen uns zu brauchen wären. Da es der polizeilichen Einsicht geheim blieb, was sozialistischer Geist eigentlich für ein Geist sei, und da sich das Wort

»Bund« in unseren öffentlichen Ankündigungen deutlich vorfand, wurde aus der Gruppe, die ja gerichtsnotorisch kein Verein war, ein »Geheimbund«. Die Teilnahme von Sollergästen[18] an unseren Zusammenkünften, die ich mir gestattet hatte, als Menschen zu betrachten und zu behandeln, musste die Gemeingefährlichkeit der Gruppe Tat dem blödesten Auge erkennbar machen. So stieg der Prozess. Der Ausgang ist bekannt: Die Kosten trug die Staatskasse.

Die bis dahin der weiteren Bevölkerung ganz unbekannte Gruppe Tat war infolge der behördlichen Bemühungen zu einer Publizität gelangt, die uns die Werbung für unsere Ideen sehr erleichterte, zumal wir zwei Gerichtsurteile in der Tasche hatten, die uns die Legalität unseres Beginnens ausdrücklich bestätigten. Unsere Gruppenveranstaltungen erfreuten sich nach dem Prozess des stetig wachsenden Interesses in revolutionär gestimmten Kreisen. Dass das Interesse, das die Polizei vom Anfang her an uns genommen hatte, trotz der trüben Erfahrungen, die das Institut mit unserer Bekämpfung gemacht hatte, gleichfalls nicht ermüdet war, erwies sich uns daran, dass wir eines Tages bei unseren privaten Vortragsabenden geheime polizeiliche Überwachung wahrnahmen. Ein Polizeibeamter qualifiziert sich in dem Moment als Polizeispitzel, wo er seine Zugehörigkeit zur Behörde leugnet. Dies tat ein Münchner Schutzmann, dem aus unserer Mitte heraus seine amtliche Stellung auf den Kopf zugesagt wurde. Ich sah mich veranlasst, den Polizeipräsidenten, Herrn v. d. Heydt, in einem Briefe darauf aufmerksam zu machen, dass wir nicht verpflichtet seien, einen Beamten in unserem Kreise zu dulden, und mir die Belästigung von dieser Seite energisch zu verbitten. Jetzt fuhr die Polizei ganz grobes Geschütz auf. Sie überfiel nämlich die Gruppe Tat bei ihrem nächsten Zusammensein und verhaftete alle

---

18 Die Münchener Wirtschaft »Zum Soller« war dafür bekannt, vor allem Kleinkriminelle, Zuhälter und Prostituierte zu beherbergen.

Teilnehmer, etwa 30 an der Zahl. Der Zweck dieser Gewaltsübung war zunächst nicht recht durchsichtig. Erst jetzt wissen wir, dass die bayerische Freiheitlichkeit es gestattet, Dutzende in erlaubter Aussprache versammelte Menschen einen halben Tag lang in dem schmierigen Polizeigefängnis in der Weinstraße einzusperren, um die paar Ausländer zu ermitteln, die zufällig dazwischen sind, und sie, unbehelligt von unbequemen gerichtlichen Einmischungen, über die Landesgrenze zu treiben. Es muss der Münchner Polizei bestätigt werden: Die Schädigung einzelner ist ihr vortrefflich geglückt. Sie hat Leute, denen es unendlich schwer wird, woanders ihren Unterhalt zu finden, von ihrer Arbeitsstätte vertrieben, und sogar solche waren dabei, die jahrelang in München in festem Lohn standen und hier ihre Familie gegründet haben. – Was die amtlichen Herren als nächste Nummer gegen uns im Programm haben, entzieht sich heute noch meiner Kenntnis. Die Leser dieser Zeitschrift sollen jeweils unterrichtet werden, wenn eine neue Rakete steigt.

Was ergibt sich aus der Betrachtung des Freundschaftsverhältnisses zwischen der Münchner Polizei und der Gruppe Tat? Dass die Schneidigkeit der bayerischen Behörde bisher weniger von der eigenen Gemütlichkeit als von der der Bayern gezügelt war. Das erste Mal, wo es die Polizei mit einer wirklich radikalen Bewegung zu tun bekommt, langt sie hilflos nach den Paragraphen, die helfen könnten, wenn sie nur verletzt würden. Die preußischen Polizeibehörden haben ihre Übung, mit Anarchisten umzugehen. Die wissen, dass man revolutionären Bewegungen nur vorwärts hilft, wenn man sie ohne große Sachkenntnis schikaniert. Ob die Münchner Polizei je so klug werden wird, wie sich die 13 Verwaltungen gezeigt haben, die außer ihr mit Gruppen unseres Bundes zu tun haben?

Uns wird sie nicht viel anhaben können. Wir kennen die Gesetze und hüten uns, sie zu verletzen. Die Rigorositäten der Polizei werden wir aber – darauf mögen sich die Herren verlassen – in unserer prinzipiellen Bekämpfung der bestehenden Staatseinrichtungen als sehr wirksamen Schalltrichter zu benutzen wissen.¹⁹

Worüber Mühsam hier spöttisch hinweggeht, ist die Tatsache, dass die Anklage wegen »Geheimbündelei« für ihn ernsthafte Folgen zeitigt, wenngleich nicht vorrangig aus politischen Gründen. Vielmehr offenbart die mediale Berichterstattung über ein angebliches Sprengstoffattentat eines jungen Mannes aus dem Umfeld der Gruppe, intime Verbindungen Johannes Nohls, der mit Mühsam zeitweilig wieder unter einem Dach lebt, zu Strichjungen und Saccharin-Schmugglern. Das ist der bürgerlichen Presse zu viel der Anrüchigkeit. Während man Mühsams Bekenntnis zum Anarchismus noch als Boheme-Schrulle belächeln konnte, gilt die Nähe zu kriminellen Homosexuellen als unverzeihlicher Sündenfall, und Mühsam hat fortan kaum noch Möglichkeiten, abseits linkssozialistischer Blätter zu publizieren. Seinem Leben in der geliebten Schwabinger Boheme ist damit ein entscheidender Teil der materiellen Grundlage entzogen. Auch eine Protestnote der für ihn Partei ergreifenden Kollegen Hermann Bahr, Frank Wedekind, Thomas Mann und Heinrich Mann bleibt erfolglos. Zudem kommt es über seine Ideen von sexueller Freizügigkeit zu Auseinandersetzungen mit Landauer, der, im Gegensatz zu Mühsam, nicht bereit ist, das traditionelle Ehe- und Familienkonzept zu hinterfragen.

Nach einem von der Familie finanzierten Kuraufenthalt in Frankreich, entschließt sich Mühsam zu einem entscheidenden Schritt: Mit der Monatszeitschrift »Kain« schafft er sich sein eigenes Publikationsorgan. Neben Theater- und Literaturrezensionen sowie tagespolitischen Artikeln konkretisiert er darin in den kommenden Jahren auch seinen eigenen Anarchismusbegriff – einen künstlerischen und lustvollen Anarchismus des Herzens:

---

19 Aus: Kain. Zeitschrift für Menschlichkeit, 1. Jahrgang, Nr. 1, München April 1911

Wir wollen Anarchisten sein. Das heißt: Menschen von geradem Geist, freie Persönlichkeiten mit dem Mute zur Wahrheit und dem Willen zur Freiheit. Wir wollen kämpfen gegen die Mächte der Unterdrückung und der Ausbeutung, nicht, indem wir uns mit ihnen vereinigen, um alte Staatsdekrete durch neue zu ersetzen, sondern um die Verbündungen und Gesetze der Menschen aus dem natürlichen Recht unseres Lebens herauswachsen zu lassen. Wir wollen kämpfen gegen Zwang und Autorität, nicht um uns selbst zu autoritativen Machthabern zu erheben, sondern um Ordnung zu schaffen, die auf Gerechtigkeit und Freiwilligkeit beruht. Wir wollen anrennen gegen die Bollwerke der bestehenden Gewalten, gegen Kapital und Militär, gegen Staat und Kirche. Und nicht mit Stimmzetteln und demagogischem Paktieren wollen wir fechten, sondern mit der Leidenschaft überzeugter Herzen, die nicht um Teilzahlungen bittet, die alles auf sich selbst nimmt und auf ihr Wissen um das, was recht ist.

Inbrünstig warten und hoffen aber wollen wir auf den kommenden Tag, auf den Tag der Erneuerung und der Revolution. Und um ihn herbeizuführen und ihm die Wege zu ebnen, wollen wir im Volke Unzufriedenheit säen und Verzweiflung predigen. Wir wollen wühlen und hetzen, schüren und untergraben, damit das Volk endlich erkenne, dass es gehundsfottet und genasführt wird, und damit es endlich beginne, den Unterbau einer sozialistischen Gesellschaft zu errichten, vor dessen drängender Kraft Kapital und Staat zusammenstürzen muss. Auseinanderreißen aber wollen wir die Gefüge des Glaubens an eine Vorsehung und des Vertrauens auf die Weisheit der Regierenden, um Raum zu schaffen für freien Atem und eigene Zuversicht. Michael Bakunin hat es uns gelehrt, dass alles Destruieren ein Aufbauen des Besseren schon in sich schließt, oder um dasselbe mit seinen eigenen Worten zu sagen:

Die Lust am Zerstören ist eine schaffende Lust![20]

---

20 Aus: Im Geiste Bakunins, Kain. Zeitschrift für Menschlichkeit, 4. Jahrgang, Nr. 3, München 1914

Damit ist jedoch keineswegs eine Rechtfertigung gewaltsamer Attentate gemeint, wie er an anderer Stelle ausführt:

Das Wort Anarchismus bezeichnet etymologisch etwas Negatives, die Abwesenheit von Zwang und Knechtung, genau wie das Wort Freiheit eine Negation bedeutet, da es erst mit Beziehung auf die Frage: wovon? einen Sinn erhält. Aber ebenso wie Freiheit ist Anarchismus ein Begriff voll positiver jauchzender Bejahung. Denn der Gedanke an die Erlösung von Gewalt, Gesetz und Staat kann nur entstehen in der Verbindung mit einer großen heiligen Sehnsucht nach neuen schönen Lebensformen.

Diese Sehnsucht ist es, die um Freiheit ringende Menschen zu anarchistischen Verbindungen vereinigt, der Glaube an die Möglichkeit einer Wandlung und der Wille, die neue Gesellschaft vorzubereiten. Bestimmte Mittel zur Änderung oder Beseitigung waltender Zustände können wohl unter Anarchisten verabredet werden, wenn aber eine sozialethische Idee mit einer von einzelnen ihrer Anhänger gelegentlich angewandten Kampfmethode identifiziert wird, so kann man, um höflich zu bleiben, eine solche Dummheit nur mit bösartiger Absicht entschuldigen. Das Christentum ist nicht falsch, weil zu seiner Etablierung unendlich viel Blut vergossen wurde, aber die Christen, die um ihrer Überzeugung willen mordeten, handelten falsch, weil ihr Tun unchristlich war. Dasselbe gilt für den Anarchismus: Wer in der Meinung, damit seiner Sache dienen zu können, die Waffe gegen einen widerstrebenden Nebenmenschen erhebt, verletzt die Grundidee des Anarchismus, die Gewaltlosigkeit, und handelt also unanarchistisch. (...) Mord ist Mord. Ich lehne dieses Kampfmittel ab, gleichviel wer der Mörder, wer das Opfer ist. Das hindert mich nicht, im einzelnen Falle mit dem zu sympathisieren, der solche furchtbare Tat auf sich nimmt, ihn vor aller Welt meinen Genossen zu nennen, und selbst mich zu freuen, wenn sein Vorhaben gelingt und sein

Blut nicht nutzlos der Rache der Feinde anheimfällt. Raten würde ich niemals zu einem Gewaltakt – es sei denn während einer Revolution -, im Gegenteil: Vernehmlich und eindringlich warnen würde ich jeden, der ihn beschlösse. Die geschehene unabänderliche Tat aber beurteile ich nicht nach ihrem Erfolg, sondern nach dem Antrieb des Täters. Wer aus eigenem Entschluss, von unwiderstehlichem Eifer getrieben, unter Aufopferung des eigenen Lebens die Waffe gegen den, den er schuldig sieht, erhoben hat, der trägt allein die Verantwortung für sein Tun, und es steht den andern, die untätig waren, übel an, ihm nachträglich Rügen zu erteilen. Ein Kamerad, der um seines, um meines Ideals willen stirbt – ich entblöße den Kopf.

Natürlich konnte man in den Zeitungen auch dieses Mal wieder die Forderung nach internationalen Anarchistengesetzen finden, und natürlich wurde diese Forderung am lautesten in deutschen Blättern gestellt. Begründet wird das Verlangen immer wieder mit der kindlichen Einbildung, Anarchisten seien Leute, die in jeder Hosentasche eine Bombe und in jeder Westentasche einen Revolver tragen und jeden Moment ihres Lebens darauf lauern, wann sie diese Werkzeuge in mörderische Tätigkeit setzen können. Seit es bei mir und einigen anderen Anarchisten evident geworden ist, dass wir gewöhnlich nicht mit solchen Utensilien ausgestattet sind und sogar bis zu einem gewissen Grade anständige Motive haben für unsere Tendenzen, hat man zur Kennzeichnung unserer ethischen Verblödung für uns die Bezeichnung »Edel-Anarchisten« erfunden. Den Kaffern gegenüber, die da glauben, mir einen Gefallen zu tun, wenn sie mich mit einer schmockigen Wendung in Gegensatz zu meinen Genossen setzen, möchte ich folgendes bemerken: Ich bin Anarchist ohne Einschränkung, d. h. einer, der in der Einrichtung des Staats mit allen seinen Zwangs- und Gewaltvollmachten das Grundübel des menschlichen Zusammenlebens erblickt. Ich fühle mich als Anarchist solidarisch mit allen, die nach derselben Überzeugung leben, und die, je nach

Temperament und Veranlagung, für diese Überzeugung mit ihrer Person eintreten, also auch mit denen, die geglaubt haben, mit Dynamit der anarchistischen Sache dienen zu können. Ich verbitte mir jeden Versuch mich von der Gemeinschaft dieser Idealisten abzusondern. Dass ich – aus ähnlichen Gründen wie der Anarchist Tolstoi – die aggressive Gewalt im Prinzip verwerfe, berechtigt niemanden, meinen Charakter als Anarchisten in irgend einer Form anzuzweifeln, umsoweniger, als meine Ablehnung der Gewalt engstens in meiner anarchistischen Gesinnung begründet ist und von der großen Mehrheit meiner anarchistischen Genossen durchaus gutgeheißen wird. (...)

Wir Anarchisten haben von Ausnahmegesetzen sehr wenig zu fürchten. Es ist ein weitverbreiteter Aberglaube, dass man lebensstarken Ideen mit Polizeischikanen schaden könne. Die Sozialdemokratie in Deutschland dankte ihr Erstarken wesentlich dem Sozialistengesetz, ihre Versumpfung und Verflachung dagegen ist auf ihre sich überall vollziehende Einordnung in den Staatsbetrieb zurückzuführen. Deutschland ist das Land, in dem Gesinnung ächtet. Seit die Sozialdemokraten ihre sozialistische Gesinnung preisgegeben haben, werden sie als gleichwertige Menschen in allen Bürgerschichten anerkannt. Der Anarchist dagegen, der an den Institutionen der Gesellschaft eine Kritik übt, die die Bequemlichkeit des selbstzufriedenen Seins gefährdet, wird gesellschaftlich und wirtschaftlich an die Wand gedrückt. In Frankreich ist es anders. Anatole France verficht anarchistische Grundsätze, Octave Mirbeau war Begründer anarchistisch-agitatorischer Zeitschriften; dort lässt man jede Meinung gelten, die von ehrlichen Männern ausgesprochen wird. Und Frankreich kennt den anarchistischen Terror wie kein anderes Land. Die Deutschen aber, die seit Reinsdorfs[21] Tod niemals durch anarchistische

---

21 Der Anarchist August Reinsdorf wurde 1885 aufgrund eines von ihm geplanten Attentats auf Kaiser Wilhelm I. während der Einweihung des Niederwalddenkmals hingerichtet.

Gewaltspläne erschreckt wurden, zeigen einander den Menschen, der mit der bestehenden gesellschaftlichen Ordnung nicht einverstanden ist, wie ein feuerfurzendes Fabeltier, und aus lauter Angst vor der Vokabel Anarchismus fällt ihnen bei ihrer Erwähnung eine Bombe in die Hose.

Am seltsamsten berührt es, wenn sich selbst Künstler von dieser Vokabelfurcht ergriffen zeigen. Ihnen muss gesagt werden, dass alle Kunst notwendig anarchisch ist, und dass ein Mensch zuerst Anarchist sein muss, um Künstler sein zu können. Denn alles künstlerische Schaffen entspricht der Sehnsucht nach Befreiung von Zwang und ist im Wesen frei von Autorität und äußerlichem Gesetz. Die innere Bindung und Ordnung der Kunst aber hängt tief zusammen mit den Beziehungen des einzelnen freiheitlichen Individuums zum ganzen Organismus der Gesellschaft. Diese Beziehungen zwischen Mensch und Menschheit, die in der Kunst ihren höchsten Ausdruck hat und die in der Paragraphenmühle des Staats zermalmt wurde und verloren ging, wieder herzustellen, das ist der Sinn unserer, der Anarchisten, Werbearbeit, und diesem Streben, um dessentwillen wir geächtet und gelästert werden, wird der »Kain« auf seine Art nach wie vor seine Kräfte widmen.[22]

Neben der Arbeit am »Kain« und seinem immer ausschweifender werdenden Bohemeleben, von dem die Tagebücher in lustvoller Detailverliebtheit künden, setzt Mühsam aber auch sein Engagement in der Gruppe Tat und damit für Landauers Sozialistischen Bund fort:

---

22 Aus: Anarchistisches Bekenntnis, Kain. Zeitschrift für Menschlichkeit, 2. Jahrgang, Nr. 1, München 1912

Aufruf zum Sozialismus

»Der Staat sitzt nie im Innern der Einzelnen, er ist nie zur Individualeigenschaft geworden, nie Freiwilligkeit gewesen. Er setzt den Zentralismus der Botmäßigkeit und Disziplin an die Stelle des Zentrums, das die Welt des Geistes regiert: das ist der Schlag des Herzens und das freie, eigene Denken im lebendigen Leibe der Person. Früher einmal gab es Gemeinden, Stammesbünde, Gilden, Brüderschaften, Korporationen, Gesellschaften, und sie alle schichteten sich zur Gesellschaft. Heute gibt es Zwang, Buchstaben, Staat.«

»Sozialismus ist Umkehr; Sozialismus ist Neubeginn; Sozialismus ist Wiederanschluss an die Natur, Wiedererfüllung mit Geist, Wiedergewinnung der Beziehung.«

Das sind Sätze aus einer Schrift von Gustav Landauer, die eben erschienen ist und den Titel führt: »Aufruf zum Sozialismus«, und in diesen Sätzen ist in nuce enthalten, woher uns, die wir werbend auf die Tribüne treten, die Verzweiflung kommt, und wohin unsere Sehnsucht will.

Gesetze, Reglementierungen, Zentralisationen, Zwangsgebilde sind den Menschen der Gegenwart so selbstverständliche Faktoren der gesellschaftlichen Organisation, dass ihnen jedes Bekenntnis zur Dezentralisation, zur Staats- und Herrschaftslosigkeit närrisch oder verbrecherisch vorkommt.

Anarchie, das Wort der Freiwilligkeit, meinen sie, sei Verwirrung. Polizei aber scheint ihnen Ordnung, Kapitalismus Ausgleich, Justiz Gerechtigkeit. Den Begriff Sozialismus haben sie in den Bestand der Dinge eingereiht und nehmen ihn als Flagge einer demokratischen Reformpartei.

Nur an den kleinen Symptomen der gesellschaftlichen Wirrnis wird Rednerei und Kritik geübt, wird gebastelt und gemodelt. Das heißt man Politik; und um das Parlamenteln und Schachern, um die Flickerei und Pflasterei am kranken Körper der Gesamtheit erregen sich die Leidenschaften. Von dem anderen, von der Seuche selbst, von all dem Furchtbaren, das die Menschen zu Betrügern und Mördern aneinander, das Unrecht zu Recht, Lüge zu Wahrheit, Heuchelei zu Ehrlichkeit, Diebstahl zu Eigentum, Ausbeutung zu Lohn, Knechtung zu Vertrag, Gewalt zu Liebe macht, wird nicht gesprochen. Selbst da, wo sich die Not der Zeit am traurigsten fühlbar macht, in den Schichten der arbeitenden Bevölkerung, gibt es keinen Kampf, der von innen kommt, der verzweifelt hinausdrängt aus der kapitalistischen Sklaverei, sondern nur einen vorsichtigen Eiertanz im Dunkeln und Dumpfen und ängstliche Scheu vor radikalen Wandlungen und vor frischer Luft.

Die trockne Kathederweisheit des Marxismus hat es vermocht, im unterdrückten Volk jeden frohen Willen zu lähmen. Die entsetzliche Theorie, dass sich die Zeit nach naturnotwendigen Gesetzen wandeln muss, in der Richtung wandeln muss, die Karl Marx und seine demagogischen Spießgesellen anweisen, hat in Millionen Menschen den Wahnsinn kultiviert, sie dürften nur zusehen, wie sich der Kapitalismus selbst auffrisst. Man muss ihn nur nähren und pflegen und ihn auswachsen lassen, bis er sich überschlägt, platzt, stinkt und sich an seiner Stelle der Sozialismus, vielmehr die komisch-philiströse Zwittergestalt eines sozialdemokratischen Zukunftsstaates präsentiert. – Seit einem halben Jahrhundert ist der Marxismus Evangelium des deutschen Proletariats. Seit einem halben Jahrhundert ist eine These dieser pseudowissenschaftlichen Sozialprophetie nach der andern von den Tatsachen der Wirklichkeit ad absurdum geführt worden. Und heute noch winselt die Sozialdemokratie bei den Inhabern der Macht um Beteiligung an der Verwaltung des Staats, den sie angeblich bekämpft. Heute noch sammelt sie in untätiger Geschäftigkeit Stimmen, hunderttausende, Millionen Stimmen zum Bekenntnis zu Marx' Lehren.

Die angekündigte und umfänglich bewiesene Akkumulation des Kapitals ist ausgeblieben: es gibt heute mehr Kapitalisten als vor

50 Jahren. Die Verelendung der Massen, die »naturnotwendig« zur Katastrophe führen sollte, ist ausgeblieben: denn der Staat, der ebenso schlau war wie Marx, hat – mit Hilfe der »Sozialisten« – durch eine Arbeiterschutzgesetzgebung ein Ventil geschaffen, das das Äußerste verhütet, also geeignet ist, den Kapitalismus zu verewigen. Die wirtschaftlichen Arbeiterorganisationen, die – von den Marxisten anfänglich keineswegs willkommen geheißen – sich aus den Zeitumständen wirklich »naturnotwendig« entwickelten, drehen sich innerhalb der kapitalistischen Wirtschaft im Kreise herum, erzielen als Produzenten bessere Bezahlung und müssen sie als Konsumenten ihrer Waren selbst wieder hereinbringen; sie schaffen den Kapitalismus so wenig ab, wie sie den Sozialismus herbeiführen, und sie haben das Unternehmertum gelehrt, das stärkste Bollwerk gegen die Gefährdung des Kapitalismus durch wirtschaftliche Kämpfe dadurch zu schaffen, dass sie selbst sich zu Interessenorganisationen, zu Arbeitgeberverbänden, zu Ringen und zu Trusts zusammengeschlossen haben.

So stellen sich unter der Herrschaft der marxistischen Dogmen die Aussichten des Sozialismus dar. Die Sozialdemokraten aber predigen noch immer die materialistische Geschichtsentwicklung, das Hineinwachsen in den Sozialismus als Krönung des Baus, dessen Grundlagen sie selbst schon als bröckelhaft auf den Kehricht geworfen haben. Denn die Verelendung der Massen behaupten selbst die Frömmsten der Marx-Jünger nicht mehr, und die Konzentration des Kapitals mitsamt der Krisentheorie wird zumindest von den Revisionisten schon stark in Zweifel gezogen, die ja nachgerade kaum mehr etwas andres scheinen wollen als reformerische Realpolitiker, und die das Wort Sozialismus, wenn sie es bei Wahlreden oder andern Repräsentationsgelegenheiten mal aussprechen müssen, nur unter Ächzen und Würgen aus dem Halse bringen.

Müssen wir denn nun, nachdem wir die gewaltige Bewegung, die unter dem Namen Sozialdemokratie seit einem halben Jahrhundert trübe, faulig und unendlich breit stagniert, als Scharlatan-Wissenschaftlhuberei erkannt haben, – müssen wir denn nun darauf verzichten, jemals aus der qualvollen Knechtschaffenheit des kapitalistischen, militaristischen, klerikalistischen Polizeistaats heraus und in eine menschenwürdige, freiheitliche, im Volke gefügte und auf Gegenseitigkeit gegründete Gesellschaft hineinzukommen?

Das müssen wir wahrlich nicht, sofern der Wille zur Freiheit, zur Gerechtigkeit und zum Sozialismus in uns lebendig und zur Tat bereit ist.

Marxens leblose, ertüftelte und erklügelte Theorien sind an den Tatsachen der Wirklichkeit jammervoll gescheitert. Jede einzelne seiner Aufstellungen ist als falsch erwiesen. Wollen wir zum Sozialismus kommen, so dürfen wir an keinen der Versuche, die – auch mittelbar, wie der Syndikalismus, der Anarchosozialismus etc. – von seinen Ansichten ausgingen, anschließen. Wir müssen den Mut finden, zurückzugreifen. Wir müssen den Karren dahin zurückführen, wo er, von Marx geschoben, in den Dreck fuhr, in dem er jetzt erbarmungslos drinsteckt. Wir müssen da anfangen, wo Marx' großer Zeitgenosse Pierre-Joseph Proudhon anfangen wollte.

Der sah die Dinge der Welt nicht mit den Augen des politisierenden Philosophasten, sondern mit denen des freiheitlichen Enthusiasten; und darum sah er sie, wie sie wirklich waren. Er sah das Elend und die Verworrenheit und wusste, dass man dagegen nicht mit theoretischen Systemen kämpft, sondern mit der zugreifenden Hand. Und so riet er zum Anfang, zur Tat, zur Arbeit.

Das ist der Unverstand der kapitalistischen Produktionswirtschaft: Es wird gearbeitet ohne Rücksicht auf die Nachfrage. In den Speichern häufen sich die Waren, man redet von Überproduktion, aber die, die Waren brauchen, bekommen sie nicht. Mancher Arbeiter fertigt sein Leben lang Hemdstoffe an; sein Auftraggeber jammert über die Krise in der Textilindustrie, die ihm mit seinen Vorräten an Hemdstoffen den Markt verschließt; aber der Arbeiter, der unermüdlich weiter webt, kommt nie in den Besitz der hygienisch und ästhetisch notwendigen Zahl Hemden. – Diese Absurdität erkannte Proudhon, und so empfahl er die Gründung der Tauschbank, d.h. einer Institution zur Regelung des Austausches der Produkte unter den Arbeitern selbst.

Heute ist eigentlich die Fabrik Arbeitgeber, und es sollte so sein, dass die Kundschaft Arbeitgeber wäre. Arbeitet der Produzierende nur noch für den Bedarf, stellt er also seine Arbeit ausschließlich in den Dienst des Verbrauchs, dann hat er von selber die Kundschaft, die für ihn Geld, oder – was dasselbe ist – Kredit bedeutet. Die Gründung von Produktiv-Konsum-Genossenschaften, die unter Vermeidung des kapitalistischen Marktes mit und füreinander schafften und anschafften, wäre der erste entscheidende Schritt auf dem Wege zum Sozialismus.

Zur Gründung solcher Genossenschaften ruft Gustav Landauer auf. Gruppen sollen sich bilden, in denen sich Menschen vereinigen, die zu gemeinsamem Tun bereit sind. Vorerst ist nur Werbung und Verständigung Aufgabe dieser Gruppen, deren etliche schon bestehen und die sich Gruppen des »Sozialistischen Bundes« nennen. Ehe sie ans Werk gehen können, an den Beginn, bedarf es noch mancher Vorarbeit. Der Staat, die Parteien, der sinnlose Konkurrenzkampf haben vieles zerstört, was als verbindender Geist unter den Menschen war und unter den Menschen sein muss, die Gemeinsames wirken wollen. Brüderlichkeit, Gerechtigkeit, Nächstenliebe sind Eigenschaften, die nur mit sehr viel gutem Willen, mit sehr viel Aufopferung und mit sehr viel Nachsicht unter den Menschen unserer Zeit wieder geweckt werden können. Solidarität, die über das gemeinsame materielle Interesse hinausgeht, muss erst wieder in die Menschen hineingetragen werden, – das Mittel, Solidarität, Entschlossenheit, Opfermut und Rechtsgefühl zu beleben, ist die Idee, die zur Überzeugung wird, zur Überzeugung, dass das Neue das Richtige ist, dass es kommen soll und kommen muss, weil das Alte als schlecht erkannt und nicht mehr erträglich ist.

Sind die rechten Menschen beieinander, solche, deren Wille sich nicht bändigen lässt, Verzweifelte, die keine Materialisten sind, sondern Draufgänger, Unbesonnene, Idealisten, dann wird die neue, die sozialistische Gesellschaft von innen heraus von selbst erwachsen. Dann werden die Gruppen, die zur Arbeit drängen, in eigenen Siedlungen das herstellen, was sie nötig haben. Die verschiedenen Siedlungen werden miteinander in Tauschverkehr treten; der Ertrag der Arbeit wird denen gehören, die sie geleistet haben, und aus den Gemeinschaften, Bünden, Siedlungen, Kommunen wird die neue sozialistische Gesellschaft erstehen, die gewiss anders aussehen wird als wir sie träumen, und die ganz gewiss besser, menschlicher, schöner, kulturvoller sein wird, als der Staat mit seinen Kasernen, Gefängnissen, Zuchthäusern, Bordellen, Polizeiwachen, Zwangsschulen, Kirchen und Parlamenten.

Was ich hier skizziert habe, ist der dürftige Extrakt dessen, was Landauers »Aufruf zum Sozialismus« enthält.

Was da Kritisches über den Staat und über den Marxismus steht, ist ebenso überzeugend wie das, was Landauer Positives vom Sozialismus und vom Sozialistischen Bunde sagt, begeisternd ist. Wen Theorien, Kritiken und nationalökonomische Spekulationen nicht interessieren, der lese das Buch um der warmen, starken Leidenschaft willen, mit der es geschrieben ist. Wer aber bei der Lektüre kalt bleibt und nicht selbst zum Eiferer wird, der bleibe ja bei seinem Leisten oder bei seiner Politik; aus ihm soll beileibe kein Proselyt[23] gemacht werden.[24]

---

23 Als Proselyt (griechisch: »Hinzugekommener«) bezeichnete man früher Menschen, die zum Judentum konvertiert waren.
24 Aus: Kain. Zeitschrift für Menschlichkeit, 1. Jahrgang, Nr. 3, München Juni 1911

Keine Frage, Mühsam schätzt Landauer für dessen theoretischen Entwurf einer freien Gesellschaft. Aber doch wirkt dieser Text vergleichsweise blutleer. Mühsam ist eben kein Theoretiker, ihm liegt die konkrete Aktion im Hier und Jetzt immer näher als die Ausgestaltung der Utopie. Ganz bei sich ist er, wenn er gegen die 1912 anstehenden Wahlen zum Reichstag trommelt:

Humbug der Wahlen

Wir lesen täglich in den Zeitungen, Flugschriften und Wahlaufrufen der Liberalen und Sozialdemokraten, dass die Klerikalen finstere Gäuche, scheinheilige Jesuiten, Verdummungsapostel und den gemeingefährlichen Junkern treu verbrüderte Feinde jeglichen Fortschritts, jeglicher Entwicklung seien. Die Werbeschriften der Klerikalen aber behaupten, dass die Liberalen flachköpfige Interessenpolitik treiben, Tröpfe und hohle Schreier, die Sozialdemokraten hingegen rohe Demagogen sind und gewissenlose Spekulanten auf die Leichtgläubigkeit der werktätigen Massen. Dass der Gegner Lügner, Verleumder und geschworener Volksfeind sei, beweist einer dem andern mit den bündigsten Belegen. – Seien wir höfliche Menschen, und glauben wir, dass in der Beurteilung ihrer Feinde jede Partei die Wahrheit spricht. So haben wir denn nichts weiter zu tun als auszusuchen, in wessen Gefolgschaft wir uns begeben, welcher dieser Gruppen wir für die nächsten fünf Jahre die Wahrung unserer Interessen anvertrauen wollen.

Bekanntlich wird durch den Ausfall der Wahlen vom 12. Januar das Schicksal des Deutschen Reiches besiegelt werden. Es soll sich nämlich herausstellen, ob unter einer konservativ-klerikalen oder unter einer liberal-sozialdemokratischen Reichstagsmehrheit alles beim Alten bleibt. Es soll sich entscheiden, ob wir weiterhin blauschwarze Tinte saufen müssen oder ob wir uns an einer rötlich-gelben Melange den Magen verderben dürfen. Kurz und gut: Es geht um die letzten Dinge.

Wahltag – Zahltag. Das deutsche Volk wird aufgerufen, das eigene Glück zu schmieden. Gleiches Recht für alle. Jede Stimme zählt. Jede Stimme ist wichtig. Wer der Wahlurne fernbleibt, schneidet sich ins eigene Fleisch. Wer nicht wählen will, muss fühlen. Wer keinen wählt, wählt seine Feinde. Wer im Reichstag nicht vertreten sein will, hat sich alles Unheil zuzuschreiben. Auf gegen die Reaktion! Auf gegen die Verdummung und Verpfaffung! Auf gegen den roten Umsturz! Auf gegen den Freihandel! Auf gegen die Schutzzölle! Auf gegen die Lebensmittelverteuerung! Auf gegen die Feinde der Landbevölkerung! Auf für Freiheit, Wahrheit und Recht! Auf für die Erhaltung guter deutscher Sitte! Das Vaterland muss größer sein! Wir halten fest und treu zusammen! Hurra! Hurra! Hurra!

Es gilt also wieder einmal, das einzige Recht auszuüben, das der Deutsche hat. Wie denn: das einzige Recht? Seit 42 Jahren immer noch das einzige Recht? Da doch seine Ausübung den Zweck verfolgt, den Deutschen Rechte zu schaffen? Erkläre mir, Graf Örindur, diesen Zwiespalt der Natur! Es ist in der Tat wahr: Das einzige Recht des deutschen Mannes besteht darin, dass er im Laufe von fünf Jahren einmal in eine verschwiegene Zelle treten und einen Zettel in ein verschwiegenes Gefäß werfen darf, worauf er einen (ihm gewöhnlich unbekannten) Mitmenschen zum Fürsprecher seiner Überzeugungen bestimmt hat. Bekommt ein anderer Kandidat mehr Stimmen, so tritt der Wähler betrübt in den Hintergrund, bleibt für die nächsten fünf Jahre mit seinen Überzeugungen unvertreten und tröstet sich mit dem erhebenden Gefühl, dass er jedenfalls von seinem einzigen heiligen Recht Gebrauch gemacht und gezeigt hat, dass er auch mitreden kann.

Aber warum so pessimistisch sein? Es ist ja möglich, dass zwei andere Kandidaten miteinander in Stichwahl kommen, und der überstimmte Staatsbürger hat nun die Entscheidung in der Hand: welcher ist der Würdigere? Wer wird meine Interessen besser vertreten? Wem kann ich mich soweit anvertrauen, dass ich ihn mit Generalvollmacht ins Parlament schicken darf? Seine Parteileitung sagt's ihm – und erwählt und bewirkt mit seiner Stimme das Resultat. So kann also doch die an die Wand gedrückte Minorität immer noch den stärksten Einfluss haben auf die Konstellation der Parteivertretungen? Kann sie auch. Hier ist ein Beispiel aus der Praxis:

Man erinnere sich an die Vorgänge, die den Reichskanzler Fürsten Bülow veranlassten, den vorletzten Reichstag aufzulösen. Dem Manne war seine Position unsicher geworden, und er benutzte eine oppositionelle Regung des Zentrums, das ihm von einer Kolonialforderung einen geringfügigen Abstrich machte, dazu, die Volksboten heimzuschicken und das Volk unter dem Schlachtruf: Gegen die Schwarzen und gegen die Roten! an die Urne zu trommeln. Die Regierung kittete den famosen Block der Konservativen und Liberalen, und die Ultramontanen[25] und Sozialdemokraten revanchierten sich mit der Verständigung zu einer Stichwahlversicherung auf Gegenseitigkeit. Die kaiserliche Regierung hatte geschickt gearbeitet, und so ergaben die Hauptwahlen einen starken Erfolg ihrer Blocktruppen zum Schaden der Sozialdemokraten. Vor der Stichwahl sah man nun in München Plakate an den Tafeln kleben, auf denen etwa folgendes zu lesen war: »Wir danken der aufopfernden Hilfe der Sozialdemokraten in verschiedenen Wahlbezirken Bayerns mehr als ein Dutzend Mandate. Zeigen wir uns erkenntlich! Treten wir bei den Stichwahlen in München Mann für Mann für die sozialdemokratischen Kandidaten ein! Das Zentrums-Wahlkomitee.« Dass zur rechten Zeit der Herr Erzbischof eingriff, die Parole des Komitees

---

25 Papsttreue Katholiken, politisch vertreten durch die Zentrumspartei

für unkirchlich erklärte und damit die Wahl des liberalen Kandidaten in dem einen zweifelhaften Wahlkreis Münchens sicherte, ist in diesem Zusammenhange unbeträchtlich. Die Kirche hat nie geheuchelt, dass sie andere Nützlichkeiten als solche für sich selbst suche. Lehrreich aber ist die Feststellung, dass eine große Anzahl von Reichstagssitzen nur mit sozialdemokratischen Stimmen für das Zentrum gerettet werden konnte. – Nun besinne man sich auf das Walten des letzten, jetzt verabschiedeten Reichstags. Seine bedeutsamste Tat war die Annahme jener Steuergesetze, durch die die notwendigsten und populärsten Bedarfsmittel in ganz maßloser Weise verteuert wurden und die die Lebenshaltung der überwiegenden Mehrheit des deutschen Volks in beängstigendem Maße verschlechterten. Diese Gesetze hätten ohne ein starkes Zentrum nicht zustandekommen können. Das starke Zentrum aber wäre – nach eigenem Geständnis – nicht vorhanden gewesen ohne die nachdrückliche Unterstützung der Sozialdemokraten, die ihre Stimmen bedingungslos den jetzt so gelästerten Volksfeinden zur Verfügung gestellt hatten. Jede ungezwungene Logik wird gestehen müssen, dass somit die unerträgliche Belastung des Volks durch die neuen Steuern auf die parteioffiziöse Leitung vieler lausender sozialdemokratischer Wähler zurückzuführen ist. – Die zähnefletschende Wut der sozialdemokratischen Agitation, wie sie jetzt gegen die Klerikalen anknurrt, wird man also nicht allzu feierlich zu nehmen brauchen. Vielleicht gehen die Roten das nächste Mal mit den Blauen. Wundern soll man sich über gar nichts.

Freilich sind die armen Sozi bei den Wahlen besonders übel dran. Sympathisch sind sie mit ihrer unproduktiven Betulichkeit, mit ihrer anschmeißerischen Opposition und ihrer phrasenschwulstigen Alleswisserei niemandem, außer den Kinderstuben-Politikern des »Berliner Tageblatts«. Man lässt sich schließlich, wenn das Geschäft lohnend aussieht, von ihnen unter die Arme greifen. Nachher gibt man ihnen den Tritt. Während sich aber die soeben derart emporgehobenen bürgerlichen Gegner von der peinlichen Berührung den Rock abputzen, schrein die Sozialdemokraten schon durchs Land, dass sie die Starken seien, die auf die eigene Kraft angewiesen sind.

Nein, die Rolle, die die roten Herren im politischen Leben spielen, ist nicht beneidenswert. In der Theorie müssen sie immer noch so tun, als seien sie Sozialisten, Revolutionäre, denen die kapitalistische Gesellschaftsordnung ein Gräuel ist und deren Kampf ein konsequentes Sturmlaufen gegen Monarchie, Heer, Kapital und jegliche Ungleichheit und Unfreiheit darstellt. In der Praxis aber posaunen sie lauter als irgendwer andres das Recht auf die Wahlstimme, das Recht, sich in der bescheidenen Form, die (zumal der deutsche) Parlamentarismus erlaubt, an der Verwaltung des so arg befehdeten Staatswesens zu beteiligen. In der Praxis gilt ihnen das allgemeine, gleiche, direkte und geheime Wahlrecht als letztes Ziel ihres revolutionären Strebens, und sie merken nicht, wie lächerlich sie selbst im Gesichtsfelde eines bürgerlichen Betrachters aussehen, da sie heute als höchste Sehnsucht eine Forderung aufstellen, die unter den Forderungen der nationalliberalen Revolutionäre von 1848 die untergeordnete Komponente eines großen Programms war.

Die Teilnahme am Parlamentarismus war nicht immer der Inhalt aller sozialdemokratischer Aktion. Solange die Partei sozialistisch fühlte und in Wahrheit den Umsturz wollte, lehnte sie die Wählerei als Konzession an die kapitalistischen Staatseinrichtungen ab. Im Jahre 1869 warnte Wilhelm Liebknecht eindringlich vor diesem Schritt ins Lager der Feinde. Damals hob er auch die Konsequenzen hervor, die das Beharren auf den revolutionären Grundsätzen im parlamentarischen Leben zeitigen müsste. Damals kündigte er die Kompanie Soldaten an, die eine unbequeme Parlamentsmehrheit zum Tempel hinausjagen würde: 40 Jahre, bevor Herr v. Oldenburg-Januschau den Leutnant und die zehn Mann an die kahle Wand des Reichstagssaales malte.[26] – Marx und Engels sprachen vom »parlamentarischen Kretinismus«, und erst 1890 entschloss sich die Partei, die »Jungen«, die immer noch nicht unters Stimmjoch wollten, aus ihren Reihen zu weisen.

Und gibt nicht die Entwicklung der Sozialdemokratie in diesen 42 Jahren parlamentarischer Betriebsamkeit den skeptischsten Befürchtungen recht? Was hat sie im Laufe dieser langen Jahrzehnte Positives erreicht, was einer Wandlung von kapitalistischem zu sozialistischem Gesellschaftsgefüge entfernt ähnlich sähe? Man muss beschämt gestehen: gar nichts.

Und fragt man weiter, was infolge der sozialdemokratischen Parlamentstätigkeit auch nur innerhalb der geltenden Ordnung zugunsten des arbeitenden Volks Nennenswertes geschehen ist, so fällt die Antwort leider nicht viel günstiger aus. Die Herren selbst weisen ja bei so unangenehmen Erinnerungen gewöhnlich auf die herrliche Arbeiterschutzgesetzgebung hin. Aber es muss zu ihrer Ehre gesagt werden, dass sie damals noch, als diese Verhöhnung des Arbeiterelends ans Licht des Tages trat, dagegen stimmten, und wenn sie später, in heller Angst, bourgeoise Sympathien zu verlieren, ihren Standpunkt revidierten, so verrieten sie damit den letzten Rest ihrer sozialistischen Gesinnung. (...)

In der positiven Arbeit hat also der ganze mit ungeheurer Mühe, ungeheuren Kosten, ungeheurer Energie und ungeheurer Ausdauer konstruierte Apparat der proletarischen Parlamentspolitik versagt. Angeblich soll er sich aber sehr bewährt haben, wenn es galt, reaktio-

---

26 Elard von Oldenburg-Januschau war ein extrem militaristisch und antidemokratisch denkender Politiker der Deutschnationalen Volkspartei (DNVP). 1910 hatte er in einer Reichstagsdebatte erklärt, der deutsche Kaiser müsse jederzeit in der Lage sein, das Parlament von einem Leutnant und zehn Soldaten auflösen zu lassen. Während der Weimarer Republik gehörte er zum engsten Kreis um Reichspräsident von Hindenburg und war maßgeblich an der Ernennung Adolf Hitlers zum Reichskanzler beteiligt.

näre Beschlüsse der übrigen Parteien zu verhindern. Auch auf diese Behauptung darf man vernehmlich fragen: Was habt ihr verhindert? Wo habt ihr etwas verhindert? Wie habt ihr es verhindert?

Die größte Mandatszahl hatten die Sozialdemokraten in der Legislaturperiode von 1903–1907. Sie verfügten damals zeitweilig über mehr als achtzig Sitze. In jener Zeit aber wurde Deutschland mit der Wiedereinführung hoher Schutzzölle beglückt, gegen die wütende Opposition, ja Obstruktion der 80 Revolutionäre, die übrigens ohne Mitwirkung der Liberalen (damals: Liberale Vereinigung) gar nicht gewagt hätten zu obstruieren. Die Sozialdemokraten haben es mit all ihrem Krakeel nicht zu verhindern vermocht, dass Herr v. Tirpitz uns ein Flottengesetz nach dem andern bescherte. Das Bürgerliche Gesetzbuch, das Vereinsgesetz, sämtliche Kolonialgesetze mit all ihren militärischen Folgerungen sind trotz ihres Widerspruchs in ihrer Anwesenheit beschlossen worden.

Man rede nicht von den paar Gesetzentwürfen, die von der Regierung eingebracht und vom Reichstage abgelehnt wurden. Die »Zuchthausvorlage«, das »Umsturzgesetz« waren Totgeburten, weil die geschäftskundigen Bürger, die im Reichstage sitzen, viel zu intelligent sind, um sich nach den Erfahrungen mit dem Sozialistengesetz noch in solche Wespennester zu setzen. Hätten die bürgerlichen Mittelparteien diese Gesetze gewollt, dann hätten die Sozi sich auf den Kopf stellen und mit den Beinen strampeln können – sie hätten sie gekriegt.

Im Parlament geht es eben demokratisch zu: die Mehrheit hat recht, die Minderheit hat unrecht. Die Sozialdemokraten sollten die Letzten sein, die das bemängelten. Sie verkünden ja dies Prinzip als unübertreffliche Gerechtigkeit. Ihr ganzes Streben bei den Wahlen selbst geht ja dahin, durch eine zuverlässige Geometrie der Wahlkreise die absolute Majorität wirklich auszumitteln, um die Minderheit damit knebeln zu können. Gewiss ist das Streben nach gleicher Wahlkreiseinteilung berechtigt, wenn man überhaupt das parlamentarische Prinzip will. Aber dieses parlamentarische Prinzip selbst, scheint mir, ist eine Absurdität, ein Humbug, ein Prinzip der Ungerechtigkeit.

Zunächst: die übergroße Mehrheit der Menschen ist vom Wählen eo ipso ausgeschlossen. Die gesamte Hälfte der Menschheit, die nicht Hosen, sondern Röcke trägt, gilt in unsern erfreulichen Zeitläuften als geistig unterbegabt. Jeder Dorfküster hat infolgedessen größere Rechte als etwa einer Madame Curie, einer Duse[27] oder Ebner-Eschenbach[28] zugebilligt werden könnten. Es ist zu dumm, als dass man es tragisch nehmen sollte. – Aber gleichzeitig sind hunderttausend Soldaten und alle die vielen ausgeschlossen, die grade in Gefängnissen und Zuchthäusern sitzen, und sogar alle solche, die dem Staate als Arme »zur Last fallen«. Gewiss: hier möchten die Sozialdemokraten manches ändern (die Liberalen übrigens auch). Aber sie können es nicht ändern, und änderten sie es, so wäre auch weiter nichts erreicht, als dass dem Parlamentarismus eine Spur von dem sittlich Widerwärtigen genommen würde, das ihm anhaftet.

Die Ungerechtigkeit bleibt auch bei Zulassung der Frauen, Soldaten, Armen und Gefangenen und selbst bei Einführung des konsequentesten Proportionalwahlsystems bestehen, dass sich unter die Mehrheitsbeschlüsse eines Parlaments jede Minderheit zu beugen hat, die sich dadurch vergewaltigt fühlt. Die Ungerechtigkeit vor allem ist unerträglich, dass von einer Zentralstelle aus durch Schacher und Kompromisse aller Art Gesetze ausgebrütet werden, die zugleich für alle Menschen eines großen Landes Geltung haben, deren Bedürfnisse und Ansprüche auf ganz verschiedenen geographischen und Charaktergrundlagen beruhen. Ein Parlament kann nur dann nützlich wirken, wenn es ausschließlich ein Institut zur Aussprache

---

27 Die seinerzeit berühmte Schauspielerin Eleonora Duse.
28 Marie Freifrau Ebner von Eschenbach, österreichische Schriftstellerin.

und Verständigung im Einzelfalle gleichmäßig interessierter Menschen wird, ein Institut also, zu dem jede Meinung ihre Vertreter mit imperativem Mandat entsenden und an dem jeder Einzelne auch persönlich mitwirken kann. Es ist klar, dass solche gemeinsamen Interessen immer nur zwischen Menschen bestehen können, die entweder durch eine sittliche Idee oder aber durch praktische, sich aus räumlicher Nachbarschaft ergebende Notwendigkeiten miteinander verbunden sind. Entstaatlichung der Gesellschaft, Dezentralisation ist also anzustreben, um einen Zustand zu erhalten, in dem die Menschen Beratungen pflegen können, ohne einander die Luft abzuschnüren zu brauchen.

Es mag noch ein Einwand erledigt werden, mit dem man die Beteiligung am Parlamentarismus häufig verteidigen hört. Das ist das Bedürfnis prominenter Persönlichkeiten, sich von Tribünen mit weiter Akustik reden zu hören. Nun zeigt aber ein Blick in die Sitzungssäle deutscher Parlamente, dass die Redepulte dieser Anstalten gemeinhin von allen eher als von überragenden Persönlichkeiten bestiegen werden. Das liegt zum einen Teil an der Einflusslosigkeit des Parlaments auf die Geschicke der Völker, zum andern Teil am Reinlichkeitsbedürfnis beträchtlicher Leute, die wissen, dass sie Einfluss nur gewinnen können, wenn sie sowohl ihren Charakter wie ihre Intelligenz zu Konzessionen bereithalten. In Wirklichkeit ist aber auch gar nicht einzusehen, wieso denn ein Reichstagsabgeordneter etwa freier aus sich herausreden könnte als ein Volksredner oder Publizist, der ehrliche eigene Ansichten zu vertreten hat. Wer gehört werden will, der wird sich auf die Dauer Gehör verschaffen, und wenn selbst der willenlosen Menge von ihren journalistischen Seelsorgern das dickste Totschweigewachs in die Ohren geträufelt wird.

Das Wort aber, das ans Volk direkt gerichtet wird, hat allemal stärkere Wirkungen auf die Ereignisse als das, das unter taktischen Verschnörkelungen auf dem Umweg über Parlamentsstenogramme zu ihm gelangt. Denn der Bürger hat sich ja mit der Wahl eines Vertreters der eigenen Aktionsbereitschaft begeben und verzichtet von vornherein darauf, aus dem, was er aus dem Sitzungssaal vernimmt, andere Schlüsse zu ziehen als solche, die sich auf die Auswahl des in fünf Jahren zu entsendenden Vertreters erstrecken. Der Appell ans Volk selbst aber kann unmittelbares Eingreifen in die Geschichte eines Landes bewirken. Noch ein Beispiel aus der Praxis der Sozialdemokratie:

In den romanischen Ländern hat man mit der Anwendung umfassender Streikaktionen sehr gute Erfahrungen gemacht, wenn man damit politischen Unzuträglichkeiten begegnen wollte. In Deutschland wurde dieses Mittel der direkten Massenaktionen von den Anarchisten und Syndikalisten so lange propagiert, bis es in Arbeiterkreisen Anklang fand und die sozialdemokratische Partei sich um den peinlichen Gegenstand nicht länger herumdrücken konnte. Vor einigen Jahren kam die Sache auf einem Parteitage zur Sprache und man entschloss sich, den politischen Massenstreik als Kampfmittel in das Waffenarsenal der Arbeiterschaft einzustellen. Um aber nicht den alten Aberglauben von der allein seligmachenden Wählerei zu erschüttern, erklärte man, der politische Massenstreik solle nur angewandt werden, wenn es gelte, ein gefährdetes Wahlrecht zu verteidigen oder in Ländern mit unfreiem Wahlrecht ein freieres zu erzwingen. Man gab also zu, dass das Volk selbst, wenn es Forderungen durchsetzen wolle, die mit dem Parlamentarismus nicht zu erzwingen sind, über das stärkere Mittel verfüge. Man reservierte aber das stärkere Mittel zu dem einzigen Zweck, das schwächere Mittel zu schützen. Wie konsequent die Herren Sozialdemokraten diesen Standpunkt wahren, beweist ihr Verhalten den Anregungen gegenüber, einer Kriegsgefahr mit dem Massenstreik zu begegnen. Sie könnten sich dadurch – das haben sie selbst zugegeben – ihre Position im parlamentarischen Schachergeschäft erschweren.

Man überlege einmal: Wenn alle die unzähligen Millionen, die im

Laufe von vier Jahrzehnten für die Agitation zu den Wahlen verausgabt wurden, benutzt wären, um revolutionäre Genossenschaften zu beleben, wenn alle zum Stimmenfang verbrauchte Arbeitskraft in produktiver Arbeit tätig gewesen wäre, um den eigenen Unterhalt unabhängig von der kapitalistischen Ausbeutung zu beschaffen, wenn also alle Propaganda der Vorbereitung des Volkes zur Übernahme der Produktionsmittel in eigene Regie gedient hätte – zweifelt jemand, dass unser gesellschaftliches Sein ein sehr anderes, ein sehr viel erfreulicheres Bild böte als heute? Aber die Masse wird von ihren streberischen Führern geflissentlich in Untätigkeit gehalten. Überall wird ihr der Wille der »Vertreter« aufoktroyiert, und mit dem Humbug der Wählerei wird ihr vorgespiegelt, dass sie selbst die Herrin ihrer Geschicke sei.

Ob und wen alle diejenigen wählen, die im Prinzip mit der geltenden Staatsordnung einverstanden sind, scheint mir sehr wenig belangvoll. Jedes Parlament, ob seine Mehrheit links oder rechts vom Präsidenten sitzt, ist seiner Natur nach konservativ. Denn es muss den bestehenden Staat wollen – oder abtreten. Es kann nichts beschließen, was den Bestand der heutigen Gesellschaft gefährdet, also auch nichts, was denen, die unter der geltenden Ordnung leiden, nützt. Die Entscheidung für diesen oder für jenen Kandidaten ist nicht die Frage des Stichwahltages. Die Frage heißt: Soll ich überhaupt wählen oder tue ich besser, zu Hause zu bleiben? Überlege jeder, dass er mit jedem Schritte, den er zum Wahllokal lenkt, sich öffentlich zur Erhaltung des kapitalistischen Staatssystems bekennt. Frage er sich vorher, ob er das tun will. Wer aber denen glaubt, die vorgeben, durch Ansammlung von möglichst vielen Stimmen, mögen sie gehören, wem sie wollen, die Fähigkeit zu erlangen, in parlamentarischer Diskussion sozialistische Ansprüche zu ertrotzen, dem sei erklärt: solche Behauptung ist blanker Schwindel.[29]

---

29 Aus: Kain. Zeitschrift für Menschlichkeit, 1. Jahrgang, Nr. 10, München 1912

Diese Reichstagswahl von 1912, zugleich die letzte Wahl vor der Revolution, endet mit einem fulminanten Sieg für die SPD, die nun zum ersten Mal auch die größte Fraktion stellt. Wie von Mühsam prognostiziert, ist damit jedoch nichts gewonnen. Im Gegenteil: Mit dem Tod August Bebels 1913 gerät der revolutionäre Parteiflügel der Sozialdemokraten endgültig in eine Minderheitsposition. Die neue Parteiführung um Friedrich Ebert und Hugo Haase ist vor allem bemüht, ihre Staatstreue unter Beweis zu stellen, um vielleicht irgendwann tatsächlich regieren zu dürfen. Währenddessen steuern die europäischen Großmächte längst spürbar auf den großen Krieg zu. Im November 1912 schreibt Mühsam:

Der Friedenspfeife der europäischen Staaten ist ein Funke davongeflogen. Der hat den Benzinbehälter am Balkan explodieren lassen, und nun steht Groß und Klein neugierig und von einem wollüstigen Schauder gekitzelt in gemessener Entfernung um den dicken Pulverturm herum und wettet, ob ihn das Feuer wohl erfassen werde oder ob man in ihm weiterhin das europäische Gleichgewicht stabilisiert sehen dürfe. Die geeichten Patrioten, die nichts Geistiges zu verlieren haben, spucken schon in die Hände und freuen sich auf den frischfröhlichen Krieg gegen die Nachbarn, die im Moment, wo es losgeht, zu Erbfeinden avancieren werden. Vaterländische Schornalisten krümeln aus dem Zettelkasten der stereotypen Redewendungen den wohltätigen Aderlass hervor. (...) Die Männer in der Bluse lassen den dröhnenden Schritt der Arbeiterbataillone hören, begeben sich in musterhafter Disziplin zum Meeting in einen benachbarten Vergnügungspark, nehmen – einige hunderttausend klassenbewusste Männer und Frauen – einstimmig eine Resolution an, in der sie den Krieg für kulturlos erklären und die Einberufung der Abgeordneten fordern, die das noch einmal sagen sollen. Dann begeben sie sich in bewundernswerter Ordnung nach Hause. Manche meinen auch, es sei noch nicht so gefährlich. So schnell schießen die Preußen nicht. Gut Ding will Weile haben. Es wird nichts so heiß gegessen, wie es aufgetragen wird. Was geht's uns an, wenn unten weit in der Türkei die Völker aufeinanderschlagen? Kommt Zeit kommt Rat. Wie geht's Ihnen denn sonst?

Wir leben in einer trüben Zeit, der im Denken und Wollen faulsten, die die Geschichte erlebt hat. Der Ehrgeiz der Völker strebt nach der technischen Vollkommenheit der Kriegswaffen. Die Beziehungen der Nationen regeln sich nach den Tölpeleien, die den aller Aufsicht entrückten Diplomaten und Botschaftern in ihrem Dauerschlaf passieren. Die Massen werden politisch geschult, indem ihnen ein schwächliches Parteiprogramm als Gummischnuller in den Sabbermund geschoben wird. (…)

Die letzte Entscheidung über Krieg oder Frieden haben heutzutage die Börsen und Bankhäuser. Da werden Gewinn- und Verlustchancen – nicht nach Menschen sondern nach Geldwerten – berechnet, und verspricht nach der Kalkulation der Krieg für die Millionäre ein Geschäft zu werden, dann wird zur Attacke geblasen, dann werden hunderttausende kleinere wirtschaftliche Existenzen vernichtet und hunderttausend kräftige junge leistungsfähige Männer hingeschlachtet – für die Ehre des Vaterlandes.

Geht es aber los, das wissen wir alle, dann wird es ein Weltkrieg, wie er fürchterlicher noch niemals gebrannt hat. Denn Österreich hat nicht gegen die Serben zu kämpfen, sondern gegen die Russen. Für Deutschland und Frankreich werden die Bündnispflichten akut, und weil ein paar Wiener Bankiers den Serben ihren »Korridor« zum Meer, den Sandschak Novi Pazar[30], nicht glauben gönnen zu dürfen, werden in ganz Europa, in Westen und Osten, alle Ungeheuer

---

30 Früherer Bezirk des Osmanischen Reiches, der Teile von Serbien, Montenegro und Kosovo umfasste.

der Kriegswissenschaft lebendig, namenloses Elend erfasst alle Völker, Leben und Werte werden zerstört, Familien, Dörfer, Städte und Provinzen gesprengt (...)[31]

Anderthalb Jahre später ist er tatsächlich da – der große Krieg. Kaiser Wilhelm II. spricht die berühmten Worte: »Ich kenne keine Parteien mehr, ich kenne nur noch Deutsche!« Die Sozialdemokraten, die noch wenige Wochen zuvor Massendemonstrationen gegen den deutschen Kriegseintritt organisierten, beweisen nun ihre Staatstreue, indem sie im Reichstag die nötigen Kriegskredite durchwinken. Und Mühsam notiert in sein Tagebuch:

München, Montag/Dienstag, d. 3/4. August 1914. Es ist 1 Uhr nachts. Der Himmel ist klar und voll Sternen, aber über die Akademie ragt der Rand einer weißen, in dicken Schichten gehäuften Wolke, in der es unaufhörlich blitzt. Unheimlich grelle, lang sichtbare, in horizontaler Linie laufende Blitze.

Und es ist Krieg. Alles Fürchterliche ist entfesselt. Seit einer Woche ist die Welt verwandelt. Seit 3 Tagen rasen die Götter. Wie furchtbar sind diese Zeiten! Wie schrecklich nah ist uns allen der Tod!

Immer und immer hat mich der Gedanke an Krieg beschäftigt. Ich versuchte, mir ihn auszumalen mit seinen Schrecken, ich schrieb gegen ihn, weil ich seine Entsetzlichkeit zu fassen wähnte.

Jetzt ist er da. Ich sehe starke schöne Menschen einzeln und in Trupps in Kriegsbereitschaft die Straßen durchziehn. Ich drücke Dutzenden täglich zum Abschied die Hand, ich weiß nahe Freunde und Bekannte auf der Reise ins Feld oder bereit auszuziehn – Körting, Kutscher, Bötticher, v. Jacobi, beide Söhne von Max Halbe und viele

---

31 Aus: Für den Frieden, Kain. Zeitschrift für Menschlichkeit, 2. Jahrgang, Nr. 8, München November 1912

mehr –, weiß, dass viele nicht zurückkehren werden, lese Depeschen und Nachrichten, die – jetzt schon, ehe noch die Katastrophe eingesetzt hat, – einem das Herz aufschreien machen, ich sehe alles schaudervoll nahe und viel schlimmer noch in der Realität, als die theoretisierende Phantasie es ausdachte. Und – ich, der Anarchist, der Antimilitarist, der Feind der nationalen Phrase, der Antipatriot und hassende Kritiker der Rüstungsfurie, ich ertappe mich irgendwie ergriffen von dem allgemeinen Taumel, entfacht von zorniger Leidenschaft, wenn auch nicht gegen etwelche »Feinde«, aber erfüllt von dem glühend heißen Wunsch, dass »wir« uns vor ihnen retten! Nur: wer sind sie – wer ist »wir«?[32]

In Erwartung der nun unausweichlichen militärischen Zensur, stellt Mühsam seine Zeitschrift »Kain« ein. Andere Publikationsmöglichkeiten stehen ihm kaum noch zur Verfügung. Seine Kommentare zum Kriegsgeschehen kann er nur ins Tagebuch schreiben, und auch sein antimilitaristisches Engagement findet in den ersten Kriegsjahren keine Heimat, weil ihm die anarchistischen Genossen eine völkisch tönende Passage aus seiner »Kain«-Erklärung vorwerfen:

Das Grundsätzliche meiner Überzeugungen wird durch die gegenwärtigen Ereignisse nicht berührt. Aber ich weiß mich mit allen Deutschen einig in dem Wunsche, dass es gelingen werde, die fremden Horden von unseren Kindern und Frauen, von unseren Städten und Äckern fernzuhalten.[33]

---

32 Aus: Erich Mühsam – Tagebücher, Band 3, Chris Hirte & Conrad Piens (Hrsg.), Berlin 2012
33 Aus: Aufklärung, Ver!, 1. Jahrgang, Nr. 4, Oktober 1917

Von mehreren sozialistischen Blättern deswegen massiv torpediert, rudert Mühsam zurück:

Ich habe am 3. August einige Worte geschrieben, die ich später bereut habe; nicht weil sie in irgendeinem Betracht verräterisch gewesen wären – das sind sie nicht; sondern weil sie missverständlich waren, weil sie das Unterliegen meiner Nerven unter den Eindruck des grauenhaftesten Zusammenbruchs aller meiner Hoffnungen und Ideale verrieten, und besonders weil in ihnen die von mir stets bezeugte Auffassung nicht zu ihrem Recht kam, dass der Krieg diesseits und jenseits der Grenzen gleich schrecklich ist und dass das Erbarmen mit denen, die mir durch Blut und Sprache näher verwandt sind, das Erbarmen mit denen nicht verdrängen darf, die mir ferner stehen.[34]

Die Reue kommt zu spät. Vorerst gilt Mühsam den Anarchisten und Linkssozialisten als Verräter. Das Schwabinger Boheme-Leben setzt sich zwar auch unter dem Schatten des Krieges fort, wird aber zunehmend von wirtschaftlicher Not dominiert. Immerhin beginnt auf persönlicher Ebene ein neues Kapitel: Er verliebt sich in die bayerische Wirtstochter Kreszentia »Zenzl« Elfinger, und im Herbst 1915 heiraten die beiden. Zwar legt Mühsam sein Konzept der freien Liebe auch in der Ehe nicht ad acta, aber das gemeinsame Leben mit Zenzl gibt ihm die sichere Basis, die ihm auf der politischen und publizistischen Ebene zuletzt fehlte. Er fasst neuen Mut, und nachdem er bereits 1916 das Kriegsende in Form einer deutschen Niederlage nahen sieht, während gleichzeitig immer mehr linke Sozialdemokraten von der kaisertreuen Parteilinie abweichen (was im April 1917 zur Gründung der USPD führt), beginnt er Möglichkeiten für einen revolutionären Umschwung zu sondieren:

---

34 Aus: Aufklärung, Ver!, 1. Jahrgang, Nr. 4, Oktober 1917

Während des Krieges unterhielt ich zu vielen Revolutionären Beziehungen. Ein Versuch, den ich 1916 unternahm, alle revolutionären Sozialisten ohne Festlegung der akademischen Formeln zu einem illegalen Aktionsbund zu vereinen – im April 1916 war ich deswegen in Berlin und besprach den Plan mit dem zwar skeptischen, aber grundsätzlich bereiten Genossen Karl Liebknecht –, und für den ich neben Landauer besonders auch den verstorbenen Genossen Westmeyer aus Stuttgart gewann –, scheiterte, meiner Meinung nach an intriganten Manövern eines auch schon toten, unabhängigen Führers, den ich in Verkennung des leisetreterischen Charakters dieser Partei glaubte in die geplante Verschwörung mit einbeziehen zu sollen. 1917 korrespondierte ich mit Franz Mehring über die von mir angeregte Reorganisation der II. Internationale. Meine Ansicht war, dass die Aufhebung des Londoner Beschlusses von 1896, der Anarchisten und Antiparlamentaristen die Zugehörigkeit versagte, die Abstoßung des gesamten Scheidemann-Flügels[35] zur Folge haben und dadurch die Wiederbelebung des revolutionären Geistes herbeiführen müsse.[36]

Mehrfach reist Mühsam nach Berlin, Leipzig und Bremen, aber seine Versuche bleiben ohne konkretes Ergebnis, was nicht zuletzt an Gustav Landauer liegt, der einerseits organisatorische Mithilfe verspricht, andererseits den von der Mehrheitslinie abgefallenen Sozialdemokraten so sehr misstraut, dass er am Ende einfach untätig bleibt und das Engagement seines Schülers so ins Leere laufen lässt:

Von Landauer bekam ich einen sehr ausführlichen Brief, in dem er begründet, warum es ihm unmöglich ist, zu der von mir gewünschten

---

35 Gemeint ist der staatstreue Teil der SPD bzw. die MSPD.
36 Aus: Von Eisner bis Leviné, Berlin 1929

Aktion mit Haase[37] und Gerlach[38] die Initiative zu ergreifen. Er meint, wir hätten doch zu wenig Gemeinsames mit allen Politikern, um mit ihnen gehn zu können, ohne uns herabzuschrauben. Zu meiner Liebknecht-Verteidigung in der »Bremer Bürger-Zeitung« beglückwünscht er mich. Gegen die Bemühungen, eine Revolution zu provozieren, wendet er sich aus dem Grunde, der auch die Russen jetzt von Erhebungen absehn lässt: weil dazu bestimmte Ziele aufgestellt und organisatorisch vorbereitet sein müssten. Die Ansicht teile ich gar nicht. Das Ziel einer Revolution wäre jetzt einfach Friede. Ist der erreicht, dann hat das Volk ein moralisches Plus, das es für die Vorbereitung größerer und sozialistischer Dinge sehr aufnahmefähig machen müsste.[39]

Bei seiner weiteren Suche nach Bündnispartnern agiert Mühsam – wohl nicht zuletzt aus Geldmangel – jetzt eher regional, und unter den sozialdemokratischen Abweichlern in München stößt er bald auch auf seinen späteren Gegner, den Pazifisten und Mitbegründer der bayerischen USPD Kurt Eisner:

Im Frühjahr 1917 hatte Kurt Eisner in München wöchentliche Diskussionsabende eingerichtet, bei denen er die jeweiligen aktuellen Ereignisse von seinem demokratisch-pazifistischen Standpunkt aus erörterte und diskutieren ließ. Auf den Wunsch einiger seiner jugendlichen Hörer hinzugezogen, trat ich Eisner (der sich selbst Jaurèsist[40]

---

37 Von Hugo Haase, dem zeitweiligen Mit-Vorsitzenden der SPD an der Seite Friedrich Eberts und nunmehr Mitbegründer der USPD, wird im Weiteren noch öfter die Rede sein.
38 Der linksliberale und pazifistische Publizist Hellmut von Gerlach ist zu jener Zeit Chefredakteur der Wochenzeitung Die Welt am Montag.
39 19. Juni 1916, aus: Erich Mühsam – Tagebücher, Band 5, Chris Hirte & Conrad Piens (Hrsg.), Berlin 2013
40 Der französische Reformsozialist, Humanist und Pazifist Jean Jaurès bezog sich in seinen Schriften positiv auf anarchistische Denker wie Kropotkin oder Proudhon.

nannte und in Wirklichkeit genau die Ansichten Eduard Bernsteins[41] vertrat) in heftiger Opposition gegenüber, indem ich seinem demokratischen Ideal das sozialistische und seiner entente-chauvinistischen Kriegsparteilichkeit meinen revolutionären Internationalismus entgegenstellte. Zum offenen Bruch zwischen Eisner und mir führte unsere entgegengesetzte Stellung zur russischen Revolution. Eisner war in Konsequenz seiner bürgerlichen Mentalität ein begeisterter Lobredner Kerenskis[42]. Die Juni-Offensive schien ihm der Beginn eines neuen (des Wilsonschen[43]) Zeitalters. Die Durchfahrt der Bolschewiki durch Deutschland bedeutete ihm Verrat und war ihm Beweis, dass die Lenin und Trotzki Kreaturen Ludendorffs seien. (...) Als dann der Januarstreik ausbrach, an dem in München Eisner den stärksten Anteil hatte und von dem er den unmittelbaren Anstoß zur Revolution erhoffte, war sein erstes, dass er die Parole ausgab, mir dürfte in keiner Versammlung das Wort verstattet werden. Also Front gegen links! als Leitmotiv einer proletarischen Revolution. Diese Parole ist denn auch von seinen unabhängigen Trabanten getreu befolgt worden. Dadurch entging ich damals dem Schicksal, dem Eisner mit einigen seiner nächsten Genossen selbst verfiel: der Verhaftung. Erst einige Monate später (im April) wurde ich aufgrund einer damals erst in Kraft tretenden militärischen Ausnahmegesetzgebung in Zwangsaufenthalt nach Traunstein verbracht, wo ich bis Zusammenbruch der deutschen Armee interniert war.[44]

---

41 Der sozialdemokratische Denker Eduard Bernstein betrieb die Abkehr vom Revolutionsgedanken in der SPD.
42 Der sozialdemokratische Reformer Alexander Fjodorowitsch Kerenski war Minister und zuletzt Ministerpräsident jener bürgerlichen Regierung, die durch die russische Oktoberrevolution entmachtet wurde.
43 Woodrow Wilson, demokratischer Präsident der USA von 1913 bis 1921.
44 Aus: Von Eisner bis Leviné, Berlin 1929

Derartige Kurzabrisse sind alles, was sich aus Mühsams Feder über diese für die Vorbereitung der Revolution entscheidende Phase ab Ende 1916 erhalten hat. Die Tagebuchhefte jener Zeit sind in Moskau verschollen, und da Mühsams Post durchgängig polizeilich überwacht wird, nimmt es nicht Wunder, dass auch seine Briefe im Ungefähren bleiben. Sicher ist, dass er – im Gegensatz zu Landauer – mit Begeisterung auf die Oktoberrevolution in Russland reagiert, und dass er sich fortan verstärkt der Agitation des Münchener Proletariats widmet, dass er sich darüber hinaus an verschiedenen Demonstrationen gegen den Krieg beteiligt und sich mit all dem jenes Vertrauen der Arbeiter erwirbt, das seine exponierte Stellung während der Revolution erst möglich machen wird. Die Arbeiter sind es auch, die ihn, trotz Eisners Weisung, zur Beteiligung am Januarstreik drängen. Zenzl Mühsam erinnert sich:

Der erste große Massenkampf gegen den Krieg war der Streik der Munitionsarbeiter, der im Januar 1918 durch ganz Deutschland brandete. Arbeiter der Münchener Krupp-Werke stürmten morgens früh in unsere Wohnung und holten Mühsam aus dem Bett, mit dem Verlangen: »Erich, sprich du in der Fabrik für den Streik.« Erich folgte freudig dem Ruf der Arbeiter, er war stolz auf das Vertrauen.[45]

Dass der zottelbärtige Sonderling aus der Schwabinger Boheme mittlerweile eine erstaunliche Prominenz in der rumorenden Münchener Arbeiterschaft erlangt hat, entgeht auch den Behörden nicht. Man beschließt, ihn aus dem Spiel zu nehmen:

Das Generalkommando in München ist (...) zur Generaloffensive gegen mich vorgegangen, und ich bin nun in bayerisch Sibirien in

---

45 Aus: Der Leidensweg Erich Mühsams, Zenzl Mühsam, Zürich-Paris 1935

der Verbannung. Letzten Samstag wurde ich plötzlich verhaftet. Gleichzeitig wurde mir ein Schriftstück des Herrn v. d. Tann überreicht, worin mir mitgeteilt wurde, dass mein Aufenthalt in München eine Gefahr für die öffentliche Sicherheit bedeute, da ich dringend verdächtig sei, im Geheimen an staatsgefährdenden Umtrieben beteiligt zu sein. Mir wurde deshalb aufgegeben meinen Wohnort unverzüglich in Traunstein zu nehmen, wo mir gegen Bezahlung Arbeit bei der Handelsbank gegeben werde. Zur Ordnung irgendwelcher Angelegenheiten blieb mir keine Zeit.[46]

In so einem Gebirgsnest ist es schon ganz trostlos (...). Um 8 Uhr stehe ich auf, frühstücke und muss um 9 Uhr zur ersten Meldung zur Kommandantur. Bis meine Bude in Ordnung ist, laufe ich etwas planlos herum, wenn das Wetter es erlaubt auf den Waldwegen, bei Regen mache ich Besorgungen oder bin ganz hilflos. Dann komme ich heim und setze mich vor mein Tagebuch, worin hinein ich zumeist meine politischen Ansichten über die Tagesereignisse ablagere (...), auch lese ich dann die Zeitungen oder sonst laufendes Zeug. So wird es 12, und ich muss zur zweiten Meldung, der sich das Mittagsessen anschließt, dem im Caféhaus der Genuss eines schwärzlichen Suds folgt, der sich als Kaffee ausgibt. Wieder zu Hause erledige ich die Korrespondenz so weit ich komme (...). Um 3 Uhr dritte Meldung. Daran anschließend gehe ich gewöhnlich zu einem blinden Gastwirt, ehedem Schreiblehrer und sozialdemokratischer Redakteur. Keine Leuchte des Geistes, aber immerhin ein Mann, bei dem man sein Sprechbedürfnis ein wenig befriedigen kann. Er hat einen Drachen von Eheweib und fühlt sich verloren und verlassen in seiner Blindheit und ist glücklich, wenn ich ihm vorlese. (Ich versetze ihm zurzeit »Kain«-Artikel.) So wird es in der Regel ½ 5 und ich gehe wieder

---

46 1. Mai 1918 an Carl Georg v. Maassen, aus: Erich Mühsam, In meiner Posaune muss ein Sandkorn sein, Briefe 1900–1934, Gerd W. Jungblut, Vaduz 1984

heim – wenigstens bei dem Sauwetter. (...) Um ½ 7 muss ich dann noch einmal zur Lagerwache, und den Abend hocke ich allein oder in Gesellschaft des »Freidenkers« Sontheimer[47], eines bramarbasierenden Revoluzzers, den man mir zur Strafverschärfung als Leidensgefährten hergesetzt hat, in unterschiedlichen Kneipen herum.[48]

Mühsam ist also nahezu komplett von der weiteren Entwicklung abgeschnitten. Da jeder Brief die Zensur passieren muss, kann er mit den Genossen in München nur begrenzt korrespondieren, und Landauer, der inzwischen in Krumbach bei Ulm lebt, reagiert nicht auf seine drängende Einladung ihn zu besuchen, scheint sich nach dem Tod seiner Frau Hedwig Lachmann in eine Art innerer Emigration zurückgezogen zu haben. Zu allem Unbill macht Mühsam der finanzielle Mehraufwand des doppelten Haushalts (Zenzl lebt weiterhin in ihrer Münchener Wohnung) schwer zu schaffen. Im Mai 1918 dichtet er:

Traunstein

»Ich leide für mein Volk.« Wie groß das klingt!
»Ich leide, weil ich für die Wahrheit zeugte.«
»Ich leide, weil ich nicht den Nacken beugte.«
»Ich leide, weil in mir die Sehnsucht schwingt.«

---

47 Josef Sontheimer wird Mühsam während der Revolutionszeit noch häufiger beggnen. Er tritt früh der KPD bei, gehört zu denen, die nach Mühsams Verhaftung am 13. April 1919 den Gegenschlag gegen die Republikanischen Schutztruppen ausführen und wird schließlich beim Einmarsch der Freikorps im Mai 1919 hinterrücks erschossen.
48 27. Juni 1918 an Carl Georg v. Maassen, aus: Erich Mühsam, In meiner Posaune muss ein Sandkorn sein, Briefe 1900–1934, Gerd W. Jungblut, Vaduz 1984

Ich leide? – Trink ich nicht den reinen Duft
der Waldesgründe und der bunten Wiesen?
Strömt von der strengen Stirn der Bergesriesen
nicht zu mir nieder freie Gottesluft?
Und sind nicht, die mir Kampfgefährten waren,

auf Jahr und Tag in Kerkernot gebannt,
in tausendfache Qualen eingespannt,
von denen ich die kleinsten nicht erfahren?...
Durch einen dumpfen Schacht dringt fahle Helle
zu ihnen als des Lebens einziger Gruß.

Beim sechsten Schritt gehemmt durcheilt ihr Fuß
unruhig drängend die versperrte Zelle.
Und während sie die Kerkerwand umschließt
und sie um Nachricht von den Menschen bangen,
seh ich und hör ich, bin ich gleich gefangen,

und freu mich, wie ringsum der Frühling sprießt. –
Ist das schon Leiden, dass mich Fäuste griffen,
und dass mich feindliche Gewalt belauert?
Wer um ein paar Bequemlichkeiten trauert,
dem hat die Not der Zeit nichts abgeschliffen.

Und doch: ich leide und bekenne Leiden,
weil Menschen im Gefolg von Trug und Lügen
uns andern trachten Drangsal zuzufügen
und unserm Ruf das Stimmband zu durchschneiden.
Ich leide, weil das Volk, getäuscht, verblendet

Unrecht geschehn lässt, Unrecht trägt und tut,
und weil es in den Sumpf von Qual und Blut
tyrannenfürchtig seine Männer sendet.
Ich leide, weil aus Feigheit und aus Schande
das Volk sich Kränze feilen Ruhmes flicht.

Ich leide, weil das Herz der Besten bricht,
die Treue hielten ihrem Volk und Lande ...
So darf ich leiden. Denn auch ich hielt Treue
und ward dafür geschmäht, bespien, verbannt.
Doch in die Seele glühend eingebrannt

lebt mir der Glaube an das starke Neue.
Das Leid verklärt sich mir zum frommen Schauer.
Gruß, Freunden euch im Kerker! Nicht verzagt!
Trug sinkt in Nacht. Und wenn der Morgen tagt,
gehn wir ans Werk – der Freiheit die Erbauer.[49]

Mitte September richtet Österreich-Ungarn ein erstes Friedensgesuch an die Alliierten. Mit der Niederlage des Osmanischen Reiches Ende September ist der Krieg endgültig verloren, die faktische Militärdiktatur der Generäle Paul von Hindenburg und Erich Ludendorff steht vor ihrem Ende. Anfang Oktober wird Max von Baden Reichskanzler, bildet ein neues Kabinett, dem erstmalig auch Sozialdemokraten angehören und das sofort dem US-amerikanischen Präsidenten ein Waffenstillstandsangebot unterbreitet. Das ist der Moment, auf den Mühsam seit Kriegsbeginn gewartet hat: Die Chance zur Revolution. Verzweifelt sucht er nach einem Weg, zurück nach München zu dürfen,

---

49 Aus: Brennende Erde. Verse eines Kämpfers, München 1920

und erhält tatsächlich einen kurzen Behandlungsurlaub aus medizinischen Gründen, an dessen Ende er allerdings erneut nach Traunstein verbracht wird. Doch Mühsam ist jetzt nicht mehr zu halten: Er verweigert seine Meldeauflagen und ist schon wenige Tage später wieder in München. Am 1. November, zwei Tage bevor der Kieler Matrosenaufstand beginnt, schreibt er an seinen Freund Carl Georg von Maassen:

Zu verhindern ist die Revolution ohnehin nicht mehr, und der Versuch ihr vorzubeugen, indem man den alten Hohenzollernvorspann Payer-Scheidemann[50] als »Volksregierung« ausschreit, kann nur sehr kurzen Aufschub bringen. (...) Der Weg vom Weltkrieg zum Weltfrieden führt durch das Fegefeuer der Weltrevolution.[51]

Für den 15. November bereitet er eine neue Ausgabe seines »Kain« vor – eigentlich als Agitationsblatt für die Revolution. Doch die Revolution interessiert sich nicht für Drucktermine und erreicht München bereits am 7. November ...

---

50 Friedrich v. Payer (Fortschrittliche Volkspartei) ist zu diesem Zeitpunkt Vizekanzler des Reiches, Philipp Scheidemann (SPD) Kabinettsmitglied.
51 1. November 1918 an Carl Georg v. Maassen, aus: Erich Mühsam, In meiner Posaune muss ein Sandkorn sein, Briefe 1900–1934, Gerd W. Jungblut, Vaduz 1984

II.

ALLE MACHT DEN RÄTEN!

Fanal

Ihr treibt das Rad; ihr wirkt die Zeit;
das Feuer flammt: Jetzt! und Hier!
Euch mahnt das Feuer; macht euch bereit!
Erkennt eure Kraft! Seid Ihr!

Euch flammt das Feuer! Euch blüht das Land!
Erkennt! Seht! Hört! und Wisst!
Doch ihr verdingt euer Hirn, eure Hand –
und zweifelt, was Euer ist.

Kein Fragen, kein Rechnen befreit den Geist.
Das Feuer flammt: Tat ist Pflicht!
Wenn ihr eure Ketten nicht zerreißt –
von selber brechen sie nicht![52]

Im Herbst 1920, die Bayerische Räterepublik ist längst dahin, ihre Protagonisten sind ermordet, geflohen oder in Haft, beginnt Erich Mühsam in seiner Zelle in der Festung Ansbach mit der Niederschrift seiner Revolutionserinnerungen. Der Essay trägt den Titel: »Von Eisner bis Leviné. Persönlicher Rechenschaftsbericht über die Revolutionsereignisse in München vom 7. November 1918 bis zum 13. April 1919«.

Gedacht ist diese ausführliche Schilderung nicht etwa für die Nachwelt, sondern für die sowjetischen Genossen in Russland. Das Skript wird aus der Festung geschmuggelt und als Brief nach Russland gesendet – adressiert an Lenin persönlich.

---

52 Aus: Sammlung 1898–1928, Berlin 1928

Genossen!

Über Entstehung und Geschichte der Bayerischen Räterepublik werden so einseitige und falsche Darstellungen verbreitet, dass ich als einer von denen, die die Revolution in München vom ersten Tage an miterlebt und zum Teil wohl auch in ihrem Verlauf beeinflusst haben, hohen Wert darauf lege, euch russischen Genossen ein Bild zu zeichnen, das die Begebenheiten in einem Licht weniger getrübter Färbung zeigen mag. Gewiss weiß ich, dass ich als unmittelbar Beteiligter manches nur unter subjektiven Eindrücken berichten kann. Es wird sich jedoch aus dem Folgenden ergeben, dass es keineswegs meine Absicht ist, eigene Fehler zu bemänteln. Doch scheint mir durchaus notwendig, die bis jetzt als zuverlässig angesehene Schrift P. Werners »Die bayerische Räterepublik. Tatsachen und Kritik« (Frankes Verlag, Leipzig) in ihrer tendenziösen Selbstgerechtigkeit, ihrem Bestreben, die Haltung der KPD unter allen Umständen als mustergültig vorzuführen und alle und alles zu verunglimpfen, was nicht von den Parteikommunisten ausging, durch eine kurze Zusammenfassung zu ergänzen, die es dem Außenstehenden erlaubt, sein Urteil durch Vergleich zu bilden oder zu revidieren.

Es fällt mir dabei nicht ein, die meiner Meinung nach verhängnisvollen Fehler, die von den Führern der Kommunistischen Partei begangen wurden, wie es Werner uns anderen gegenüber tut, höhnend oder anklagend vorzutragen. Verhängnisvolle Fehler sind von allen Beteiligten begangen worden, und es scheint mir revolutionäre Pflicht, an die eigene Brust zu schlagen, statt die eigene Haltung auf Kosten des anderen, der kein Gegner ist, sondern nur in gewissen Fragen abweichender Meinung war, unter entstellenden Behauptungen zu verteidigen. Anderseits sehe ich aber auch keinen Anlass, falsche Beschuldigungen auf mir sitzen zu lassen, und halte mich insbesondere für verpflichtet, das mir teure Andenken des am 2. Mai 1919 von den

Weißgardisten entsetzlich geschlachteten großen Revolutionärs Gustav Landauer, meines Lehrers und nächsten Freundes, von den Anwürfen zu reinigen, denen Werners Schrift es aussetzt.

Ich möchte gleich anfangs bemerken, dass dieser Brief nur eine vorläufige Äußerung zur oberflächlichen Orientierung sein soll. Ich wurde nach der Niederwerfung der proletarischen Revolution vom Standgericht in München zu fünfzehn Jahren Festung verurteilt, von denen ich bald eineinhalb Jahre bewältigt haben werde. Meine Hoffnung auf nahe glückliche Ereignisse in Deutschland und mithin auch in Bayern ist so groß, dass ich die Absicht, eine historisch getreue, ausführliche Darstellung der bayerischen Revolution vom 7. November 1918 bis 13. April 1919 (dem Tag meiner Verschleppung von München), gern hinausschiebe, bis ich in der Freiheit alle notwendigen Dokumente und Unterlagen ohne Umständlichkeiten zur Verfügung habe und meine schriftlichen Arbeiten keiner Zensur mehr vorzulegen brauche. Daher kommt es mir in diesem Schreiben auch nicht darauf an, gegen Werner oder andere Historiographen zu polemisieren, sondern einzig darauf, meine Auffassung von den Dingen, gänzlich unbeeinflusst, Ihnen, Genosse Lenin, und denen, denen Sie weiterhin davon Kenntnis geben wollen, in groben Umrissen mitzuteilen.[53]

Zu dieser »historisch getreuen, ausführlichen Darstellung der bayerischen Revolution« wird Mühsam jedoch auch nach seiner Haftentlassung 1924 keine Zeit finden. Zum einen hält ihn der Kampf gegen den aufkommenden Nationalsozialismus zu sehr in Atem. Zum anderen ist ihm sein Gegenüber abhandengekommen. Der von ihm lange Zeit idealisierte Lenin ist inzwischen verstorben, und nach und nach hat sich die Sowjetunion auch für den inhaftierten Mühsam als reine Parteidiktatur entlarvt. 1929 veröffentlicht er stattdessen seine 1920 in der

---

53 Aus: Von Eisner bis Leviné, Berlin 1929

Haft verfasste Rechtfertigungsschrift – unverändert, aber mit einem Vorwort versehen. Darin heißt es:

Mein Rechenschaftsbericht ist in Form eines Briefes gehalten, der die Aufschrift trug: »Zur Aufklärung an die Schöpfer der russischen Sowjetrepublik, zu Händen des Genossen Lenin.« Das mag heute befremden, da ein Anarchist diese Adressierung wählte. Es sei daran erinnert, dass in der Zeit, als ich die Schrift verfasste, der offene Bürgerkrieg in Russland noch in vollem Gange war. Wir wussten, dass die Roten Garden, als deren Organisator wir Trotzki liebten, gegen die weißen Banden der Koltschak, Judenitsch, Denikin usw. im Kampfe standen, und ahnten nichts von der Zersetzung innerhalb der proletarisch-revolutionären Kräfte, die mit der Aufhebung der reinen Rätemacht durch die Diktatur der bolschewistischen Partei schon begonnen hatte. Das furchtbare Verbrechen gegen die ihre Räterechte verteidigenden Kronstädter Matrosen und Arbeiter erfolgte erst später, und wenn wir den Namen Nestor Machno überhaupt schon gehört hatten, so nur im Zusammenhange mit gemeinsamen Abwehrkämpfen der Bolschewiki und der ukrainischen Anarchisten gegen die Denikinschen oder Petljuraschen Weißgardisten. Der Name Lenin aber galt uns allen als die sichtbarste und energischste Kraft der russischen Revolution, der Bolschewismus als Formel für die revolutionäre Räteidee allgemein, und die russische Revolution selbst war noch lebendiges Feuer, leuchtender Stern unserer Hoffnung und glühender Wegweiser unserer Zukunft. Ich hatte 1920 nicht die Pflicht, zu wissen, was 1929 aus Russland geworden sein würde. Ich streiche daher kein Wort von dem, was ich damals geschrieben habe, da ich mich keines meiner Worte zu schämen brauche. Auch den Inhalt des Berichtes lasse ich genau so stehen, wie ich ihn niedergeschrieben habe. Gewiss würde ich heute manches anders ausdrücken, manches auch anders beurteilen. Aber jede Änderung, ja jede Anmerkung, die meine veränderte Auffassung von heute einmischen würde, schiene mir eine Fälschung dessen, was ich 1919 war und 1920 vertrat. Zehn Jahre nach dem Erlebnis will ich der Welt nicht vortragen, was ich heute von allem denke, sondern was ich als mitwirkender Zeitgenosse gleich nachher auszusagen hatte. Ich stelle mein Tun und meine Absicht zur Kritik, und ich will der Wahrheit keine Gewalt antun, indem ich heute in der Vorführung meines Werkes eine Pose annehme, die mir nicht gleich selbstverständlich war.[54]

In den Tagen der Revolution Anfang November 1918 ist nicht nur der Blick in die Sowjetunion getrübt, es ist ohnehin keine Zeit für Reflektionen. Der Krieg ist verloren, nahezu jede Familie hat Tote zu beklagen, die Menschen leiden Hunger, körperlich und geistig schwer versehrte Frontrückkehrer irrlichtern durchs Land. Nachdem sich in Kiel und Wilhelmshaven bereits die Matrosen den Befehlen der Obrigkeit widersetzt haben, spürt Mühsam, dass auch die Münchener Arbeiter und Soldaten bereit sind, sich zu erheben. Für die Neuausgabe seiner Zeitschrift »Kain«, die vorerst in Form eines Flugblatts erscheinen soll, dichtet er:

> Tore der Freiheit auf – Feinde von gestern,
> nehmt unsere Hände hin, Brüder und Schwestern!
> Arbeiter, Bauersmann, Bürger, Soldat:
> eigenes Schicksal will eigenen Rat,
> glückliche Ernte will zeitige Saat. –
> Nieder die Grenzen, die uns geschieden!
> Völkerfreiheit wirke das Band
> ewiger Freundschaft von Land zu Land, –
> wirke der Völker ewigen Frieden!
> (6. November 1918)[55]

---

54 Vorwort aus: Von Eisner bis Leviné, Berlin 1929
55 Aus: Kain. Zeitschrift für Menschlichkeit, 1. Flugblatt, München 18. November 1918

Doch die Zeiten rasen. Schon einen Tag nach der Abfassung des Auftaktgedichtes ist in München der revolutionäre Siedepunkt erreicht:

Am 7. November 1918 erhoben sich die Arbeiter und die Soldaten Münchens, um mit einer unvergleichlich kühnen und starken Geste ein politisches und soziales System für alle Zeit zu beseitigen, das auf Gewalt und Volksbetrug gegründet war und das sich in einer alle geschichtlichen Verbrechen gigantisch überragenden Orgie von Mord, Raub, Verwüstung, Verelendung, Lüge, Verleumdung, Unterdrückung und Gewinnsucht in fünfzig Monaten zu seinen letzten und schändlichsten Konsequenzen gesteigert hatte. Drei Tage darauf waren in Deutschland zweiundzwanzig Fürsten von ihren Thronen gestürzt, die öffentliche Gewalt befand sich in den Händen derer, die die Revolution veranstaltet hatten, und das fürchterliche Unternehmen der Militaristen und Imperialisten Preußens und seiner Trabanten, eine deutsche Schreckensherrschaft über die Welt aufzurichten, war, gerade noch bevor die herausgeforderten, in Notwehr verbundenen imperialistischen und kapitalistischen Mächte aller Kontinente ihren militärischen Sieg endgültig buchen konnten, von der Wut der den Verrat endlich erkennenden Opfer des eigenen Landes entlarvt und für immer vernichtet.[56]

Endlich ist es also soweit. Die von Mühsam lang ersehnte Revolution ist da. Ihr Gelingen wird für den Anarchisten fortan über allem anderen stehen. Das lange Zeit heißgeliebte hedonistische Schwabinger Künstlerleben interessiert ihn nicht mehr. Dem revolutionären Ziel ordnet er nun alles unter – sein Leben, sein Schreiben und sogar seine oft überbordende Eitelkeit. Nur in einem Brief an den Bremer Ge-

---

56 Aus: Aufgaben der Revolution, Kain. Zeitschrift für Menschlichkeit, 5. Jahrgang, Nr. 1, München 10. Dezember 1918

nossen Johann Knief stellt er die eigene Rolle am Tag der Erhebung heraus:

Sie können sich denken, dass unsereiner in München keinen leichten Stand hat, und dass speziell ich, um nicht von jeder wirksamen Tätigkeit ausgeschlossen zu werden, geschickt operieren muss. Dabei glaube ich besonderen Anspruch darauf zu haben, gehört zu werden. Denn ich war am 7. November nachmittags gegen ¾ 6 der erste Mensch Deutschlands, der öffentlich die Absetzung der Dynastien und die Errichtung einer freien bayerischen Räterepublik proklamierte. Die Demonstration, die Eisner und Auer[57] auf die Theresienwiese einberufen hatten, verlief zunächst sehr langweilig, obwohl ungeheure Massen daran teilnahmen. Nur einige Soldaten mit roten Fahnen waren prachtvoll lebendig. Der erste Versuch, die Kraftwagenabteilung zu rebellieren, an dem meine Frau und ich teilnahmen, missglückte völlig. Die Leute lehnten jede Aktion ab. Dann löste sich die Menschenmenge auf, und einzelne lange Züge bewegten sich sang- und klanglos durch die Stadt ohne auch nur einen Ruf von sich zu geben. Wir verließen einen solchen Zug mit dem Gefühl, dass diese Art zu demonstrieren hoffnungslos sei, und kamen zur Leibkaserne (Türkenstraße). Dort war einige Erregung, weil einer, ein Feldwebel, mit Reizgas geworfen hatte. Die Soldaten schlugen ihre Gewehre auf der Straße kaputt und schmissen die Fenster der Kaserne ein. Meine Frau ließ ich auf ein Militärlastauto hinaufheben, auf dem etliche Soldaten eine rote Fahne schwangen. Dann kroch ich auch hinauf und hielt an die zusammengeströmten Soldaten und das Pu-

---

57 Erhard Auer war vor und während des Krieges Sekreteriatsleiter der bayerischen SPD und mitverantwortlich für das Scheitern des Januarstreiks 1918 und die nachfolgende Verhaftung der zumeist der USPD angehörenden Wortführer der Streikenden, u.a. Kurt Eisner und Ernst Toller. Seine Beteiligung an diesem ersten Demonstrationszug ist, wie sich bald zeigen wird, der Versuch die Revolution zu verhindern bzw. schnell zu beenden.

blikum eine Rede, in der ich zur Revolution aufrief und die Republik verkündete. Jetzt war die Revolution plötzlich da. Man rief mich zum Führer aus, und wir fuhren mit unserem Auto, gefolgt von vielen Soldaten und bewaffnet mit einem schnell aufmontierten Maschinengewehr los, um weitere Kasernen zu revoltieren.[58]

Als Erich Mühsam diesen Brief verfasst, sind erst drei Wochen vergangen, doch die Ernüchterung ist bereits groß. Emotionaler erinnert sich seine Frau Zenzl in einem Brief an Martin Andersen Nexö und dessen Frau Gretl:

In der Feldartilleriekaserne wurden wir mit unseren roten Fahnen mit Jubel empfangen, es war schon dunkel, so halb acht Uhr, dann fuhren wir von einer Kaserne zur anderen. Alle Posten nahmen wir mit, und Mühsam wurde von den Soldaten zum Führer ausgerufen. Zum Schluss, so um 9 Uhr nachts kamen wir in die Inf. II-Kaserne, hier sah die Geschichte drohend aus, es standen am Eingang bewaffnete Soldaten, und wie wir fragten, ob sie schießen wollten, gab der Offizier die Antwort, wir tun nur unsere Pflicht. Da sprangen unsere Soldaten auf die Bewaffneten los, da aber liefen die Bewaffneten in den Kasernenhof, wir hinten nach und da krachte es, die haben auf uns geschossen. Ich sowie viele Soldaten standen im Kasernenhof, ich habe es erlebt, wie es ist, wenn Kugeln um den Kopf fliegen. Mühsam benahm sich dabei gut, er redete einfach auf die Soldaten los, die geschossen hatten. Sie hörten dann auf, nur ein Junge von so 16 Jahren bekam einen Schulterschuss.

Dann hielt Mühsam eine Ansprache, vom rein menschlichen Standpunkt, und machte es den Soldaten klar, was sie getan haben,

---

[58] 1. Dezember 1918 an Johann Knief, aus: Erich Mühsam, In meiner Posaune muss ein Sandkorn sein, Briefe 1900–1934, Gerd W. Jungblut, Vaduz 1984

dass sie geschossen haben, es war ein Regiment, das drei Stunden vorher von Schweinfurt kam, und die Soldaten hatten keine Ahnung von dem, was sich in München abspielte. Die Soldaten vom II. Regt. gingen nicht mit uns, sie glaubten nicht daran. Also alle Kasernen bis auf die eine brachten wir mit. Dann ging ich mit dem russischen Arzt Dr. Munger heim.

Gewehre und Maschinengewehre holten sich in der Zwischenzeit unsere Soldaten, um sich zu verteidigen. Einen ernsten Sturm auf die Kaserne verhinderte Mühsam, indem er seine Soldaten zur Menschlichkeit mahnte, und die sich dann auch tadellos benahmen. Es wurde das Lastauto (...) mit Munition versehen, und dann fuhr Mühsam mit den Soldaten zum Bahnhof, wo sie von einer ungeheuren Menschenmenge mit Jubel empfangen wurden, und Mühsam sprach dann am Bahnhof zu den Menschen. Er kam nachts um halb ein Uhr nach Hause und konnte keinen lauten Ton mehr reden. Das war die Nacht, die uns zu Republikanern machte. Der Feldwebel, der das Militärgefängnis zu bewachen hatte, wurde von den rebellischen Soldaten totgemacht, weil er sie mit Revolverschüssen empfangen hatte, wie sie ihre Kameraden befreien wollten, dann wurde ein Offizier erschossen, und ein Soldat kam durch eigene Unvorsichtigkeit ums Leben. Das sind die Opfer unserer Revolution.[59]

Obschon sich Erich und Zenzl Mühsam der Tatsache bewusst sind, dass eine Revolution schwerlich ganz ohne Blutvergießen zu machen sein wird, ist es den beiden Antimilitaristen in jener Nacht ein vorrangiges Anliegen, diese Revolution so unbefleckt wie möglich zu halten. Am Ende vierjähriger unfassbarer Kriegsgräuel soll sie vor

---

[59] 25. November 1918 an Martin Andersen Nexö, aus: Zenzl Mühsam – Eine Auswahl aus ihren Briefen, Chris Hirte & Uschi Otten (Hrsg.), Schriften der Erich-Mühsam-Gesellschaft 9, Lübeck 1995

allem den Beginn des Friedens markieren. Im »Kain«-Flugblatt schreibt Mühsam:

Krieg – Revolution – Friede

Der feierliche Glockenklang der Revolution tönt stark und erschütternd durch unsere Seelen.
Wunderbar begeistert empfangen wir die Weihe einer neuen Zeit. Wir Vorderen, die wir uns stets als Schrittmacher der Zukunft zwischen unwegsamem Geröll, im Stich gelassen von der Welt, die wir liebten, ein wenig lächerlich wussten vor den Weisen und Abgeklärten, deren Herz nie tut, was nicht der Kopf erwogen hat, – wir fühlen mit einem Male weichen Rasen unter den Füssen, und hinter uns drängt sich freudige Gefolgschaft. Wir haben Grund zur Freude, aber keinen zum Übermut.
Der Ausbruch und der Sieg der Revolution – und der Ausbruch einer Revolution ist schon ihr Sieg, weil er die Entbindung einer Sehnsucht ist – kamen aus dem Unerträglichen, aus einem Übermaß des Leidens und der Entwürdigung, das in keiner Stunde der Freude und der Befriedigung vergessen werden darf. Wir mussten erst das finsterste, den Namen der Menschheit entehrendste Kapitel Weltgeschichte durchleben, um reif zu werden für den ersten Schritt ins Licht, für die Vortaufe zur Aufnahme in den Bund des gerechten Geistes.
Das ist der stärkste Beweis für die gewaltige Beseelung der großen Revolution, in die wir eingetreten sind, dass der Schwingenschlag dieser wunderbaren Tage uns befähigt, das Grauen und das Elend, die Entwürdigung und die Gemeinheit des Krieges, der kaum noch abgeschlossen ist, dessen fauliger Sud noch über den Saaten aller Län-

der dunstet, dessen ekler Ertrag an Gewinn und Verlust noch nicht berechnet ist, der gestern noch gegenwärtig war mit der ganzen Schwüle einer fressenden Pest, heute schon als ein Stück aufseufzend abgeworfener Vergangenheit zu empfinden. Aber niemals lasst uns vergessen, was wir in den vier Jahren durchlebten, die als Scham- und Schmachjahre der Geschichte den Nachfahren überliefert werden mögen. Wollen wir würdig sein der eben heranziehenden neuen Zeit, wollen wir stolz bleiben im Willen aufzubauen auf dem Grundstein der Freiheit, der Gerechtigkeit, des Sozialismus und der Völkerbrüderung, den wir jetzt ins Fundament senken, dann dürfen wir nicht leichtfertig abwerfen, was an grässlicher Erfahrung die sterbende Epoche uns aufgeladen hat.

Jeder Tote, der im verwüsteten Boden Frankreichs und Belgiens, Polens und Russlands, Österreichs, Serbiens, Rumäniens, Italiens, der Türkei und Palästinas, der am Grunde des Meeres oder als mittelbares Opfer des Weltverbrechens in den Friedhöfen der ganzen Welt fault, hat Anspruch darauf, mit seinem stillen Schrei nach ewigem Frieden, nach ewiger Weltversöhnung gehört und geachtet zu werden. Jeder Krüppel, der seine Glieder oder seine Augen, seine Fröhlichkeit oder seinen Verstand einbüßte auf dem Teufelsamboss der Ruhm- und Besitzgier gewissenloser Bevorzugter, hat Anspruch darauf, von Mitwelt und Nachwelt mit zerknirschter Reue und mit dem Gelöbnis gegrüßt zu werden, dass die Befreiung der Welt von den Ursachen jedes Kriegs fortab Ziel und Trieb aller gemeinsamen Kräfte sein soll. Die Tränen jeder Witwe, jeder Waise, die die Luft der Erde in diesen vier Schreckensjahren salzten, die Trichter und Löcher im Ackerboden jedes Landes, das dem Jammer dieser Tragödie zur Bühne diente, der Mörtel jedes Hauses und jeder Hütte, die verdorrten Reste jedes Baumes, die als Staub und Asche den Scheiterhaufen menschlichen Anstands und menschlicher Güte kennzeichnen, haben Anspruch darauf, von allen gegenwärtigen und allen zukünftigen Erdbürgern geheiligt zu werden – als Mahnung an die Welt, den einigen Geist zu ehren, der die Empfindung der Menschen mit den eigenen Werken und mit den Gaben der Natur verbindet. Der Schmerz jedes verwundeten Pferdes, die Angst jedes liebenden Herzens, der Jammer jeder verlassenen Seele hat Anspruch darauf, am Leben zu bleiben über alle Generationen mit der einzigen Forderung: Friede! Ewiger Friede!

Das grauenvolle Kapitel: wer trägt die Schuld? – soll heute und in diesem Zusammenhange noch nicht aufgerührt werden; – nicht, weil das Gewesene vergangen wäre und weil denen verziehen sein sollte, die jetzt zum Glück der Welt entmachtet sind, – nein! Niemals dürfen sie begnadigt werden vor Geschichte und Nachwelt, ihre Namen sollen gebucht werden im Merkbuch der Zeiten mit allem Blut, das sie haben fließen lassen für ihren und ihrer höllischen Idole Nutzen. Aber vertagt soll die Anklage werden bis auf kurzes, damit sie nicht allzu schroff, allzu weh die Freude dieser Stunden trübe. Sie sollen gezeichnet werden, die Schuldigen, – und wir in Deutschland wollen die deutschen Schuldigen am schonungslosesten zeichnen. Denn das sei fortab unser nationaler Stolz, wettzueifern mit den Brudervölkern, um unsern Volksnamen zu reinigen vor dem Urteil der Zeiten.

So grüßen wir die Revolution als ein Reinigungsbad in einer Stunde, in der wir der Reinigung mehr bedurften als je zuvor. Nicht als Erfüllung betrachten wir die Tage, die jetzt golden und stark über uns her rauschen, wenigstens nicht als Erfüllung der wehen großen Ziele, die vor uns stehen.

Wohl aber sind sie die Erfüllung unseres tiefsten Sehnens, das dem Anfang galt. Erfüllt ist die Stunde, in der wir bußfertig und tatenfroh das Werk der Zukunft beginnen. Nicht ohne Kämpfe werden wir unsere Taten verrichten können. Aber diese Kämpfe werden geläutert sein durch den Zustrom warmen Lebens, den jetzt die Revolution durch die Herzen gießt.

Leidenschaft und Begeisterung durchströmt uns Kämpfende der Zukunft. Im August 1914 ging schon einmal solche Welle leidenschaftlicher Erregung durch das Volk. Aber damals war Angst ihr Antrieb, und wir, die wir von jener Angst in andere Empfindungen als in Begeisterung versetzt wurden, waren das Gespött, der Zorn oder das Bedauern der vielen Erhobenen. Heute ist es umgekehrt. Unser rascherer Puls gibt dem Blutlauf der Volksgenossen Tempo und Rhythmus, und wer heute nicht mit ergriffen ist von unserer Erfülltheit, die nicht Angst sondern hoffende Liebe bewegt, dem zürnen wir nicht und dessen spotten wir nicht, aber wir bedauern ihn und mühen uns, ihm abzugeben von unserer Seligkeit und ihn zum Frieden zu stimmen für uns und für unsere Ziele.

Denn das gemeinsame Völkersehnen nach Frieden gebar die Revolution, der werdende Friede gibt der Revolution seine Musik, und Friede steht über den Pforten, die der Hammer der Revolution in die harte Mauer der Völkerfeindschaft geschlagen hat: – ewiger Friede![60]

Sicherlich wird Mühsam in seinen improvisierten Ansprachen vor den revoltierenden Soldaten nicht gar so literarisch geklungen haben, aber dem Text ist anzumerken, dass er hier versucht, die Emotionalität des Moments und den Gestus der Spontanität nachzuempfinden. Deutlich weniger euphorisch klingt sein persönliches Fazit des ersten Abends der Revolution:

Ich habe an dem Abend vom Auto aus 7 Reden im Freien gehalten. Inzwischen hatte ebenfalls etwa gegen 6 Uhr ein junger Soldat mit einigen Kameraden das Telefonamt besetzt, gegen Abend war das Militärgefängnis genommen und einige krummgeschlossene Häft-

---

60 Aus: Kain. Zeitschrift für Menschlichkeit, 1. Flugblatt, München 18. November 1918

linge daraus befreit, und so war für Eisner die Bahn geebnet. Er proklamierte um ½ 12 Uhr nachts dasselbe, was ich 6 Stunden vorher proklamiert hatte – ich war noch agitierend auf der Straße und wusste gar nichts von der offiziellen Sache im Landtag.[61]

Es ist aber eben diese »offizielle Sache im Landtag«, die die Rollenverteilung zwischen den Revolutionären für die kommenden Monate festlegt. Mag Mühsam auch als erster die Republik ausgerufen haben, der politisch erfahrenere Kurt Eisner ist es, der nun die entscheidenden Schritte unternimmt. Während für den anarchistischen Dichter in der Nacht des 7. Novembers einzig die Volkserhebung zählt, weiß der USPD-Politiker und ehemalige Redaktionschef des SPD-Zentralorgans Vorwärts um den Wert institutioneller Symbolik: Als sich Mühsam bereits zu den Kasernen aufgemacht hat, schreitet Eisner lieber weithin sichtbar an der Spitze des offiziellen Demonstrationszugs einher, bis sich dieser, wie mit Erhard Auers weiterhin staatstreuen Mehrheitssozialdemokraten vereinbart, offiziell auflöst. Erst danach schaut auch er bei den Kasernen vorbei, ohne jedoch selbst vor den Soldaten zu sprechen. Lieber zieht er mit seinen Getreuen gleich weiter zum Wittelsbacher Palais, was den König erwartungsgemäß zur Flucht veranlasst, und versammelt sie schließlich erst im Mathäserbräu, dann im Landtag, um der eigenen Ausrufung der Republik das nötige Gewicht zu verleihen. Diesem Schachzug zollt auch der stets auf eine Organisation von unten setzende Mühsam letztlich Respekt:

Erst als (...) aus der Demonstration offensichtlich eine Revolution geworden war, zog Eisner daraus die Konsequenz (...) am späten Abend die Wahl eines Soldaten- und Arbeiterrats vornehmen zu

---

61 1. Dezember 1918 an Johann Knief, aus: Erich Mühsam, In meiner Posaune muss ein Sandkorn sein, Briefe 1900–1934, Gerd W. Jungblut, Vaduz 1984

lassen und in der Nacht als dessen Vorsitzender im Landtagsgebäude die »sozialistische Republik« zu proklamieren, während Auer noch in derselben Nacht bei den militärischen Stellen fünfhundert »zuverlässige« Mannschaften anforderte, um die Bewegung zu unterdrücken. Diese Soldaten waren aber nicht mehr aufzutreiben.[62]

Der ganze Verlauf der Dinge zwang die bayerische Revolution zu eigenen Entschlüssen. Als Exponent des revolutionären Regimes stand Kurt Eisner an der Spitze der jungen Republik, ein Mann dessen persönlicher Initiative das Gelingen des 7. November zum guten Teil zu danken war und der die eigene Haut tapfer zu Markte getragen hatte. Sein Ministerium stellte er nach eigenem souveränem Ermessen zusammen; der begeisterte Arbeiter- und Soldatenrat stimmte natürlich zu, wenn auch, als der Name Auer fiel, gemurrt wurde. Eisner war ein fanatischer Feind des preußisch-deutschen Militarismus, die Sozialpatrioten hasste er und nahm sie nur in sein Kabinett auf, um leichter mit ihnen fertig zu werden (natürlich wurden sie mit ihm fertig), und schließlich hatte er als Organisator des Januarstreiks neun Monate im Gefängnis gesessen, bis seine Stunde kam. (...) Dabei war Eisner keineswegs ein Revolutionär im Sinne des sozialistischen Klassenkampfs. Seine erste Proklamation als Vorsitzender des Arbeiter- und Soldatenrates Bayerns am 8. November 1918 verhieß die schleunige Einberufung einer Nationalversammlung, also die Auslieferung der Revolution an die kapitalistische Bourgeoisie (...). Seine zweite Kundgebung als Vorsitzender des Ministerrates am 10. November vertagte jede Sozialisierung ad calendas graecas[63], denn man könnte doch nicht sozialisieren, wo nichts zu sozialisieren da sei. Erst müsse laut Marx die kapitalistische Wirtschaft bis zu ihrer höchsten Entwicklungsstufe wiederaufgerichtet werden, dann dürfe das Proletariat

---

62 Aus: Von Eisner bis Leviné. Berlin 1929
63 Sinngemäß: auf den Sankt-Nimmerleins-Tag.

daran denken, sie zu übernehmen. Endlich stammte von ihm die absurde Idee, mit der er schon im November herausrückte, die Räte in der (bürgerlich-demokratischen) Verfassung zu »verankern«, sie als kontrollierendes »Nebenparlament« im Schatten der Bourgeois-Schwatzbude vegetieren zu lassen.[64]

Schon am vierten Tag der Revolution ist Eisner also auf die Bremse getreten. Kein Wunder, denn inzwischen ist auch in Berlin die Republik ausgerufen worden, sogar doppelt – die »deutsche Republik« vom stellvertretenden Vorsitzenden der SPD Philipp Scheidemann und die »sozialistische Republik« parallel von Karl Liebknecht, Kopf des noch zur USPD gehörenden Spartakusbundes, aus dem sich später die KPD entwickeln wird. Politisch dürfte sich Eisner zwar Liebknecht näher gefühlt haben als Scheidemann, aber als langjähriger Sozialdemokrat will er es sich auch mit den neuen Machthabern im Reich nicht verderben. Und das sind fürs erste Scheidemann und dessen Chef Friedrich Ebert, der soeben das Amt des Reichskanzlers übernommen hat. Mit Blick nach Berlin beschließt Kurt Eisner also, den klar konterrevolutionären Sozialdemokraten Erhard Auer weiter einzubinden und ansonsten erst mal zwischen den Fraktionen zu lavieren. Nicht so Mühsam. Dem Anarchisten, der auf konsequente Organisation von unten setzt, bedeutet eine übergeordnete gesamtdeutsche Staatlichkeit, bedeuten Staat und Nation grundsätzlich nichts. In diesem Sinne ist für ihn der Kontakt zu den revolutionären Räten in anderen Provinzen des Reiches wichtiger als das, was in der Hauptstadt passiert, wo die SPD einigermaßen fest im Regierungssattel sitzt. Nach Bremen schreibt er:

---

64 Aus: Die Einigung des revolutionären Proletariats im Bolschewismus, III Die revolutionäre Prädisposition des deutschen Proletariats, Die Aktion, Nr. 7, Berlin 1921

Man hat mich in den Arbeiterrat gewählt, wo ich bemüht bin, radikalisierend einzuwirken, was nicht ganz vergeblich zu sein scheint. Eisner mache ich vorläufig keine zu starke Opposition, weil er in mancher Hinsicht sehr tüchtig ist, von allen bürgerlichen Elementen wütend angefeindet ist und der Berliner Regierung Schwierigkeiten macht, zu deren Auswirkung man ihm Zeit geben muss. Ich beschränke mich daher in meinem Verhalten zu ihm auf energische Kritik, die sich auf seine Schlappheit im Punkt der Vergesellschaftung der Wirtschaft und seinen Regierungskomplizen Scheidemannscher Richtung (Auer) erstreckt. Außerhalb der amtlichen Tätigkeit im Arbeiterrat betreibe ich hingegen positive radikalrevolutionäre Propaganda. (...) Dass man jetzt bei der ungeheuren Popularität Eisners und unter solchen Umständen am besten innerhalb des Arbeiterrats arbeitet und ihm kein Dynamit unter den Sessel legen darf, sondern versuchen muss, Eisners eigenes Temperament revolutionär anzukurbeln, werden Sie wohl auch für richtig halten.[65]

Ich glaubte, diese kurze Darstellung geben zu sollen, um den besonderen Charakter des ersten Arbeiterrats, der im Folgenden eine wichtige Rolle spielt, deutlich zu machen. Er hatte sich spontan aus den am Umsturz aktiv beteiligten Proletariern in der Stärke von etwa fünfzig Personen konstituiert, die sich um die damals ungeheuer populäre Person Eisners geschart hatten. Dieser »Revolutionäre Arbeiterrat« war und blieb die stärkste treibende Kraft der bayerischen Revolution bis zum April 1919. Er gab sich eine souveräne Verfassung mit dem Recht des Ausschlusses unzuverlässiger Mitglieder und der Kooptation von Genossen aus eigener Machtvollkommenheit. Während Eisner am 9. November eine »rein sozialistische« Regierung mit sich

---

65 1. Dezember 1918 an Johann Knief, aus: Erich Mühsam, In meiner Posaune muss ein Sandkorn sein, Briefe 1900–1934, Gerd W. Jungblut, Vaduz 1984

selbst als Ministerpräsidenten und dem Verräter Auer als Minister des Innern formierte, schritt der »Revolutionäre Arbeiterrat« (diesen Namen behielt er bei) sofort zur praktischen Arbeit. Schon am zweiten Tag seines Bestehens machte er von seinem Kooptierungsrecht Gebrauch, indem er – sehr gegen Eisners Wunsch – mich in seine Mitte berief. Kurz darauf kooptierten wir Gustav Landauer, der erst nach dem Umsturz nach München gekommen war. Der RAR war es, der dann aus eigener Initiative die Bildung eines »Münchener Arbeiterrats« nach Betriebswahlen vornahm, desgleichen im ganzen Lande die Wahlen von Arbeiterräten organisierte und in Verbindung mit dem Soldaten- und Bauernrat die Schaffung einer Landesorganisation der Räte mit einem Zentralrat an der Spitze veranlasste.[66]

Nicht nur das Kabinett Eisners, auch der Revolutionäre Arbeiterrat kann in diesen Tagen entscheidende Posten besetzen. So amtiert der erklärte Antimilitarist Mühsam zeitweilig als Stellvertreter des von Eisner bestellten provisorischen Kriegsministers und Oberkommandierenden der bayerischen Streitkräfte Kurt Königsberger. Eine Funktion, die ihm selbst so bizarr erscheint, dass er sich gleich am ersten Tag eine Visitenkarte als Andenken einsteckt. Auf der Rückseite notiert er:

Diese Karte entnahm ich am Sa. Abend, dem 9. November 1918, der Visitenkartenschachtel des letzten bayerischen königlichen Kriegsministers, während ich an seinem Amtsschreibtisch saß und in Vertretung des revolutionären Oberkommandanten der republikanischen Armee, des Kriegsminister Königsberger, die Aufsicht im Kriegsministerium führte. E. M.[67]

---

66 Aus: Von Eisner bis Leviné, Berlin 1929
67 Aus: Münchner Miszellen, Günther Gerstenberg, Schriften der Erich-Mühsam-Gesellschaft 25, Lübeck 2004

Derlei Ämter und Posten interessieren Mühsam nicht. Sein Augenmerk gilt in diesen ersten Revolutionstagen ausschließlich der Basisarbeit:

In den Münchener Arbeiterrat traten wir in Stärke von fünfzig Genossen korporativ ein und nahmen ebenso korporativ an der ersten Tagung der konstituierenden Landesräteversammlung teil. Für den aus vierhundert Mitgliedern bestehenden Münchener Arbeiterrat stellten wir als erste These die Bedingung, dass ihm sozialdemokratische Partei- und Gewerkschaftsfunktionäre nicht angehören dürften, damit sein Charakter als Organ der Werktätigen selbst nicht verwischt würde. Als zur ersten öffentlichen Sitzung des Münchener Arbeiterrats trotzdem die Führer der reaktionären Gewerkschaften erschienen, beförderten wir sie im Handgemenge brachial zum Saal hinaus – fünfzig Mann gegen vierhundert –, und die Mehrheit fügte sich.[68]

Mit wahrer Verzweiflung hatten wir die die langen Jahre hindurch die blinde Vertrauensseligkeit, die kritiklose Fügsamkeit, das willige Geschehenlassen der deutschen Arbeiter mitangesehen. Es schien Utopie, nur daran zu denken, dass sie es je merken würden, wie sie von ihren parlamentarischen und gewerkschaftlichen Führern genarrt, wohin sie an ihrem Gängelseil gezogen wurden. Und nun waren wir Zeugen der Erweckung. Dieselben Proletarier, denen, seit sie denken konnten, jedes Wort ihres Partei- oder Gewerkschaftsblattes ein Katechismus gewesen war, zitterten vor Empörung, wenn der Name ihres parlamentarischen Vertreters fiel, und wenn in einer Versammlung nur das Wort Gewerkschaft ausgesprochen wurde, ging durch den Saal ein Schrei der Wut. Das große Begreifen war über sie gekommen.[69]

---

68 Aus: Von Eisner bis Leviné, Berlin 1929
69 Aus: Die Einigung des revolutionären Proletariats im Bolschwismus, V Die Gewerkschaftsfrage, Die Aktion, Nr. 29/30, Berlin 1922

Der revolutionäre Geist im RAR festigte sich ständig dadurch, dass schwankende Elemente allmählich hinausgedrängt und entschlossene Revolutionäre kooptiert wurden. Eisner, der formell immer noch Vorsitzender dieser kleinen Organisation war, sich aber nie als solcher betätigte (nur einmal – im Januar – wurde er direkt vorgeladen, um sich wegen seiner höchst zweideutigen Politik zu rechtfertigen), musste bald erkennen, dass er in diesem Organ seinen gefährlichsten Gegner zu fürchten hatte. Die politischen Programmunterscheidungen waren zu Anfang der Revolution noch ganz ungeklärt. Die Mitglieder des RAR gehörten größtenteils der USPD an. Landauer, ich und noch zwei oder drei Arbeiter waren als Anarchisten bei keiner Partei. Mehrere Genossen – und keineswegs die schlechtesten – waren formell noch Mitglieder der Scheidemann-Partei. Wir fragten auch niemanden, ob und wo er organisiert sei, sondern beurteilten alles nach den Beobachtungen, die wir mit den einzelnen machten. Bedingung war einfach der Wille, die Revolution bis zur Durchführung des Sozialismus auf der Grundlage des Rätegedankens weiterzutreiben. Die Kommunistische Partei Deutschlands existierte noch nicht. Der Spartakusbund bestand als linker Flügel der USPD, hatte aber in Bayern keine erklärten Zugehörigen.[70]

Die beiden sozialdemokratischen Parteien SPD (bzw. MSPD) und USPD, von denen hier die Rede ist, wurden von Mühsam schon im Jahr 1912, also lange bevor sich die letztere von der ersteren abspaltete, recht bündig charakterisiert:

Eine vergleichende Beobachtung der Machtstärke der beiden Unterparteien führt zu sehr lehrreichen Schlüssen. Der sogenannte radikale Flügel besteht auf der demonstrativen Betonung der von Marx und

---

70 Aus: Von Eisner bis Leviné, Berlin 1929

Engels als Leitsätze proletarischer Politik aufgestellten Thesen. Er hält ein revolutionäres Vokabularium für unentbehrlich, um den Glauben an die oppositionelle Mission der Sozialdemokratie nicht untergehen zu lassen. Der radikale Sozialdemokrat glaubt an ein sozialistisches Endziel, und wenn er auch in seinem taktischen Verhalten alles tut, um dieses Ziel nie in greifbare Nähe gelangen zu lassen, so wahrt ihm sein frommer Glaube doch vor sich selbst und vor der begeisterungsgewillten Menge die Würde des Idealisten. Dass seine Anhängerschaft der Zahl nach immer noch die weitaus überlegene ist, erklärt sich daraus von selbst.

Die Revisionisten stellen sich bewusst außerhalb jeder dogmatischen Umsturzbestrebung. Sie wünschen, eine politische Gegenwartspartei zu sein, mit der einzigen Unterscheidung von anderen Parteien, dass es ihnen ausschließlich um die soziale Hebung des Arbeiterstandes innerhalb des kapitalistischen Staates zu tun ist. Sie teilen mit den Radikalen den Wunsch nach Erlangung der politischen Macht. Sie wollen mit dieser Macht aber nicht die Umwälzung der gesellschaftlichen Einrichtungen erkämpfen, sondern lediglich die Möglichkeit, auf die bestehenden und im Wesen für gut befundenen Verhältnisse im demokratischen Sinne einzuwirken. – Es ist klar, dass dieser Parteiflügel aus dem Proletariat den geringeren Zulauf hat, bei den staatserhaltenden Elementen der Gesellschaft aber die größere Sympathie.[71]

Im revolutionären Handeln legt Mühsam diese im Gros zutreffende Analyse allerdings schnell beiseite. Auch wenn er sich damit in den folgenden Jahren mehr Feinde als Freunde machen wird – für ihn zählen der einzelne Mensch und dessen konkrete Taten stets mehr als dessen Zugehörigkeit zu bestimmten Organisationen oder Parteien.

---

71 Aus: Chemnitz, Kain, 2. Jahrgang, Nr. 7, München Oktober 1912

Das stellt er bereits in seinem Kain-Flugblatt mit überreichlichem Gebrauch von Ausrufezeichen deutlich klar:

Soldaten! Arbeiter! Volksgenossen!
Erste Pflicht bei einer Revolution ist Bereitschaft!

Es gilt Erreichtes sichern, Begonnenes weiterführen und die Trümmer des Gewesenen wegräumen! Revolutionäres Weiterarbeiten braucht entschlossenen Willen!

Niemand weiß, welche reaktionären Kräfte noch am Werke sind, welche Mittel ihnen zu Gebote stehen. Wir dürfen uns nicht auf die stillschweigende Resignation der Besiegten verlassen, wir müssen misstrauisch sein gegen ihre gedrückte Bescheidung in die neuen Verhältnisse.

Notwendig ist die Geschlossenheit der Revolutionäre!

Darum wollen wir in diesem Augenblick nicht Einzelheiten der Neuorganisation bekämpfen, sondern prüfen, ob der Geist, der jetzt waltet, der rechte ist. Was nicht lebensfähig ist im Geiste der Revolution, muss fort! Kompromisse, Halbheiten, Zaghaftigkeiten dürfen nicht geduldet werden. Sie sind die Feinde der Revolution! Gegen sie, gegen jede Art Reaktion und Zopf müssen sich die Revolutionäre, die über den Tag hinaus streben, sammeln!

Gemeinsame Abwehr gemeinsamer Feinde, aus welchen Lagern immer sie kommen mögen, das ist die Forderung!

Stelle jeder, der es gut meint mit dem Volk, mit der Freiheit, mit der Revolution, alle Kräfte zur Verfügung der jungen Republik, um ihr hinüberzuhelfen über den Sumpf der Stagnation und der Zugeständnisse. Wir wollen nicht am Anfang stehenbleiben! Wir wollen durch zum Sozialismus, durch zur Weltrevolution!

Sorge jeder dafür, dass der gute Geist, der den Aufruhr leitete, wach sei in jedem Amt, in jeder Tätigkeit, In jedem Entschluss!
Der Geist ist alles!
Lasst ihn nicht lahm werden!
Nichts aufgeben vom idealen Ziel! Auf nichts verzichten! Keine Schwachheit zulassen! Die Bewussten und Entschlossenen aber einig bleiben!
Es lebe die Republik! Es lebe die Freiheit![72]

Trotz der erfolgreichen Kooptierung in den RAR und seiner tiefsitzenden Abscheu gegen jegliche Parteistrukturen hat der Anarchist Mühsam von seinem Gegenspieler Eisner schnell gelernt, dass er eine eigene institutionelle Hausmacht braucht, um dauerhaft Einfluss auf die weitere Entwicklung der Revolution nehmen zu können:

Die erste revolutionäre proletarische Organisation gründete ich Ende November. Zur Orientierung teile ich das Flugblatt mit, das am 30. November erschien und große Wirkung bei den am weitesten vorgeschrittenen Arbeitern hatte. Es lautete:

> Revolutionäre, internationalistisch gesinnte kommunistische Arbeiter und Soldaten! Männer und Frauen!

Nicht alle Volksgenossen sind mit dem bisherigen Verlauf der Revolution einverstanden.
Wir sind nicht zufrieden mit der Beschränkung der revolutionären Forderungen auf politische Angelegenheiten. Wir verlangen die Verwirklichung des Sozialismus als Krönung der gegenwärtigen Volksbewegung.

---

72 Aus: Kain. Zeitschrift für Menschlichkeit, 1. Flugblatt, München 18. November 1918

Das Ende des Weltkrieges bedeutet zusammen mit der Weltrevolution den Zusammenbruch des Kapitalismus. Auf seinen Trümmern wollen wir nicht Altes zu retten suchen, sondern Neues aufbauen. Wir blicken nicht auf den Weg, sondern aufs Ziel. Das Mittel der Revolution heißt Revolution. Das ist nicht Mord und Totschlag, sondern Aufbau und Verwirklichung. Mit diesem Mittel wollen wir die sozialistische Gesellschaft der Gerechtigkeit und Wahrheit bei uns durchführen, um den Brüdern der gesamten Internationale das Beispiel zu geben, das unsere russischen Kameraden uns gegeben haben. Wie sie wollen wir die Liebe zur Menschheit zur Richtschnur aller unserer Handlungen machen.

Zunächst haben wir dazu aufzuklären und die Kräfte zu sammeln, die die Rettung der Welt in der Neubelebung einer radikalen und konzessionslosen, sozialistisch-kommunistischen Internationale erkennen. Wir rufen das bayerische und darüber hinaus das deutsche Volk auf, mit uns gemeinsam die Verbindung mit den Völkern aller Länder herzustellen zu dem Ende, den internationalen Kapitalismus und Imperialismus von Grund aus zu stürzen und die Hand- und Kopfarbeiter zu Nutznießern des eigenen Werks zu machen.

Es lebe die Freiheit des Volkes! Es lebe die Revolution der Welt! Es lebe die sozialistische Internationale!

Vereinigung revolutionärer Internationalisten Bayerns.

Erich Mühsam. Jos. Merl. Hilde Kramer. F. A. Fister.

Dieser sehr allgemein gehaltene Aufruf, der auf die Grundforderung der Kommunisten, die Rätediktatur, noch mit keinem Wort eingeht (...), entsprach dem revolutionären Reifegrad des äußersten linken Flügels, der damals in München war. Erst die Versammlungen, in denen wir täglich die Massen bearbeiteten, gaben uns die Möglichkeit, die ungeheuer fest wurzelnden Vorurteile gegen den Bolschewismus zu zerstreuen, den Aberglauben an die freiheitliche Sendung der von

Eisner versprochenen Nationalversammlung zu zerstören, den Begriff des Kommunismus zu popularisieren und das revolutionäre Wollen in der Formel bewusst zu machen: Alle Macht den Räten![73]

Die Abgrenzung, die Mühsam hier in seinem nachträglichen Rechenschaftsbericht an die russischen Genossen vornimmt, wenn er vom »revolutionären Reifegrad« spricht, ist taktischer Natur. Im weiteren Verlauf der Revolution wird er sich – im Sinne breiter Bündnisse – angewöhnen, die Begrifflichkeiten Kommunismus und Anarchismus ebenso deckungsgleich zu verwenden wie »Rätesystem« und »Diktatur des Proletariats«. Dabei hält er schon den ewigen Rückbezug der Marxisten auf das Proletariat für problematisch, wie er noch im Dezember 1918 gegenüber Johann Knief klarstellt:

Mit ihren Ansichten bin ich vielfach ganz überein. Nur ist mir die Überbetonung des Proletariats nicht recht angenehm. Am Ende soll doch das Proletariat überwunden werden, sich selbst überwinden, denn mit einem Siege, mit dem Sozialismus hört es doch tatsächlich auf. Proletariat setzt Ausbeutung voraus, mit der Abschaffung der Ausbeutung ist die Welt entproletarisiert. Zu wenig betont finde ich bei Ihnen die Forderung eines erhöhten Kulturstandes als Ziel der Revolution. Mir scheint, dass die ausschließliche Betonung materieller Vorteile als Lohn des Kampfes das ethische Fluidum der Bewegung lähmen könnte. Endlich sollte die Anrufung gewaltsamer Entscheidungen stark betont nur als Ultima Ratio gelten. Das Volk soll entschlossen bleiben – zu allem aber soll man es nicht blutrünstig machen, wozu es durch die Scheußlichkeitsgewöhnung der letzten 4 Jahre ja leider ohnehin neigt. – Das ist, was ich bestimmt zu sagen habe.[74]

---

[73] Aus: Von Eisner bis Leviné, Berlin 1929
[74] 1. Dezember 1918 an Johann Knief, aus: Erich Mühsam, In meiner Posaune muss ein Sandkorn sein, Briefe 1900–1934, Gerd W. Jungblut, Vaduz 1984

Dass er in den folgenden Monaten zunehmend dennoch auf die marxistischen Termini setzt, erläutert Mühsam später so:

Was die Anarchisten an dem Ausdruck »Diktatur des Proletariats« immer geschreckt hat, war der Gedanke an die Personen, die sich da würden zu Diktatoren machen wollen. Die Sozialdemokratische Partei und die mit ihr versippten Gewerkschaften übten über die deutsche Arbeiterschaft eine unumschränkte Herrschaft aus. Den revolutionären Sozialisten gegenüber fiel jede Rücksicht weg. Ihre Versammlungen wurden durch Verweigerung der Inserate in der sozialdemokratischen Presse, durch Saalabtreibungen usw. sabotiert, ihre Anhänger wurden von den Arbeitsstätten geekelt, und der Terrorismus, mit dem man sie bekämpfte, ging bis zu Denunziationen an die bürgerlichen Behörden. Das waren die Leute, die das Wort »Diktatur des Proletariats« im Munde führten, wenn es gerade mal nützlich schien, die Bourgeoisie mit revolutionären Tönen zu ängstigen. Die Massen waren zum blinden Nachlaufen hinter ihrem Führerklüngel erzogen. Man konnte sich daher unter »Diktatur des Proletariats« gar nichts anderes vorstellen, als die Diktatur des Parteivorstands in Verbindung mit der Gewerkschaftsbürokratie. Und etwas anderes stellten sich die Prediger der Diktatur sicher auch nicht darunter vor, sofern sie sich überhaupt über die Form Gedanken gemacht haben sollten.

Mir gingen die Augen auf, als die Parole »Alle Macht den Räten!« in Deutschland Echo fand. Indem ich diesen Grundsatz – vom Beginn der Revolution an – zu meinem eigenen machte, war es die natürliche Konsequenz, ihm die populäre Bezeichnung der proletarischen Diktatur zu geben. Denn jetzt war die Form gefunden, unter der das gesamte Proletariat als solches Diktator sein konnte.[75]

---

[75] Aus: Die Einigung des revolutionären Proletariats im Bolschewismus, VII Anarchismus und Diktatur, Die Aktion, Nr. 41/42, Berlin 1922

Bis dahin ist es aber noch ein langer Weg. Vorerst gilt es, gegen den mäßigenden Einfluss Eisners die Revolution weiter voranzutreiben. Im »Kain« schreibt Mühsam:

Kurt Eisner will mit der Sozialisierung der Wirtschaft warten, bis »die Produktionskräfte sich so gewaltig entwickelt haben, dass sie die zu enge Hülle der kapitalistischen Ordnung sprengen.« Er beruft sich bei dieser Vertröstung auf Karl Marx. Ich bin kein Marxist und halte es für überaus bedenklich, die vor 6 bis 7 Jahrzehnten ausgeklügelten Doktrinen eines Gelehrten zur Grundlage von Entschlüssen oder Verzichten zu machen, die das Schicksal der Welt berühren. Während einer grundstürzenden Umwälzung sind keine Katechismen aufzuschlagen, sondern die Augen offen zu halten und die eigenen Erlebnisse und Erkenntnisse als dynamische Kraft und Energie zu gebrauchen. Jedoch gerade angesichts des von Eisner vorgezogenen Dogmas könnte ja der abgewandteste Skeptiker Marxist werden. Wie stellt sich denn Eisner die Sprengung der zu engen Hülle der kapitalistischen Ordnung vor, wenn das wirtschaftliche Chaos von heute ihm noch nicht das Bild davon gibt? (...) Was wir jetzt erleben, ist ja gar nichts anderes als der Zusammenbruch des kapitalistischen Systems, und die Pflicht, die uns daraus erwächst, ist die Niederhaltung aller Bestrebungen, die aus dem Schutt und dem Mörtel des zerstörten Gebäudes auf dem zerwühlten Grunde der alten Gesellschaft den überlebten Betrieb bloß mit veränderter Fassade wieder aufbauen wollen. Jetzt ist der Augenblick zum Sozialisieren, und wenn Eisner nichts findet, was zu sozialisieren wäre, so ist ihm zu erwidern: Alles. Sozialisieren heißt allerdings nicht verstaatlichen. (...) Es geht jetzt nicht darum, die Ausbeutung zu monopolisieren, sondern sie abzuschaffen. Es geht darum, den bisher Ausgebeuteten den Ertrag ihrer Arbeit zu sichern, den Privatbesitz an Grund und Boden und an Produktionsmitteln den bäuerlichen und gewerklichen Gemeinden zu übertragen, Produktion, Konsum und Zirkulation in gerechten Ausgleich zu bringen, der aus Arbeit Freude macht, der den Unternehmungseifer jedes Einzelnen in den Nutzen der Allgemeinheit stellt, der Kunst, Geist und Kultur aus der Verödung geschäftlicher Interessen befreit. Jetzt ist der Augenblick, Hand anzulegen an die Niedertracht des sich aus eigener Kraft, das heißt vielmehr aus dem Schweiß entrechteter Menschen, vermehrenden Kapitals. Verhindern lässt sich der Prozess der Kommunisierung der von Natur aus gemeinsamen Güter doch nicht mehr, man kann ihn nur aufhalten. Den Prozess aufzuhalten mit dem Wunsche, ihn zu verhindern, ist Absicht und Inhalt aller gegenrevolutionären Strömungen. Hier liegt der wahre Zweck aller, die nach der Nationalversammlung schreien. Die wildesten Antidemokraten von ehemals poltern am lautesten jetzt für die Einberufung eines Reichsparlaments, das nach dem allgemeinen, gleichen, geheimen, direkten Proporzwahlrecht für Männer und Frauen zusammengetrommelt werden soll. Warum diese plötzliche Mehrheitsseligkeit? Weil man weiß, dass die Revolution ihr Hauptmerk noch vor sich hat, dass daher, ehe die Sozialisierung als unvermeidliche Notwendigkeit dem Bewusstsein des ganzen Volkes eingegangen ist, der Einfluss des Kapitals und der Kirche und der in beider Gewalt befindlichen Presse die Zusammensitzung der Nationalversammlung wesentlich bestimmen müsste und dass somit die Indifferenten, Uninteressierten, die Nachzügler und Gedankenlosen, die an der Revolution gar keinen Anteil hatten und ihren Sinn noch nicht begriffen haben, bei raschem Handeln der Reaktion eine überwältigende Übermacht im Parlament sichern würden. (...)

Man sagt uns: es gibt keinen Frieden ohne Nationalversammlung, es gibt kein Brot und keine Kohlen ohne Wahlen. Lasst euch nicht bange machen! Die Presse lügt.[76]

---

76 Aus: Aufgaben der Revolution, Kain. Zeitschrift für Menschlichkeit, 5. Jahrgang; Nr. 1, München 10. Dezember 1918

So flammend Mühsams Appelle auch tönen, er weiß, dass es Taten braucht, um den Revolutionseifer der Münchener nicht erlahmen zu lassen. Und mit der Vereinigung revolutionärer Internationalisten (VRI) hat er nun das passende Vehikel dafür:

Die »Vereinigung revolutionärer Internationalisten« gewann mit großer Schnelligkeit ungeheure Popularität bei der revolutionären Arbeiterschaft, die in ihren Versammlungen den Konzentrationspunkt für die Opposition fand, welche sich nach und nach gegen Eisners bürgerlich-demokratische Politik geltend machte. Ich habe die Gewissheit, dass diese Volkstümlichkeit wesentlich begründet war in dem von mir als Prinzip aufgestellten Verzicht auf parteimäßige Konstituierung. Ich pflegte den Arbeitern zu sagen: »Klebt Marken, wo ihr wollt und so viel ihr wollt, oder lasst es auch bleiben. Wir wollen hier keinen Zank um Organisationsfragen. Die VRI will alle sammeln, die mit dem Wunsch, die Revolution zum Kommunismus vorzutreiben, erfahren wollen, was das revolutionäre Proletariat dazu zu tun hat. Werbt für unsere Ideen in eurer Partei, in eurer Gewerkschaft, in eurem Betrieb, in eurem Privatkreis.« Eine eigentliche Mitgliedschaft gab es demnach gar nicht. Die Mittel zur Agitation etc. wurden durch freiwillige Spenden und in den Versammlungen aufgebracht. Welcher Geist in der kürzesten Zeit die unausgesetzte Bearbeitung des Proletariats lohnte, zeigte sich schon in der Nacht vom 6. zum 7. Dezember, als nach einer Rede, die ich gegen die Gemeinheit und die Prostitution der Presse gehalten hatte, die Versammlung mich förmlich zwang, einen Zug gegen eine besonders verhasste klerikale Zeitung zu führen. Da sich uns auf dem Weg etwa tausend Soldaten anschlossen, gelang es, in dieser Nacht fast alle bürgerlichen Zeitungen Münchens zu besetzen.[77]

---

77 Aus: Von Eisner bis Leviné, Berlin 1929

Mein Putsch gegen die Münchner Zeitungen

Ich muss wohl so sagen: »Mein Putsch«. Denn die sittliche Entrüstung aller guten Bürger über den unerhörten Angriff auf die Lügenfreiheit der Presse hat sich meine bescheidene Person als Objekt zum Anspucken ausgesucht, und die aus ihrer selbstzufriedenen Besitzgemächlichkeit aufgeschreckten öffentlichen Meinungsformer selbst haben ihre Schreibkulis beauftragt, mich vor ihren Opfern als Oberbolschewisten und anarchistischen Mordbrenner aufzufrisieren. Soll ich mich vor angstschlotternden Spießbürgern rechtfertigen? Soll ich winseln: ich bin's ja gar nicht gewesen? Nein: ehe ich die Erklärung wiederhole, die ich schon in der Sitzung des Landesarbeiterrates im Landtag abgegeben habe, will ich vor denen, die Revolutionszeiten mit revolutionierten Nerven zu erleben wissen, bekennen: jawohl, ich war dabei, ich habe zu dem Versuch mitgeholfen, der Wahrheit gewaltsam durch die Sperre der Korruption, der Lüge, der Verleumdung, der methodischen Volksverblödung Bahn zu schaffen, ich habe mich endlich zum Wortführer und zum ausführenden Organ des empörten Willens freiheitswilliger Kameraden hergegeben. Und ich finde, dass ich damit recht gehandelt habe, nachdem ich an der Ausführung der Aktion selbst doch nichts mehr ändern konnte.

Erst nach Ablegung dieses Bekenntnisses wiederhole ich meine Feststellung im Landtag: Initiator des Unternehmens war ich nicht, meine Bedenken dagegen waren stark und ich habe sie meinen Freunden nicht vorenthalten. Ich tat mit aus dem Pflichtgefühl kameradschaftlicher Solidarität heraus und um den Versuch den Charakter einer würdigen starken revolutionären Demonstration wahren zu helfen.

Der Verlauf war der: Ich hatte am Freitagabend in einer Versammlung im Schwabinger Bräu gesprochen. In der Diskussion war von allen Rednern das wahrhaft schimpfliche Verhalten der gesamten Tagespresse kritisiert und von mehreren von ihnen verlangt worden, man müsse die Redaktionen festsetzen, die Betriebe den ganz vom inserierenden Kapital abhängigen Verlegern abnehmen und sie durch Übergabe in die Hände der darin wirkenden Kopf- und Handarbeiter genossenschaftlich sozialisieren. An eine Verwirklichung des Planes dachte ich dabei noch gar nicht. Erst nach Schluss der Versammlung teilten mir meine Freunde, zumeist Soldaten, mit, dass man sofort aufbrechen wolle, um den Bayerischen Kurier mit Beschlag zu belegen. Ich riet ab, weil ich fand, solches Unternehmen müsse auf der vollständigen Sicherheit fußen, dass kein Blutvergießen damit verbunden sein könne und die Verteilung der redaktionellen Arbeit müsse vorher organisiert sein. Mein erstes Bedenken konnte zerstreut werden, und danach wollte ich das Zutrauen meiner Kameraden zu mir, ich werde ein Blatt schon fertigkriegen, nicht enttäuschen. So brachen wir auf, zwanzig Mann stark. Am Färbergraben trafen wir auf eine große Menge Soldaten, die von einer Versammlung im Mathäserbräu kamen. Sie hatten ganz unabhängig von uns beschlossen, die »Münchner Neuesten Nachrichten« zu besetzen und folgten nun zuerst unserer roten Fahne zum »Bayerischen Kurier«. Dort hielt erst ich, dann ein Kamerad von mir von der Freitreppe im kleinen Hof eine Ansprache, in der wir die Gründe unserer Aktion auseinandersetzten und übrigens keineswegs, wie das schwarze Blatt tags darauf berichtete, die Einsetzung einer Pressezensur verlangten. Die Besetzung erfolgte vollständig ruhig. Ich erklärte dem Verleger des Blattes den Vorgang, indem ich ihm die absolute Sicherheit seiner Person garantierte und überlieferte dann die Maschinen dem technischen Personal in genossenschaftlichen Besitz, die die Arbeiter in Gemeinschaft mit den von uns einzusetzenden künftigen revolutionären Redakteuren, bzw. auch mit denen, die wir etwa übernehmen könnten, genießen sollten. Sie erklärten sich sofort einverstanden, uns unter den versprochenen Bedingungen als Auftraggeber anzuerkennen, und wir gingen ans Werk. Während wir den Inhalt der ersten revolutionären Nummer des »Neuen Münchner Tageblattes« herstellten (der im gleichen Hause herausgegebene »Bayerische Kurier« hätte erst mittags erscheinen sollen), erschien plötzlich der Ministerpräsident Eisner, gefolgt vom Polizeipräsidenten Staimer und Stadtkommandanten Dürr, um mich meiner neuen Würde als Chefredakteur der beiden schwärzesten Zeitungen Bayerns zu entsetzen. Das wäre ihnen kaum gelungen, ehe die erste Nummer mit unserer Rechtfertigung erschienen wäre, wenn nicht Herr Eisner, dessen Qualifikation als Hilfsbüttel eines großkapitalistischen Unternehmens mir durchaus nicht einleuchtete, unbemerkt in den Setzersaal gelangt wäre und das Personal heimgeschickt hätte. Ob die Arbeiter gegangen wären, wenn ich an ihrer Unterredung mit Eisner hätte teilnehmen können, ist mir sehr fraglich, da mir schien, als ob ihnen der von mir angebotene Mitbesitz viel besser gefallen hätte als die Fortdauer ihrer Eigenschaft als Ausbeutungsobjekte eines ganz besonders gewissenlos schaltenden Organs. Ohne Setzer und Drucker konnten wir natürlich nicht weiterarbeiten. Inzwischen hatten wir von den Redaktionen der übrigen Zeitungen, die von den Kameraden übernommen waren, Bescheid, dass Herr Eisner auch dort in Person die Rechtsordnung der bürgerlichen Kapitalgesellschaft wiederaufgerichtet hatte. Nur bei der »Münchner Zeitung« war die Behörde noch nicht gewesen. Auf eine Okkupation dieses Blattes verzichteten wir gleich, beschlossen nur, die Maschinen dieses Mittagsblattes zur Herstellung eines Flugzettels in Anspruch zu nehmen, auf dem die Meinung der revolutionären Internationalisten kurz zur Geltung gebracht werden sollte. Ich war gerade mit dem Abfassen dieses Flugblattes beschäftigt, als Herr Eisner wieder anrückte. Ich kann nicht leugnen, dass ihm die Verhinderung auch dieser Publikation gelang. Nur ein paar unkorrigierte vorher schon dort gedruckte Zettel mit der Mitteilung, dass die Zeitungen revolutionärer Besitz geworden seien, klebten am nächsten Morgen an vielen Straßenecken Münchens.

Unser Unternehmen war also gescheitert, und alle haben recht, die es als vollständig unberechtigt verlästern. Denn die Berechtigung einer revolutionären Handlung ergibt sich nur aus ihrem Erfolg. Wäre die Beschlagnahme der Münchner Tageszeitungen durch die Kommunisten geglückt, dann würde kein Mensch sich darüber aufregen. Denn die öffentliche Meinung wäre dann eben kommunistisch geworden, und sie bestimmt ja das Ja oder Nein aller guten Bürger. Der Ministerpräsident des Volksstaates Bayern hat höchst selbst dafür gesorgt, dass die öffentliche Meinung München heute noch dieselbe Dreckschleuder ist wie vor dem »Putsch«, dass sie ihm auf Schritt und Tritt Prügel zwischen die Beine wirft, und dass ich der verruchte Schweinehund bin, mit dem man die Münchner Kindl bange macht.

Was von der Aktion übriggeblieben ist, ist immerhin bei den Veranstaltern die Erleichterung, die man verspürt, wenn man in großem Zorn einmal kräftig auf den Tisch gehauen hat, bei den Betroffenen hoffentlich die Einsicht, dass jeder Geduld irgendwo Grenzen gesetzt sind. Dem bayerischen Volk ist die alte Sitte des Haberfeldtreibens[78] doch wohl noch nicht ganz aus dem Gedächtnis geschwunden. Was in jener Nacht zum 7. Dezember in München geschah, war eine Art Haberfeldtreiben. Mögen sich die, denen es passierte, daraus eine Warnung nehmen. Sie haben über vier Jahre dem naiven, urteilslosen Volk, das noch ganz von der Kirche und Presse abhängt, Lügen der verwegensten Art vorgesetzt. Sie haben unter schändlichem Missbrauch der christlichen Religion der Liebe Hass in die Herzen gestreut. Sie haben die Schuldigsten aller Schuldigen der Weltgeschichte tagaus tagein reingewaschen und sich dadurch mitschuldig gemacht an ihrer Schuld. Sie haben andere, deren Unschuld feststeht mit Schuldsprüchen verleumdet. Sie haben die grauenhaftesten Verbrechen aller Zeiten verteidigt und selbst gefordert, sie haben Land und

---

78 Eine bis Ende des 19. Jahrhunderts in Oberbayern praktizierte Form des Rügegerichts.

Güter fremder Völker begehrt zur Bereicherung der eigenen Landsleute. Sie haben durch falsche Angaben und lügenhaftes Siegesgeschrei trügerische und obendrein verbrecherische Hoffnungen genährt, und sie haben alle, die Wahrheit verbreiten wollten, als Verräter beschimpft und den Schergen ausgeliefert. Und als dann der ganze Trug an den Tag kam, als die Niederlage Deutschlands den Aufstand des Volkes entfesselte und der Schrei nach Anstand, Güte und Gerechtigkeit die revolutionäre Forderung nach Sozialismus und Völkerverbrüderung wachrief, da haben sie weitergelogen und das Volk im unklaren gehalten über alles, was vorwärts und aufwärts drängt. Ganz mit derselben Vermessenheit und Unwahrhaftigkeit, mit der sie die »Feinde« früher in gehässigen Zerrbildern als Schurken und Teufel hinstellten, haben sie auch nachher und ohne Reue und Scham sich und ihre Sache unschuldig zu machen gesucht, gegen die Ansprüche der fliegenden Gegner scharf gemacht und gerade dadurch die Not des Landes, dessen tiefste Ursache das Misstrauen ist, das uns in der ganzen Welt begegnet, gesteigert.

Gegen dieses ekelhafte, würde- und ehrlose Gebaren war unser Putsch ein Protest. Mag das Ministerium Eisner gegen dergleichen Aktionen im Ton kommandierender Generäle rücksichtslose Anwendung von Waffengewalt androhen, oder mag der Stammtisch zum blauen Ochsen mir Rache und Tod schwören – zu schämen haben sich des Putsches vom 07. Dezember die, die ihn provozierten, nicht wir, die ihn ausführten.[79]

Dennoch empfindet Mühsam das Scheitern der Aktion als Niederlage. Abermals hat sich gezeigt, dass Ministerpräsident Eisner am längeren Hebel sitzt. Neue Bündnisse müssen geschlossen werden:

---

79 Aus: Kain. Zeitschrift für Menschlichkeit, 5. Jahrgang; Nr. 2, München 17. Dezember 1918

Die VRI fand sich täglich in engerem Kreis, der teilweise aus denselben Personen bestand, die den RAR bildeten, im Nebenzimmer einer Wirtschaft zusammen. Dort wurde die Buchführung besorgt, die Flugblätter und Plakate entworfen, die Prinzipien und die zu befolgende Politik diskutiert. An diesen Kreis wandte sich gegen Ende Dezember Genosse Max Levien[80], um ihn zur Umbildung der VRI zu einer Ortsgruppe des Spartakusbundes zu bewegen. Ich widersetzte mich (Landauer, der auswärts wohnte und nur gelegentlich nach München kam, gehörte der Vereinigung nicht an). Einmal fürchtete ich, dass eine Parteibildung dieselben Folgen haben würde, die sie in Deutschland noch immer gehabt hat: die Unterordnung des proletarischen Revolutionswillens unter die Parteiinteressen, dann aber konnte ich mich grundsätzlich nicht mit dem Programmpunkt des Spartakusbundes einverstanden erklären, der für ganz Deutschland eine einheitliche, zentralistische Räterepublik fordert. Bayern und ganz Süddeutschland sind erst vor fünfzig Jahren – nach ihrem Unabhängigkeitskrieg gegen Preußen 1866 – dem von Preußen dirigierten Reich beigetreten. Die partikularistischen Strömungen sind in Bayern enorm stark, die Unitaritätstendenzen, die die »demokratische« Reichsregierung mit Unterstützung aller sozialistischen Parteien fördert, unermesslich unpopulär. Ich führe die gewaltige Stärkung der Reaktion in Bayern, die es zur Zeit zur deutschen Vendée[81] macht, zum starken Teil auf den instinktiven Abscheu der kleinbäuerlichen und zum Teil auch der proletarischen Bevölkerung gegen die »Verpreußung« zurück. Mit diesem Hinweis behielt ich auch bei der VRI Levien gegenüber recht. Da ich jedoch sah, dass der Anschluss an eine revolutionäre Parteiorganisation der drängende Wunsch der Ge-

---

80 Der in Moskau geborene Max Levien war dort an der gescheiterten Revolution 1905 beteiligt gewesen, hatte Russland nach einer Haftstrafe verlassen und vor seiner Übersiedelung nach Bayern 1913 in der Schweiz dem bolschewistischen Exilantenkreis um Lenin angehört.
81 Französische Region, die sich 1793 gegen die Revolution erhob.

nossen war, riet ich zum korporativen Anschluss an die Bremer »Internationalen Kommunisten«, die gleich mir die Aufrechterhaltung des föderalistischen Charakters Deutschlands auch für die Zukunft erstrebten. Der Anschluss wurde vollzogen. Ich selbst ließ mich, um einerseits meine Stellung als Anarchist zu betonen, anderseits meine vollkommene Solidarität mit den Genossen zu bekunden, mit denen ich bisher denselben Weg gegangen war, als Hospitant in die Mitgliederliste eintragen, stellte auch meine im November wieder zum Leben erweckte Zeitschrift »Kain« als Publikationsorgan weiterhin zur Verfügung. Übrigens bestand die VRI nach wie vor daneben weiter.[82]

Ende Dezember 2018, gerade mal sieben Wochen nach Ausrufung der Republik, sind die revolutionären Strukturen also schon reichlich unübersichtlich geworden. Das aus USPD- und SPD-Politikern gebildete Übergangskabinett von Ministerpräsident Kurt Eisner, dem weiterhin auch der reaktionäre Erhard Auer als Innenminister angehört, hält zwar. Aber daneben agieren die diversen Räteorganisationen als eigenständige Körperschaften mit unklaren Befugnissen. Die Sozialdemokraten beider Richtungen setzen mehrheitlich auf einen Wahlgang im Januar sowie die von der Regierung in Berlin proklamierte verfassungsgebende Nationalversammlung für das gesamte Deutsche Reich, um darüber die Revolution in geordnete parlamentarische Bahnen zu lenken. Die Räterepublikaner um Mühsam lehnen beides kategorisch ab und favorisieren vorerst einen bayerischen Sonderweg – nicht aus Separatismus, sondern weil die von den Sozialdemokraten dominierte politische Gemengelage im Reich, wenig Hoffnung auf eine gesamtdeutsche Lösung in ihrem Sinne bietet und die Räteidee ja ohnehin auf kleinteiligere Organisationsformen setzt. Später wird Mühsam in seinem Tagebuch notieren:

---

82 Aus: Von Eisner bis Leviné, Berlin 1929

Das ist die marxistische Verblödung. »Einheitsstaat!« brüllen sie – die Spartakisten sind die Schlimmsten dabei – und wollen deshalb den alten Bismarckstaat retten, der je eher je lieber zusammengeschlagen gehört. Wenn die Menschen bloß zu der Einsicht kommen wollten, dass es völlig gleichgültig ist, wo entlang die Staatsgrenzen laufen. Auf die Glückseligkeit der Menschen kommt es an, nicht auf die Art ihrer Einpferchung. Größtmögliche Bewegungsfreiheit des Einzelindividuums ist anzustreben, deshalb größtmögliche Selbstständigkeit aller Gemeinden und föderative Verbindung der Bezirke, Länder und Reiche, bei der die Abgrenzung Nebensache, die Berücksichtigung der Lebensarten alles ist.[83]

Momentan aber sind die Spartakisten noch Mühsams wichtigste Verbündete, obgleich ihm spätestens an Weihnachten eine Schreckensmeldung aus Berlin endgültig klarmacht, dass die bayerischen Revolutionäre ihren Weg alleine gehen müssen:

Gegenrevolution

In Berlin gab es eine Weihnachtsbescherung besonderer Art. Die Regierung Ebert-Haase-Scheidemann glaubte die Zeit gekommen, der Revolution endgültig die Gurgel abzudrehen, um an ihre Stelle die »ruhige Entwicklung« treten zu lassen, die unter republikanischer Firma die wunderbare Ordnung wieder einrichten sollte, derer wir uns bis 1914 erfreuten und der wir den Weltkrieg zu verdanken hatten. Zu diesem Behuf musste man die Revolutionäre aus der Revolution entfernen, nämlich die Kräfte, die uns vor der »nationalen Verteidigung« gerettet haben, deren Energie den Hauptanteil an der Um-

---

[83] 9. Juni 1919 in: Tagebücher Band 6, Chris Hirte & Conrad Piens (Hrsg.), Berlin 2014

wälzung im ganzen Reich trägt, und die daher dringend verdächtig waren, der Revolution ihren zielklaren Fortgang zu sichern: die Matrosen. Man erklärte ihnen also, dass man sie nicht länger brauche, dass sie gefälligst ihre Quartiere im Schloss und im Marstall räumen möchten, widrigenfalls ihnen das ihnen zugesagte Weihnachtsgeld nicht ausgezahlt würde. Die Matrosen fügten sich selbstverständlich der frechen Zumutung nicht, und die Herren Ebert und Wels kommandierten nun unaufgeklärte Fronttruppen herbei, die wie in den herrlichen Tagen der Kriegszeit geleitet von Generälen ältesten Regimes, gehorsam Feuer gaben. Dutzende von Leichen geben Zeugnis von dem Geist, in dem die Sozialimperialisten der Richtung Scheidemann die Befreiungstat der Revolution auffassen. Zum Glück ist ihr schändlicher Plan an der tapferen Entschlossenheit der Matrosen und an dem Pflichtbewusstsein der Berliner revolutionären Arbeiterschaft zuschanden geworden. Ihr Beispiel klärte nach und nach auch stärkere Verbände der im Dienste der »sozialistischen« Mordregierung kämpfenden Truppen auf, sodass die Schlacht am heiligen Abend gewonnen wurde. Dass der Kampf nicht zu Ende ist, solange die bluttriefenden Funktionäre des Kapitals und des Offizierskorps, die Ebert und Konsorten, noch irgendwelche Macht in der Hand haben, liegt am hellen Tag. Berlin hat der Gegenrevolution seinen ersten Tribut zollen müssen. In München rüstet die vereinigte Reaktion der Offiziere, Pfaffen, Pressbanditen, Großkapitalisten und Gewerkschaftsbeamten – unterstützt von zahllosen »Gebildeten«, hauptsächlich nationalen Studenten – zum großen Schlage. Sie erfreut sich dabei der passiven Duldung des gesamten bayerischen Ministerrats und der aktiven Unterstützung eines Teils von ihnen, der Stadtkommandantur und des Polizeipräsidiums. Verbreiter kommunistischer Blätter werden von Polizeiorganen ungeniert verhaftet, und es wird zur Schaffung und Bewaffnung einer »Bürgerwehr« öffentlich aufgefordert, einer weißen Garde, die die Revolution mit Gewalt abwürgen und niedermetzeln soll. Unterzeichnet war dieser Aufruf zur bewaffneten Gegenrevolution an erster Stelle von den Ministern Auer und Timm[84]. Soweit sind wir jetzt glücklich.

Es ergeben sich einige Fragen: Beabsichtigt die Regierung Eisner sich weiterhin von ihren volksfeindlichen Mitgliedern zur Gouvernante der Gegenrevolution herabwürdigen zu lassen? Werden die Revolutionäre Münchens und Bayerns den Entschluss aufbringen, unverzüglich zur Errichtung einer Diktatur zu schreiten und der weißen Garde des Herrn Auer eine Rote Armee gegenüberzustellen? Sollen die Gewalttaten der Behörden, die der Reaktion jede Freiheit zur Betätigung ihrer revolutionsstürzenden Pläne geben, gegen die Internationalisten und Spartakusanhänger wie bisher weitergehen? Übernimmt Herr Eisner dafür die Verantwortung und, wenn nicht, warum bleibt er an seinem Posten?

Am zweiten Weihnachtsfeiertag war ich persönlich, als ich am Abend kurz vor 11 Uhr mit meiner Frau heimging, das Ziel eines Revolverattentats. Es wurden in der Schwarzmannstraße fünf Schüsse aus anscheinend kurzer Entfernung hinter mir her geknallt. In der Dunkelheit gingen sie alle fehl. Aber das ist das Bezeichnende an der an sich unwichtigen Angelegenheit, dass die Terroristen des Weltkrieges, die das Volk für ihre Zwecke zu jeder Gewaltduldung missbrauchen konnten, das Gewaltbedürfnis Einzelner schon jetzt, ein paar Wochen nach Ausbruch der Revolution, gegen die Träger des revolutionären Gedankens lenken können, gegen die, die das gequälte und verratene Volk durch die Revolution zur wahrhaften Befreiung, zum Sozialismus, führen möchten.

Die Revolution steht vor ihrem Beginn. Seien wir auf dem Posten! Wir gehen schweren Tagen entgegen.[85]

---

84 Johannes Timm (SPD) ist Justizminister im Kabinett Eisner.
85 Aus: Kain. Zeitschrift für Menschlichkeit, 5. Jahrgang; Nr. 3, München 7. Januar 1919

Tatsächlich scheint die bayerische Revolution in jenen Dezembertagen eher vor ihrem Ende zu stehen. Aber Ministerpräsident Eisner, den Mühsam im Gegensatz zu seinem Mentor Landauer nicht ernsthaft als Bündnispartner wahrnehmen kann, ist von der Entwicklung in Berlin ebenfalls erschüttert und spielt nun auf Zeit:

Eisner selbst, dem der bürgerliche Parlamentarismus A und O seiner politischen Einstellung war, musste dem Widerstand, zu dem sich ganz besonders der »Revolutionäre Arbeiterrat« verpflichtet fühlte (wollte doch Eisner den Räten prinzipiell nur die Stellung eines »Nebenparlaments« mit einigen Kontrollrechten zuweisen), Rechnung tragen und verlegte sich auf eine dilatorische Politik, indem er die Bourgeoisie auf die Heimkunft der auf dem Rückmarsch befindlichen Heeresteile und selbst der Kriegsgefangenen vertröstete. Ende Dezember jedoch erpresste eine bewaffnete Demonstration rückständiger Regimenter von ihm die Zusage, dass die Wahlen zum 12. Januar anberaumt würden.[86]

In der Zwischenzeit wird die politische Situation noch unübersichtlicher. Eine neue Partei tritt auf den Plan:

Anfang Januar, nachdem durch den Austritt des Spartakusbundes aus der USPD und seine Fusion mit den »Internationalen Kommunisten« die »Kommunistische Partei Deutschlands (Spartakusbund)« gegründet war, konstituierten sich unter Leitung des Genossen Levien die aus meiner Initiative (ich muss das im Status der Verteidigung immerhin betonen) zusammengeschlossenen Revolutionäre zur Münchener Ortsgruppe der KPD. Jetzt begann eine äußerst regsame und fruchtbare Tätigkeit, die von Levien und mir in

---

86 Aus: Von Eisner bis Leviné, Berlin 1929

engster Verbindung miteinander und in schönster nachbarlicher Kameradschaft organisiert wurde. Viele Versammlungsplakate aus jener Zeit tragen als Einberufer die gemeinsame Unterschrift der KPD-Ortsgruppe und der VRI. In vielen Versammlungen traten Levien und ich nebeneinander als Referenten auf oder aber gleichzeitig in Parallelversammlungen, nachdem wir uns mündlich über den Inhalt unserer Referate verständigt hatten. Die »Vereinigung revolutionärer Internationalisten« war allmählich überflüssig geworden. Mir wurde die Möglichkeit zur propagandistischen Betätigung von der Kommunistischen Partei ausgiebig geboten. In zahlreichen ihrer Versammlungen wurde ich als ihr offizieller Redner aufgestellt, musste oftmals für den verhinderten Levien einspringen und wurde auch von der Partei zu Werbeversammlungen außerhalb Münchens fortgeschickt. Bei der revolutionären Arbeiterschaft waren Levien und ich, wie ich glaube, gleichmäßig populär, obwohl es durchaus bekannt war, dass ich nicht Mitglied der Partei geworden war.[87]

Mühsam ahnt zu diesem Zeitpunkt noch nicht, in welcher Geschwindigkeit die KPD für sich die Alleinvertretung der Interessen des Proletariats reklamieren und sich gegen alle anderen linken Strömungen wenden wird. Insofern begrüßt er die Entwicklung. Zwar lehnt er Parteistrukturen weiterhin ab, aber in der für ihn wichtigsten Frage zieht man zu diesem Zeitpunkt noch an einem Strang:

Die rapide Revolutionierung des Münchener Proletariats war nach meiner Überzeugung in erster Reihe der von den Kommunisten und Internationalisten übereinstimmend ausgegebenen Parole der Wahlabstinenz bei den bevorstehenden Wahlen zur deutschen und bayerischen Nationalversammlung zu danken. Die Gläubigkeit an die All-

---

87 Aus: Von Eisner bis Leviné, Berlin 1929

macht des Parlamentarismus war von der alten Sozialdemokratie so sehr zum Inhalt aller Politik gemacht worden, dass mit der Erkenntnis der Arbeiter, dass ihre früheren Führer Betrüger waren, zugleich die Einsicht aufging, dass das wichtigste Organ des Volksbetrugs eben die Parlamente seien. Indem wir das Wesen der Räterepublik dem der parlamentarischen Demokratie gegenüberstellten, gewannen wir den besten Teil des Proletariats, dessen wachsender revolutionärer Wille den stärksten Ausdruck fand in der hasserfüllten Verwerfung der Wählerei. Eisner hatte am 8. November in seiner ersten Proklamation die schleunige Einberufung der Nationalversammlung versprochen. Die Zusage wurde bald das Kampfgeschrei der sich allmählich sammelnden Reaktion. Die Parole: für oder gegen die Nationalversammlung! bezeichnete die Grenze zwischen der Bourgeoisie und dem revolutionären Proletariat. Ich habe keinen Zweifel, dass ein Beschluss des ersten Parteitages der KPD, dass die Partei an den Wahlen teilzunehmen hätte, mindestens in München den Zerfall der Ortsgruppe gleich beim Entstehen bewirkt hätte.[88]

Im Gegensatz zur diesbezüglich ambivalenten Haltung der KPD beruht Mühsams Agitation gegen die bevorstehenden Wahlen nicht auf taktischen Überlegungen. Während die neue Partei die Wahlen vor allem deshalb vermeiden will, weil sie keine Chance sieht, dabei einen nennenswerten Stimmenanteil für sich zu verbuchen, lehnt der Parteienverächter Mühsam den Parlamentarismus an sich kategorisch ab und sieht auch nach der Abdankung des Kaisers keinen Grund, seine schon Jahre vor dem Krieg formulierte Kritik daran zu relativieren:

Das Prinzip der Wahl ist ein durchaus demokratisches Prinzip. Es hat die Tendenz, aus der Volksseele einen Diagonalwillen zu destil-

---

88 Aus: Von Eisner bis Leviné, Berlin 1929

lieren. Jeder Wähler erkennt mit der Ausübung seines Rechts dieses Prinzip ausdrücklich an, das Prinzip der Berechtigung des Mehrheitswillens, das einzelne, selbständige Individuum zu unterdrücken, es den Beschlüssen der Majorität der aus der Majorisierung der Minoritäten hervorgegangenen Körperschaften gefügig zu machen, aus jeder Persönlichkeit eine Nummer im Gesamtbetriebe und aus jeder autonomen Regung eine Gefahr für das demokratische Ganze herzustellen.

Jeder Wähler ist ein Tröpfchen von dem Öl, das die große Staatsmaschine schmiert. Was er wählen darf, ist allein das Ölkännchen, aus dem er in das Räderwerk träufeln darf, und von dem je nach der Größe des Behälters ein Schuss mehr links oder ein Schuss mehr rechts in den Apparat gegossen wird, dessen Hauptwalze sicher und exakt funktioniert, unbeirrt darum, welche von den vielen Seitenrädchen sich etwas schneller und welche sich etwas langsamer um ihre Achse drehen. Die Stimmabgabe jedes einzelnen Wählers hat also für den Gang der Geschicke eines Volkes ebenso viel zu bedeuten, wie der Rauch einer Zigarre, der sich im weiten Raum einer Wolke beimischt, für den Niederschlag eines Gewitters.

Für den Psychologen sind alle Wähler konservativ. Sie haben ausnahmslos das Bestreben, in das Rädchen zu fließen, das dem mächtigen Staatsrad am schnellsten vorwärts hilft. Sie erkennen damit die Notwendigkeit des Bestehenden und den Wert seiner Erhaltung an. Im Gegensatz zur konservativen Partei steht ausschließlich die Gruppe der Nichtwähler, stehen die paar Individualisten, Anarchisten, Künstler und Skeptiker, die in der Staatswalze einen Apparat erkennen, die Persönlichkeit durch die Masse zu wälzen und in jedem ihrer Räder ein Instrument, die Individualität, deren ein Riemen habhaft werden kann, zu rädern.[89]

---

[89] Aus: Zur Naturgeschichte des Wählers, Die Fackel, 9. Jahrgang, Nr. 223, Wien April 1907

Im Vorfeld der nun anstehenden Wahlen veröffentlicht Mühsam im Kain daher einen Boykottaufruf:

Männer und Frauen!

Wählt nicht zum bayerischen Landtag! Wählt nicht zur deutschen Nationalversammlung! Boykottiert die Wahlen!
 Die Wahlen bezwecken die Wiederausrichtung des alten Systems. Sie bezwecken die Ausschaltung der Arbeiter, Soldaten und Bauernrate, der wichtigsten Errungenschaft der Revolution. Es ist wahr, dass die Räte noch eine andere, revolutionärere, ihrer eigenen Kraft bewusstere Zusammensetzung bekommen müssen, als sie bis jetzt haben. Durch die ständige Überwachung ihrer Arbeit jedoch durch das schaffende Volk, durch die aus dem Fortgang der Revolution erwachsenden Anforderungen an ihre Leistungsfähigkeit wird eine ständige Reinigung sich von selbst ergeben. Das unterscheidet eben das Rätesystem vom hergebrachten Parlamentarismus, dass hier keine Delegierten für Jahre hinaus mit unbeschränkten Vollmachten eingesetzt werden können. Die Arbeiter-, Soldaten- und Bauernräte wollen und sollen kein »Nebenparlament« bilden. Sie sollen der wahre Ausdruck der Revolution und darüber hinaus der lebendige Organismus der sozialistischen Gesellschaft sein und bleiben. Jeder Landtag, jede Nationalversammlung kann nur reaktionär wirken, da die Beeinflussung der Wähler dank der bis jetzt völlig in den Anfängen stecken gebliebenen Revolution doch ausschließlich der vom Kapital abhängigen Tagespresse, dem noch ganz in alten Gewaltvorstellungen befangenen Offiziers- und Beamtenkorps, der Kirche und der Gewerkschaftsbürokratie anheimgegeben ist.
 Der bürgerliche Parlamentarismus ist mit dem Kriege, an dem er

die Hauptschuld trägt, zusammengebrochen. Ihn wiederherstellen, heißt die Revolution verraten!
Wählt nicht! Die Forderung der Revolutionäre heißt:
Alle Macht den Arbeiter-, Soldaten- und Bauernräten!⁹⁰

Obwohl Ministerpräsident Eisner selbst den Zeitpunkt der Wahl für verfrüht hält, erkennt er die Gefahr, die für ihn in diesem Boykottaufruf liegt. Denn unter den eine Räterepublik favorisierenden Revolutionären sind auch viele seiner USPD-Genossen. Überstürzt entscheidet er sich, auf Konfrontation zu setzen:

Da Eisner von uns Störungen des Wahlakts und der Vorbereitungen dazu befürchtete, schritt er am 10. Januar 1919 zu einer Gewaltaktion. Er ließ in der Frühe des Tages die führenden Persönlichkeiten der KPD und des RAR verhaften, im Ganzen zwölf Personen, darunter auch Levien und mich. Mit diesem Unternehmen holte er sich eine entscheidende Niederlage und vernichtete bei der radikalisierten Masse Sympathien, die ihm seiner entschlossenen und persönlich tapferen Haltung beim Januarstreik und bei der Novemberrevolution wegen überreich entgegengebracht wurden. Eine spontane Riesendemonstration zog vor das Ministerium des Auswärtigen und verlangte unsere Freigabe. Eisner wollte sie um keinen Preis zugeben, verweigerte sogar zuerst, mit dem Sprecher der Masse zu verhandeln. Schließlich erzwang sich der Matrose Rudolf Egelhofer, der spätere Oberkommandierende der Roten Armee, den Zutritt, indem er von außen am Hause emporkletterte und durchs Fenster in Eisners Arbeitszimmer eindrang. Angesichts der bedrohlichen Haltung der Menge musste darauf Eisner unsere sofortige Freilassung anordnen. In der Volksversammlung, in der die Masse uns erwartete, wurden

---

90 Aus: Kain. Zeitschrift für Menschlichkeit, 5. Jahrgang; Nr. 3, München 7. Januar 1919

wir mit ungeheuren Ovationen empfangen. Eisner hatte verspielt. Die revolutionäre Arbeiterschaft sagte sich von ihm los, während die Reaktion sich längst wieder stark genug fühlte, um auch ihrerseits gegen den immerhin unbequemen Ministerpräsidenten Sturm zu laufen, um seinen Platz mit dem zu jeder proletarierfeindlichen Schandtat bereiten Auer zu besetzen.

Der Hass der Bourgeoisie gegen Eisner strömte aus anderen Quellen als aus der Furcht vor seinem sozialistischen Radikalismus. Er war nationalistisch begründet. Denn Eisner hatte sich die ganze Phraseologie der Entente gegen die Boches zu eigen gemacht und bekämpfte durchaus nicht den Kapitalismus in dem Lande, in dem er die Gewalt übernommen hatte, sondern den Militarismus, die Pressekorruption (der er gleichwohl nicht zu Leibe zu gehen wagte), die bürokratische Verstocktheit, die Geheimdiplomatie und die Selbstgerechtigkeit, lauter Dinge, die mit Recht zu bekämpfen waren, auf die Eisners Angriffe aber von den orthodoxen Nationalisten als höchst kränkend und gefährlich empfunden wurden. Zu Eisners politischer Charakteristik sei angemerkt, dass er in seiner ersten Proklamation eine tiefe Verbeugung vor dem »großen Patrioten« Clemenceau[91] exekutierte und dass er dann in völliger Konsequenz seines subjektiv durchaus lauteren Wilsonismus bayerische Dokumente zur Belastung Deutschlands in der Kriegsschuldfrage publizierte. Als »Sozialisten« brauchten ihn Bayerns Kapitalisten in keiner Weise zu fürchten. Schon in den ersten Tagen seiner Herrschaft hatte er eine Erklärung veröffentlicht, die die Kapitalisten völlig darüber beruhigte, dass es auf einen Angriff gegen ihr Ausbeuterinteresse abgesehen sein könnte. Eisner tat darin nämlich die Auffassung kund, dass an Sozialisierung nicht zu denken sei, solange nichts zum Sozialisieren vorhanden sei. Er stellte sich also

---

91 Georges Clemenceau, Mitglied der linksbürgerlichen Parti radical und französischer Ministerpräsident von 1917 bis 1920.

auf den Standpunkt, dass der im Weltkrieg zusammengebrochene Kapitalismus sich erst wieder erholen und zur höchsten Blüte entfalten müsse, um dann mechanisch in den Sozialismus »hineinzuwachsen«.

Auch sonst hätten die Bürger mit ihm zufrieden sein können. In einem seiner Erlasse berief er alle Offiziere und hohen Beamten, die das Volk vertrieben hatte, auf ihre Posten zurück. Bei der Bekämpfung des Bolschewismus ließ er dem Minister Auer, dem die Polizei unterstand, freie Hand. So erlebten wir es, dass unsere Plakate verboten, unsere Flugzettelverbreiter verhaftet wurden, während die Liga zur Bekämpfung des Bolschewismus ihre zu Pogromen aufreizende Propaganda ungestört betreiben konnte. Die beiden anderen mehrheitssozialistischen Minister gingen ihrem Kollegen Auer getreulich zur Hand, indem Herr Timm, dem die Justiz unterstellt war, die alten politischen Paragraphen des monarchistischen Strafgesetzbuches gegen Revolutionäre wirksam machte und Herr Roßhaupter[92], der Minister für militärische Angelegenheiten, sich von den Wittelsbacher Offizieren als Vollzugsorgan der Reaktion gegen die Soldatenräte missbrauchen ließ.[93]

Das Ergebnis der Landtagswahlen am 12. Januar 1919 zeigt, dass aus dem immer weiter ausgreifenden politischen Spagat Eisners inzwischen eine Blutgrätsche gegen sich selbst geworden ist. Die bürgerlich-kapitalistische und zum rechten Rand hin weit offene Bayerische Volkspartei wird mit 35 Prozent stärkste Kraft, die SPD landet mit 33 Prozent knapp dahinter. Gerade mal 2,5 Prozent stimmen für Eisners USPD, dessen Tage als Ministerpräsident damit gezählt sind. Dieser Wahlausgang mag auf den ersten Blick wie ein Sieg der reaktionären Kräfte

---

92 Albert Roßhaupter (SPD) war schon vor dem Krieg ein enger Vertrauter Erhard Auers.
93 Aus: Von Eisner bis Leviné, Berlin 1929

erscheinen, aber die Wahl ist nicht wirklich repräsentativ, denn Kommunisten und Anarchisten sind ihr ferngeblieben und sehen sich darin nun auch bestätigt. Die von ihnen dominierten Räte bestehen auch nach der Wahl als mit dem Landtag konkurrierendes Machtzentrum weiter, die Revolution ist noch nicht an ihrem Ende, und den auf einen Fortbestand des alten Reiches (nur ohne Kaiser und König) setzenden Kräften in Bayern dämmert langsam, dass dieses Ziel mit Wahlen allein nicht zu erreichen ist.

In Berlin ist man bereits einen Schritt weiter: Die sowohl mit der Obersten Heeresleitung als auch dem reaktionären Bürgertum offen paktierenden Sozialdemokraten haben schon seit Jahresbeginn reaktionäre Freikorpsverbände um die Hauptstadt zusammenziehen lassen. Als Antwort auf einen spontanen Generalstreik, der als Spartakusaufstand in die Geschichte eingehen wird, übergibt nun der Vorsitzende des Rats der Volksbeauftragten Friedrich Ebert den Oberbefehl über diese irregulären Truppen an seinen von humanistischen Skrupeln gänzlich ungeplagten Parteifreund Gustav Noske (»Meinetwegen! Einer muss den Bluthund machen! Ich scheue die Verantwortung nicht!«). Noske begnügt sich allerdings nicht damit, die Streikenden zusammenschießen zu lassen, er will den Widerstand gegen die regierenden Sozialdemokraten gleichsam enthaupten. Das Entsetzen über diese neue Eskalationsstufe ergreift auch den bislang wenig nach Berlin schielenden Erich Mühsam:

Karl Liebknecht – Rosa Luxemburg

Eine grauenvolle Schandtat ist geschehen. Die Christusgeschichte hat eine entsetzliche Wiederholung erfahren. Mit gesträubten Haaren, mit tränenden Augen, mit brennender Scham vor der Nachwelt, sind wir, deren Herz und Geist vom Herzen und vom Geist Karl Liebknechts und Rosa Luxemburg ist, Zeugen des Verbrechens, das den deutschen Namen tiefer und schimpflicher ächtet, als selbst die Gräuel, an denen das deutsche Volk vier furchtbare Kriegsjahre hindurch sich mitschuldig machen ließ.

Diese vier Jahre lang war das Volk verblendet von gehässigen Lügen, mit denen die Führer und Oberen die ausländischen Opfer ihres ruchlosen Ehrgeizes schuldig sein ließen an der eigenen Not, verblendet von den Siegen, die ihm als Triumph einer gerechten Sache ungerecht gemacht wurden, verblendet von dem Wahn, das Vertrauen zu den Despoten und Generälen werde einen Frieden schaffen der alle Entbehrungen und Qualen wettmachen und eine Zukunft in ruhiger Sicherheit gewährleisten werde.

Die Stunde des Erwachens kam. Erschreckt, verwirrt stand das deutsche Volk vor den Scherben seines militärischen Ruhms und erkannte, dass die recht hatten, die anklagend und warnend den imperialistischen Drang des Kapitals und den Machtwahnsinn des deutschen Militarismus für allen Jammer des Weltkrieges verantwortlich gemacht hatten, und die nicht müde geworden waren, als Rettung aus allen Schrecknissen und als einzige Möglichkeit, ihre Ursachen auszutilgen, die soziale Revolution zu predigen. Die Vordersten aber unter diesen Mahnern und Rufern, die Tapfersten während der ganzen Kriegszeit und die von den Militaristen und Kapitalisten Gehasstesten und von Verfolgungen Bedrängtesten waren Karl Liebknecht und Rosa Luxemburg.

Karl Liebknecht war der erste deutsche Abgeordnete, der sich weigerte, dem Mordsystem der Hohenzollern Kredite zu gewähren, der erste der gegen das Verbrechen des belgischen Neutralitätsbruches öffentlich Protest erhob. Geschmäht vom ganzen Volk – wie wenige waren wir am Anfang des Krieges, die erkennend neben Liebknecht und Luxemburg litten! –, kujoniert von den Vorgesetzten – man hatte den gefürchteten und gehassten Mann als Schipper eingezogen –, verleugnet und abgeschüttelt von den eigenen Parteigenossen, die sich des Starken schämten, den der Glaube an Sozialismus und Internationale auch angesichts ihres schmählichen Verrats nicht verließ, schließlich um seiner Überzeugung willen von den Vertretern der Bourgeoisie im Parlament tätlich misshandelt und den Schergen der brutalsten Klassenjustiz ausgeliefert, hielt er stand im Zuchthaus und ergriff, als er es nach 2 ½ Jahren verlassen konnte, die rote Fahne, mit der er dem endlich zur Revolution erhobenen Volk anfeuernd und zielgebend voranschritt.

Rosa Luxemburg war die beseelte Flamme der Revolution. Das wussten ihre Feinde. Von den ersten Kriegswochen an hielt man sie darum eingesperrt. Von Gefängnis zu Gefängnis musste sie den kleinen schwachen Körper schleppen. Sie ertrug stark und tapfer alle Kränkungen, alle Entbehrungen, im sicheren Vertrauen auf den Tag der Erlösung durch den Zusammenbruch der Militärwirtschaft und durch den Aufstand des Volkes. Der Tag kam und die beiden Befreiten übernahmen miteinander die Führung der Revolution. In unermüdlicher Arbeit, ohne sich zu schonen, ohne Widerstände zu fürchten, erfüllt vom Wissen um den Sozialismus, vom Willen zur Völkerfreiheit taten sie ihre Pflicht als Revolutionäre und als wahre Freunde des Volkes.

Nun sind sie gefallen, schändlich ermordet, gelyncht von der entfesselten Bestie der Gegenrevolution. Beide am gleichen Tage niedergemetzelt – von wem? Die Noske, Ebert und Scheidemann werden ihr Hände in Unschuld waschen und vielleicht die Militärs verantwortlich machen wollen, die sie herbeigerufen haben, ihre erbärmliche Macht gegen Sozialismus und Weltgewissen zu schützen. Die Militärs aber werden die Schuld auf den Mob schieben, gegen dessen Mordwut man zwei Revolutionäre an verschieden Stellen zu verschiedenen Tageszeiten nicht zu schützen vermochte. Ach, die schuldbeladene

Majestät Wilhelms II. zu schirmen, haben sich die preußischen Militärs immer stark genug gefühlt! An ihnen und an ihren »sozialistischen« Auftraggebern bleibt die Schuld hängen, die furchtbarste Schuld, die je zu verantworten war.

Aber gleich schuldig ist das deutsche Volk, das deutsche Proletariat, soweit es nicht zur Schar der Liebknecht-Luxemburg selbst gehörte. Arbeiter in Soldatenröcken haben den schrecklichen Kampf geführt gegen die Verteidiger der Revolution im »Vorwärts«-Gebäude und am Polizeipräsidium. Arbeiter und Arbeiterfrauen haben die mordgierige Meute gestellt, die den schon gefangenen Liebknecht brutalisierte, die der ohnmächtigen Frau Luxemburg den tötenden Schuss versetzte, die noch ihre viehische Lust an der Leiche der Kämpferin weidete.

Wie viel Flüche sind den Toten in ganz Deutschland am Tage ihrer Ermordung nachgesandt worden! Wie viel hämische Freude an der schauervollen Tat ist laut geworden! An seinen selbstlosesten Befreiern, an den Heilanden seines Rechts und seiner Zukunft ist das deutsche Volk selbst zum Mörder und zum Verräter geworden.

Die Schmach ist unnennbar groß. Nur eine Sühne gibt es: Das Vermächtnis Karl Liebknechts und Rosa Luxemburgs zu hüten, ihren Kampf durchzukämpfen, die Revolution zu heiligen durch ihre Durchführung, bis Freiheit und Sozialismus gesichert ist. Hüllt die Leiber der Entschlafenen in rotes Fahnentuch und lasst uns an ihrer Bahre das Gelöbnis ablegen:

Wir wollen kämpfen bis zum Siege der Weltrevolution – das schwören wir Euch, unseren geliebten Freunden und Führern, Euch unvergesslichen und unsterblichen Karl Liebknecht und Rosa Luxemburg![94]

---

94 Aus: Kain. Zeitschrift für Menschlichkeit, 5. Jahrgang; Nr. 4, München 21. Januar 1919

Liebknecht und Luxemburg sind jedoch nur die prominentesten Opfer einer großangelegten Säuberungsaktion, mit der die provisorische Reichsregierung die Revolution in der Hauptstadt ein für alle Mal beenden will:

Berlin und München

Berlin schwimmt in Blut. Die sozialdemokratischen Mitschuldigen am Krieg, die gewissenlosen Schrittmacher des preußischen Militarismus, die an der Revolution keinen anderen Anteil hatten, als dass sie sich zu ihren Nutznießern machten, haben den Kampf gegen die sozialistische Revolution mit allen Mitteln des blutigen Terrorismus aufgenommen. Die reaktionäre Haltung der Herren Ebert und Scheidemann in allen Fragen, die die Sicherung der Revolution betreffen, bewies von den ersten Tagen an, dass diese Leute den Zweck der Revolution darin erfüllt sehen, dass sie die Macht repräsentieren. Sie machten sich lieb Kind bei den Vertretern des alten Systems, erwarben sich das Vertrauen des Bürgertums, der Beamtenschaft und des Offizierskorps und ließen sich von Hindenburg und den Seinen als die einzigen und wahren Vollstrecker des deutschen Volkswillens bestätigen. Hindenburg hatte ja vier Jahre hindurch von ihnen die gleiche Gefälligkeit erwiesen bekommen.

Es ist klar, dass der Sturz dieser verwegenen Demagogen um des Sozialismus willen unumgängliche Notwendigkeit wurde. Aber es zeigte sich, dass sie ihre am 9. November erschlichene Stellung (die Revolution selbst hat sie gewiss nicht an die Spitze des Volkes getragen, die war nur zu vertrauensselig, um sie mit den übrigen Systemhütern des Hohenzollernregimes wegzublasen), – dass sie ihre Macht ebenso hartnäckig und rücksichtslos zu halten entschlossen waren, wie vorher die, deren Schleppenträger sie gespielt hatten. Nachdem sie den Matrosenmord im Schloss und Marstall verübt und ihre Opfer mit Hilfe der ihnen – wie vorher den Ludendorffs – rückhaltlos willfährigen Presse (zwischen »Kreuzzeitung« und »Vorwärts« gab's wie anno 1914 keinen Unterschied mehr) als Plünderer, Räuber und Mörder aller Welt verleumdet hatten, veranstalteten sie den organisierten Bürgerkrieg gegen alle, die den Sozialismus als notwendiges Ziel der Revolution erkannt hatten.

Berlin schwimmt in Blut. Proletarier sind in Massen für ihre Idee, für ihren Willen zum Sozialismus, für ihren heroischen Kampf um Gerechtigkeit und Menschlichkeit ermordet worden. Ermordet mit allen den schauerlichen Maschinen, mit denen die kapitalistischen und militärischen Verbrecher des Weltkrieges die deutsche Schreckensherrschaft über Europa und die Welt aufzurichten versuchten, mit Granaten und Minen, mit griechischem Feuer und giftigen Gasen. Ermordet von denen, die sie selbst lange Jahre hindurch als ihre Führer verehrten, denen sie vertrauten, die sie als Lehrer und Vorkämpfer des Sozialismus ansahen.

Trauer und Grauen erfüllt jedes fühlende Herz. Kein Nero, kein Robespierre, kein Galliffet[95], kein Ludendorff darf schimpflicheren Mordes angeklagt werden, als die bluttriefenden Sozialistenschlächter Ebert, Scheidemann und Noske. Nie hat die Welt einen Verrat erlebt, der aus so niedrigen Motiven kam, der so scheußliche Formen hatte wie der Verrat dieser »Genossen« an allem, was sie je als ihre Ideale öffentlich verkündet hatten. Alle Schreckensmänner vor ihnen kämpften gegen Feinde ihrer Gesinnung, – diese ließen die Feinde ihrer Gesinnungslosigkeit niedermetzeln. Sie, die Bekenner des kommunistischen Manifests, warben ihre Helfer aus allen Lagern, wo sie den Hass gegen das Volk und seine Ansprüche gesammelt wussten. Sie

---

95 Der französische General Gaston de Galliffet leitete die Niederschlagung der Pariser Kommune.

bewaffneten Offiziere und nationale Studenten gegen die revolutionäre Arbeiterschaft, sie verbündeten sich dem Kapitalismus und dem royalistischen Beamtentum, sie gaben Prinzen und Generälen, die das Handwerk des Massenmords in vier Jahren des ruhmvollen Elends meisterhaft gelernt hatten, den Befehl über die Kanonen und Flammenwerfer, die misleitete, von den Lügen ihrer Oberen und einer nichtswürdigen Presse verwirrte Soldaten gegen ihre von lauterstem Willen beseelten Volksgenossen richteten. So haben die Mordmaschinen der Ebert, Scheidemann und Noske einen Sieg über den Geist des Sozialismus und der Revolution errungen, der den Siegern einen wenig beneidenswerten Platz in der Geschichte sichert.

Vorerst mögen sie sich ihrer Schandtat freuen. Der Jubel, mit dem die Bourgeoispresse und ihr voran der »Vorwärts« und die übrigen sozialdemokratischen Parteiblätter über den Leichen der ermordeten Arbeiter triumphieren, sei ihnen vergönnt. Ein wahrer Blutrausch hat die Gemüter ergriffen, die ihren Kapitalzins jetzt gerettet glauben. Die gefühlvollen Seelen, die uns Radikale Tag für Tag als blutrünstige Plünderer und Mordbrenner angeklagt haben, weiden sich in Orgien roher Schadenfreude an den Todesqualen derer, die für ihre Sehnsucht, für ihres und des Volkes Wohlfahrt den Kampf bis zum Ende führten. Sie sind beglückt, dass gefangene Spartakisten von ihren Bezwingern unter den vertierten Zurufen der Ordnungsbestie einfach niedergemacht wurden (die »Münchner Neuesten Nachrichten« meinen: »Sie wurden nach Gebühr behandelt«. Wir wollen uns das Wort merken). Über den von Arbeiterblut dampfenden Straßen Berlins kreischt das hysterische Siegesgebell der vereinigten Konterrevolution, der Börsianer und Junker, der Offiziere und Pfaffen, des Pressgelichters und der kaiserlich-imperialistischen Sozialdemokratie. Sie alle, die Besiegten im Weltkrieg, haben die erste Rache genommen an den Landsleuten, die die Niedertracht dieser Zinswächter des Kapitalismus durchschaut hatten. Sie werden sich ihres Sieges nicht lange freuen. Auf Verbrechen kann sich keine Macht lange stützen. Bald genug wird sich zeigen, dass die Helfer der Ebert und Noske ganz andere Gedanken hatten, als diesen Halunken das Kommando zu retten. Bald genug werden sie mit den Waffen, die sie aus den Händen der sozialdemokratischen Regierung empfingen, versuchen, die »Ruhe und Ordnung« wieder herzustellen, die wir vor der Revolution hatten, die sich auf die Diktatur der Polizei und des Militärs, auf Zuchthaus und Standrecht stützt, die »Ruhe und Ordnung«, die ihnen den Heldennimbus der großen Zeit bescherte. Dann werden sich die Scheidemänner wieder umschauen nach dem Proletariat und von ihm Hilfe erwarten. Aber wo sie sich zeigen, möge ihnen überall, wo Revolutionäre und Sozialisten ihr reines Ziel verfolgen, der Ruf entgegen gellen: Verräter!! Mörder!! – Ohne sie, gegen sie wird der Sozialismus nach ihrem Sturz sein Ziel erreichen.

Berlin schwimmt in Blut. In München hat der konterrevolutionäre Schneid der Eisnerschen Politik erst dreiviertel Dutzend Menschen zur Strecke gebracht, und das waren keine Kämpfer für Sozialismus und Freiheit, sondern harmlose Passanten, unbeteiligte an Revolution und Meinungsfreiheit, bedauernswerte Opfer nervösen Übereifers, der um ihre »revolutionären Errungenschaften« besorgten Prokuristen Kurt Eisners. (...) Am 10. Januar hatte er den Kasernen Befehl zur äußersten Bereitschaft gegeben, hatte abends Absperrungen treffen lassen, bei deren Verletzung sofort scharf geschossen worden wäre und hatte in Stadelheim sogar außer zahlreichen Maschinengewehren ein Flachbahngeschütz auffahren lassen. Dass die derart nervös gemachten Soldaten (...) zu jeder Gewalttat prädestiniert waren, ist klar. Es zeigte sich am Abend des Tages am Bahnhof, als die jungen Burschen, die man dort zur Bedienung der Maschinengewehre aufgestellt hatte, völlig unprovoziert in die Masse harmloser, an gar keine Demonstration denkender Menschen hineinschossen. Über das Resultat – 6 Tote, 15 Verwundete – mag Herr Eisner einmal nachdenken, wenn er fähig sein sollte, den selbstgeflochtenen Glorienschein einmal ein Viertelstündchen von seinem realpolitischen Denkerhaupt zu entfernen. Ich zweifle freilich daran, dass ihm noch ein Rest ungetrübten Überlegens geblieben ist, hat er doch selbst vor einigen Tagen erklärt, er verstehe nicht, was die Revolution nach der Revolution noch solle.

Nach der Revolution! Herr Eisner glaubt also, dass die Revolution damit beendet sei, dass er, seine Dürftigkeit Kurt Eisner, bayerischer Ministerpräsident geworden sei. Nein, Verehrter, damit hat die Revolution ihren Zweck nicht erfüllt. Die Revolution geht weiter, und ihr Verlauf muss darüber entscheiden, ob Sie von dem durch Ihre »freiheitliche« Regierungskunst wieder mächtig gewordenen Pfaffen- und Offiziersklüngel vom Postament gestoßen werden oder von uns, die wir Sie als lächerlichen, unfähigen und obendrein gewissenlosen Phrasendrescher erkannt haben. Wohin Sie gehören, haben Sie ja selber eingesehen, da Sie in diesem Augenblick, wo Berlin in dem Arbeiterblut schwimmt, das die Hohenzollernsozialisten zum Heil des Kapitalismus vergossen haben, Ihre »Unabhängigkeit« diesen Ordnungsfanatikern zum gemeinsamen Kampf gegen die konsequenten Sozialisten demütig zu Füßen legen. Die Reaktion hat sich geeinigt bis zum letzten Mann. Revolutionäre, erkennt eure Pflicht![96]

Tatsächlich gibt das Berliner Beispiel auch den bayerischen Sozialdemokraten Auftrieb, und sie beginnen verstärkt gegen die Räte vorzugehen:

Nach den Wahlen, die für Eisners Partei eine katastrophale Niederlage, für die »Auerochsen« (so nannte ich die Mehrheitssozialdemokraten gern in Versammlungen) einen triumphalen Erfolg brachten, verschärfte sich die revolutionäre Gärung in den Massen gewaltig. Zwei

---

96 Aus: Kain. Zeitschrift für Menschlichkeit, 5. Jahrgang; Nr. 4, München 21. Januar 1919

Ereignisse trieben die Spannung auf die Spitze. Roßhaupter übertrug den Offizieren des alten Regimes wieder Rechte, die ihnen die Soldatenräte einfach auslieferten, und kündigte überdies an, dass er die Soldatenräte überhaupt aufzulösen gedenke, da sie angesichts der bevorstehenden Liquidierung der gesamten Heeresmacht überflüssig geworden seien. Eigenartigerweise fand der Militärminister bei diesem reaktionären Walten den stärksten Halt beim Landessoldatenrat selbst. Als Anfang Februar der radikale Teil des Münchener Arbeiterrats eine Deputation in die Tagung des Landessoldatenrats entsandte und durch mich die Absetzung Roßhaupters verlangte, wurden wir von dieser Korporation glatt abgewiesen. In den Kasernen jedoch und der Arbeiterschaft war die Spannung dieses Anschlags auf die Revolution wegen ungeheuer.

Das andere Ereignis war die Folge einer Rede, die Genosse Levien, den wir inzwischen ebenfalls in den RAR kooptiert hatten, im Münchener Arbeiterrat gehalten hatte. Er hatte dabei zum entscheidenden Kampf gegen die Bourgeoisie aufgerufen, der »Auge in Auge, Brust an Brust« geführt werden müsse. Die Wirkung war seine Verhaftung auf Grund des Aufreizungsparagraphen des alten Strafgesetzbuches. Der RAR veranlasste eine besondere Sitzung des Münchener Arbeiterrats, der einstimmig beschloss, die Freilassung Leviens energisch zu fordern. Eine Deputation, die sofort zum Staatsanwalt geschickt wurde, kam unverrichteter Dinge zurück, da der Herr grade im Kino sei. Darauf wurde eine Deputation aus drei Mitgliedern des RAR gewählt, die am Tage darauf beim Justizminister Timm vorstellig wurde und mit Massenkundgebungen drohen sollte (die Deputation bestand aus den Genossen Landauer und Hagemeister[97] und mir).

---

97 August Hagemeister ist USPD-Mitglied und ein enger Vertrauter Mühsams. Er wird später gemeinsam mit ihm verhaftet werden, als Gefangener zur KPD übertreten und 1923 an einer durch die Haftbedingungen verursachten Herzkrankheit sterben.

Herr Timm verschanzte sich hinter seinen Staatsanwalt, der sein Untergebener war, und gab keine Zusage, entließ aber am Nachmittage desselben Tages trotzdem Levien aus der Haft, da er einsehen musste, dass die Folgen seiner Weigerung für ihn und das ganze Kabinett Eisner bedrohlich werden mussten.

Dies war am 9. Februar, einem denkwürdigen Tage der bayerischen Revolution. Für den Abend war wieder der Münchener Arbeiterrat im Deutschen Theater zusammenberufen. Am Nachmittag vorher beriet in den Räumen des Reichsrats im Landtagsgebäude der RAR die Lage und beschloss, den Münchener Arbeiterrat zur Veranstaltung einer Riesendemonstration aufzufordern. Während dieser Verhandlungen betrat Genosse Levien, direkt vom Gefängnis kommend, das Sitzungszimmer. Es wurde jetzt auf Landauers Anregung hin beschlossen, dass wir in geschlossenem Zuge mit der roten Fahne zum Deutschen Theater marschieren und in den Saal, wo der Münchener Arbeiterrat versammelt war, einziehen sollten. Das geschah. Wegen der Bedeutung der Sitzung – handelte es sich doch um die Verteidigung des Grundrechts der freien Meinungsäußerung – waren die Vertrauensleute der Münchener Betriebe eingeladen worden, der Sitzung des Arbeiterrats beizuwohnen. Sie füllten die Tribünen des Erdgeschosses und des ersten Stockwerks, während die Galerie im zweiten Stock dicht besetzt war von Kommunisten. Als der »Revolutionäre Arbeiterrat«, Levien unter der roten Fahne an der Spitze, in geschlossenem Zuge in den Saal einrückte, brach auf den Tribünen frenetischer Jubel los. Die Sitzung selbst verlief äußerst dramatisch. Levien hielt eine zündende Rede, in der er betonte, dass man ihn zwar aus Angst vor der Wut des Proletariats jetzt freigelassen habe, dass aber das Strafverfahren gegen ihn weitergeführt werde. Während dem zeigten mir zwei Genossen Vorladungen vor den Untersuchungsrichter als Zeugen in einer Strafsache gegen mich, aus denen hervorging, dass die Regierung jetzt nach zwei Monaten noch wegen der Besetzung der Zeitungen am 6. Dezember einen Landfriedensbruchs-Prozess inszenieren wollte. Ich teilte das der Versammlung mit, und nun wurde stürmisch eine Demonstration verlangt, die die Zusicherung von der Regierung erzwingen sollte, die alten politischen Strafbestimmungen unter keinen Umständen gegen Revolutionäre anzuwenden. Die Debatte über die Demonstration verlief sehr erregt, und als wir Radikalen verlangten, dass zugleich die Abdankung Auers, Timms und Roßhaupters sowie die Nichteinberufung der Nationalversammlung verlangt werden sollte, entstand ein Tumult, bei dem die Sozialdemokraten, die die große Mehrheit des Münchener Arbeiterrats bildeten, unter Protest den Saal verließen. In diesem Moment sprang Landauer auf den Vorstandstisch und forderte die Vertrauensleute der Betriebe auf, als die wahren Vertreter des Proletariats sogleich die freigewordenen Sitze einzunehmen. Unter dem brausenden Beifall der Tribünen und während ich am Rednerpult die rote Fahne schwenkte, vollzog sich die Umgruppierung. Darauf wurde der einmütige Beschluss gefasst, die Demonstration am 16. Februar stattfinden zu lassen. Sie sollte als positive Forderung die Nichtanwendung der politischen Paragraphen durchsetzen und im Übrigen die revolutionäre Entschlossenheit des Proletariats der Regierung und dem ganzen Volk vor Augen führen.[98]

Aus heutiger Perspektive nimmt es wunder, dass die bayerischen Räte – allen voran: Erich Mühsam – sich weiterhin so energisch und optimistisch für die Vollendung der Revolution einsetzen. Denn die schlechten Nachrichten aus dem Reich reißen nicht ab:

---

98 Aus: Von Eisner bis Leviné, Berlin 1929

Trauer und Wut

Niederlage auf Niederlage, Unglück auf Unglück. Die Konterrevolution in Deutschland triumphiert auf der ganzen Linie. Trauer und Wut erfüllt unsere Herzen, mit Trauer und Wut räumen wir eine Position nach der anderen, mit Trauer und Wut bekennen wir uns zu unseren Idealen, leisten wir den Schwur, ihnen treu zu bleiben, für sie zu kämpfen, und, wenn es sein muss, zu sterben. Trauer und Wut – seit dem Märtyrertod Karl Liebknechts und Rosa Luxemburgs sind das die Empfindungen, mit denen wir werbend und Mut machend unter die Massen treten, um ihnen zu sagen, dass nichts verloren ist, dass nichts verloren gehen kann, dass Sozialismus und Weltrevolution im Anmarsch sind, und dass alle Ströme und Blut und Barrikaden von Rebellenleichen, mit denen die machthabenden Verbrecher ihren Weg zu sperren versuchen, sie nicht aufhalten werden. (...)

»Wie lange wird es dauern, bis sich die neue Freiwilligen-Armee statt gegen Polen oder Russen gegen die Proletarier in Bremen, Braunschweig und Düsseldorf in Bewegung setzen wird?« – Diesen Satz schrieb ich vor acht Tagen an dieser Stelle. Inzwischen hat Herr Noske seinen Sieg über die Bremer Genossen bereits gebucht. In Bremen hatten sich am 11. Januar die vereinigten Radikalen (Kommunisten und Unabhängige) in den Besitz der Macht gebracht. Senat und Bürgerschaft wurden suspendiert, eine Räteregierung, repräsentiert durch Volksbeauftragte, trat an ihre Stelle. Die Entwaffnung der Offiziere wurde durchgeführt, das Proletariat übernahm den Sicherheitsdienst. Energisch, glatt, unblutig wurde die Organisation der Gesellschaft auf die rasche Überführung zu sozialistischen Prinzipien umgestellt. Die Arbeit ging in Ruhe weiter, die Sicherheit war nicht bedroht.

Doch! Die Sicherheit war bedroht. Die Sicherheit nämlich der Berliner Herren, die allein auf der Suggestion beruhte, dass ohne Bajonettschutz hohenzollerntreuer Soldaten und Offiziere in Deutschland kein Bürgerleben mehr ungefährdet sei, und dass die Herrschaft von Kommunisten gleichbedeutend sei mit Raub, Plünderung, Brandstiftung und Mord. Die neue Ordnung in Bremen als sichtbarer Beweis des Gegenteils musste dieser Suggestion auf die Dauer die Stütze nehmen und dadurch die Sicherheit der Ebert-Scheidemann-Noske auf dem Blutgerüst, das sie sich als Thron zurechtgezimmert haben, ernstlich bedrohen. Darum entsandte Herr Noske aus Preußisch-Berlin ein Freiwilligenheer, die Division Gerstenberg[99], zur kriegerischen Bezwingung gegen die Freie Hansestadt Bremen. Ein Vorwand wurde rasch herbei gelogen. Angeblich sollte die sozialistische Regierung der Stadt die Schiffe, die nach Amerika abfahren sollten, um Lebensmittel einzuholen, zurückhalten. Zwar konnten die Herren Scheidemann nebst Anhang diese Behauptung selbst nicht länger als ein paar Stunden aufrecht halten. Da musste es eben die Gerechtigkeit der Staatshäupter tun, die sich gekränkt fühlte, weil eine »kleine Minderheit« in Bremen die überwältigende Mehrheit terrorisiere.

Bis jetzt galt die Kriegführung gegen ein Gebiet um seiner Staatsform willen gerade bei Sozialdemokraten immer als unstatthafte Einmischung in fremde Angelegenheiten. Sozialdemokratische Geschichtsschreiber pflegen den Krieg Europas gegen die französische Revolution 1792 als infames Verbrechen zu kennzeichnen. Zudem gehört doch wohl zu der Behauptung, die Diktatur des Proletariats sei die Herrschaft einer kleinen Minderheit ein ungewöhnliches Maß demagogischer Verlogenheit. Das alles machte aber nichts aus. Herr Gerstenberg und Herr Ebert waren einig darin, dass man eine sozialistische Kommune in Blut ersticken müsse. So trugen denn die Soldaten, die vier Jahre lang die Schrecken des Krieges von deutschen Städten und Gefilden ferngehalten hatten, den Brand und die Gewalt gegen eine

---

99 Bernhard Wilhelm Gerstenberg war im Krieg Generalmajor gewesen und hatte sich nach Kriegsende dem Freikorps Landesschützenkorps angeschlossen.

der ältesten und schönsten Siedlungen deutscher Kultur. Die Bremer Volksbeauftragen wollten Blutvergießen vermeiden. Sie verhandelten. Sie gaben nach. Sie trugen ihren Rücktritt an und schlugen eine Koalitionsregierung nach Maßgabe des Verhältnisses vor, das sich bei den Wahlen zu A.- und S.-Räten ergeben hatte. Sie wollten also um des Friedens willen den verräterischen Mehrheitlern eine Übermacht in der Regierung zuerkennen. Die Offiziere, Oberst Gerstenberg und Leutnant Pritzelwitz, waren einverstanden. Ihnen genügten die Bedingungen der Kommunisten. Nicht so den Berliner Regierungs-»Sozialisten«. Sie befahlen Angriff, befahlen Sturm, befahlen Blut. Sie wollten ein Exempel statuieren, wollten den Sozialismus selbst brechen, da, wo er am stärksten war, wo er sein Fundament errichtet hatte. Und auf Befehl Noskes und seiner Blutkollegen wurde das alte Bremen aus deutschen Kanonen mit deutschen Granaten beschossen, wurde der tapfere Widerstand der Bremer Proletarier überwunden, zogen preußische Weißgardisten in die Hochburg der Freiheit ein.

Sie haben gesiegt, die Verräter in Berlin. Sie triumphieren. Sie glauben, die Bekenner des kommunistischen Manifests, den Kommunismus zu zertreten. Sie sind im Irrtum. Trauer und Wut klagen an den Leichen der gefallenen Genossen, an den Trümmern eines erhabenen Anfangs. Aber Trauer und Wut rüsten schon allenthalben zur Gegenwehr. Hamburg wird lebendig. Überall regt sich neuer Geist, neuer Wille, neue Tatkraft. Aus Trauer und Wut wächst Stärke und Mut. Wehe denen, die ihr Volk verraten! Die Revolution ist nicht tot. Sie brodelt und gärt. Eines Tages wird sie wieder da sein, stärker denn je und wird aufräumen unter den Halunken, die jetzt aus dem Blut der Sozialisten ihr Postament leimen wollen. Die Revolution lebt. Bald wird sie auferstehen aus Trauer und Wut und sich erst schlafen legen, wenn ihr Bett im Wohlstand des Sozialismus aufgeschlagen ist.[100]

---

100 Aus: Kain. Zeitschrift für Menschlichkeit, 5. Jahrgang; Nr. 6, München 15. Februar 1919

So betroffen Mühsam hier auch klingt, er glaubt weiterhin an eine Sonderrolle Bayerns und ist ebenso wenig bereit aufzugeben wie der zwar abgewählte, aber weiterhin amtierende Ministerpräsident Eisner, der nun seinerseits eine neue Machtbasis sucht:

In diesen Tagen trat in München zum ersten Mal der allgemeine bayerische Rätekongress zusammen, dessen Hauptaufgabe war, seine Kompetenzen gegen den zum 21. Februar zusammenberufenen Landtag festzulegen. Der RAR war durch zehn Mitglieder in diesem Kongress vertreten, zu denen auch ich gehörte. Eisner war gerade vom Berner Sozialistenkongress zurückgekehrt, wo er den Sozialverrätern der Ententeländer eine Reu- und Bittrede für die Aufnahme Deutschlands in den Völkerbund und in seine sozialistische Dependance, die Zweite Internationale, gehalten hatte. Mit dieser Rede hatte er sich zwar die Gunst Renaudels[101] und seiner Genossen erworben, aber den Hass der deutschen Nationalisten in einem Maße zugezogen, dass sein Leben verwirkt war. Die reaktionäre Presse, deren »Freiheit« er trotz unserer immer wiederholten Warnungen unangetastet ließ, beschuldigte ihn verleumderischerweise, die Franzosen in der Zurückhaltung der deutschen Kriegsgefangenen bestärkt zu haben (das Gegenteil war der Fall), und in Studenten- und Offizierskreisen wurde offen zu seiner Ermordung aufgefordert. Während der Zeit seiner Abwesenheit war aber auch innerhalb seines eigenen Kabinetts eine raffinierte Intrige gegen ihn angesponnen worden. Kaum von Bern zurückgekehrt, kam Eisner dahinter, dass seine von ihm auf ihre Posten berufenen rechtssozialistischen Amtskollegen Auer und Roßhaupter bereits eine neue Ministerliste fertig hatten, in der Auer das Präsidium führte, Eisner aber und seine beiden unabhängigen Helfer,

---

101 Pierre Narcisse Renaudel ist ein nicht-marxistischer französischer Sozialist und Jaurès-Anhänger.

der Minister für soziale Fürsorge Unterleitner und der Finanzminister Jaffé (der weitaus fähigste Kopf des Kabinetts Eisner), ausgeschifft waren. Im Rätekongress deckte Eisner diese Machenschaften unter starken Ausfällen gegen seinen anwesenden Ministerkollegen Roßhaupter öffentlich auf, stellte sich aber am nächsten Tage, nach einer Ministerratssitzung, in der das Kabinett beschlossen hatte zusammenzubleiben, nachdem Landauer Roßhaupter als »Noske-Affen« bezeichnet hatte, wieder schützend vor diesen »seinen Freund«, was ich zum Anlass nahm, die Beseitigung des ganzen Ministeriums und seine Ersetzung durch eine revolutionäre Körperschaft zu verlangen. Der »Revolutionäre Arbeiterrat« betrieb inzwischen mit großem Eifer die Vorbereitungen für die Demonstration in dem Bestreben, ihr einen unzweideutigen revolutionären Charakter zu geben. Es war nämlich bekannt geworden, dass die Rechtssozialisten sich beteiligen wollten, um für »Demokratie«, »Ruhe und Ordnung« und Parlament Stimmung zu machen. Die Partei- und Gewerkschaftsführer sahen jedoch rechtzeitig ein, dass die Stimmung der Massen gegen sie war, und die »Auerochsen« wurden kommandiert, zu Hause zu bleiben. Eisner dagegen, der, solange es ging, versucht hatte, die ganze Kundgebung zu vereiteln, sah, dass seine Autorität beim Proletariat erschüttert war, und entschloss sich, um seiner revolutionären Tendenz die Spitze abzubrechen, sich selbst als Spitze dem Umzug voranzustellen. Damit wollte er zwei Vorteile auf einmal erzielen: erstens aus der Protestaktion gegen seine Regierung eine Vertrauenskundgebung für sich selbst zu machen, zweitens – angesichts der Treibereien seiner rechtssozialistischen Kabinettsgefährten gegen ihn – seine Popularität bei den Massen zu festigen, um für den Fall seines Sturzes, der nach dem Ausfall der Wahlen binnen kurzem zu erwarten stand, Anschluss bei der radikalen Opposition zu finden.

Eisners Absichten misslangen in jeder Hinsicht. Als sich am 16. Februar die Massen zu einer Demonstration auf der Theresienwiese sammelten, wie sie München nie gesehen hatte, erschien er allerdings im offenen Auto. Die Ovationen, die er erwartete, blieben jedoch aus, und er konnte den Geist, der das Proletariat erfüllte, an den Aufschriften der Plakate erkennen, die der RAR verteilte und um die sich die Männer und Frauen scharten. Einige dieser Aufschriften mögen zeigen, unter was für Parolen der Zug sich in Bewegung setzte – und die Rufe der Menge, ihr Gesang und ihr Verhalten bewies, dass sie die roten Fahnen, die massenhaft mitgetragen wurden, nur unter diesen Parolen als ihr Symbol betrachteten. Da las man:

»Gedenkt Karl Liebknechts und Rosa Luxemburgs!«

»Alle Macht den A.-, B.- und S.-Räten!«

»Das souveräne Volk lässt sich von keinem Staatsanwalt seine Revolution verbieten!«

»Hoch Lenin und Trotzki!«

»Lasst Euch durch Schwätzer nicht vertreten, Selbst herrscht das Volk in seinen Räten!«

»Die Arbeiter- und Soldatenräte tanzen nicht nach der Landtagsflöte!«

»Arbeiterblut ist genug geflossen – Entwaffnet die weißen Garden, Genossen!«

»Acht Tage noch so weiter leiern, und Bluthund Noske schießt in Bayern!«

»Nieder die Diktatur des Kapitalismus! Hoch die Diktatur des Sozialismus!«

Von den öffentlichen Gebäuden in ganz München wehten die roten Fahnen, ebenso von vielen Privathäusern, an denen der Zug vorbeikam. Es mögen etwa 15 000 Personen daran teilgenommen haben. Die Sektionen der KPD bildeten allein einen ganzen Zug. Mehrere Regimenter der Münchener Garnison stellten geschlossene Formationen. Die Schwerverwundeten wurden in Wagen mitgefahren. Viele Mitglieder des Rätekongresses beteiligten sich, diverse Betriebe waren durch Abordnungen vertreten. Der »Revolutionäre Arbeiterrat« als Organisator des Ganzen trug ein mächtiges revolutionäres Emblem vor sich her und wurde stürmisch begrüßt. Eisner aber fuhr an der Spitze dieses gegen seine eigene Politik demonstrierenden Zuges und kam sich dabei selbst so deplatziert vor, dass er auf halbem Wege sein Auto schwenken ließ und dann mit dem Minister Unterleitner und Jaffé im Deutschen Theater die Abordnung der Massen erwartete, als deren Sprecher Landauer die Forderungen des Proletariats vortrug. Der Zug durchzog inzwischen unter gewaltigen Hochrufen auf Sowjetrussland und den Bolschewismus und Flüchen auf Noske, Auer, Scheidemann, Roßhaupter, die Presse und die Bourgeoisie die Hauptstraßen der Stadt. Vor dem Kriegsministerium, aus dem riesige rote Fahnen herabhingen, ertönten besonders von den Soldaten wilde Rufe: Nieder mit Roßhaupter!, die aus den Fenstern seines eigenen Ministeriums lebhaftes Echo fanden. Am Spätnachmittag traf der Zug wieder auf der Theresienwiese ein, wohin der Bescheid auf die Forderungen gebracht werden sollte. Eisner hatte zugesagt, dass die Strafverfolgungen gegen Levien und mich eingestellt würden und dass er sich im Ministerrat für die Ausschaltung der politischen Paragraphen aus dem Strafgesetzbuch einsetzen wolle. Der positive Ertrag der Demonstration war also dürftig, und die Masse zeigte Lust, sich nicht damit zufriedenzugeben, sondern vor Eisners Ministerium zu ziehen. Nach einer kurzen Besprechung einiger Mitglieder des RAR und der KPD kamen wir indessen überein, die Demonstration in Anbetracht der eingebrochenen Dunkelheit und um den ungeheuren Eindruck, den die passive und bürgerliche Bevölkerung zweifellos von der Kundgebung empfangen hatte, nicht durch eine in ihrem Ausgange sehr zweifelhafte Fortsetzung zu vermindern, zum Heimgehen aufzufordern. Levien und ich hielten die Schlussansprachen, in denen wir die Notwendigkeit betonten, den Kampf gegen die Regierung Eisner fortzusetzen, und Hochs auf die proletarische Weltrevolution ausbrachten.

Der Rätekongress beendete in den nächsten Tagen seine Arbeiten, die darin bestanden, dem Landtag, der am 21. Februar im selben Saal zusammentreten sollte, alle seine Befugnisse zu übertragen. Auf eine Anzapfung unserer Genossen, welche Aufgaben er denn eigentlich den Arbeiterräten zuweisen wolle, erwiderte Eisner (das war, wenn ich mich nicht täusche, am 18. Februar, dem letzten Tage, an dem ich ihn sah), er wolle alle öffentlichen Wirtschaften zwingen, fortan einen einheitlichen Speisezettel zu führen, und dem Arbeiterrat die Kontrolle der Durchführung überlassen. Ich erwiderte ihm, dass ich mich schon jetzt auf die Menüs im Nebenzimmer des Regina-Palast-Hotels freue, dass wir Revolutionäre jedoch vom Ministerpräsidenten andere Maßnahmen verlangten, um das wirtschaftliche Leben Bayerns zu heben, als derartige Späße, und erhob unter dem Beifall der Tribüne die Forderung, Eisner solle sofort ohne Rücksicht auf Berlin die diplomatischen Beziehungen zu Sowjetrussland aufnehmen, um auf diese Weise womöglich auch zu wirtschaftlichen Beziehungen zu gelangen. Hierauf gab Eisner keine Antwort. Ich führe die Episode aber an, um zu zeigen, welcher Horizont damals den Blick eines führenden und zu riesigem Einfluss gelangten unabhängigen Sozialisten umgab. Sein Streben war von Anfang an darauf gerichtet, den Einfluss der Räte immer mehr einzuschränken und ihre Tätigkeit zu völliger Bedeutungslosigkeit zu verurteilen. Seine Stellung Sowjetrussland gegenüber hatte sich seit der Kerenskizeit in nichts geändert. Bei der schon erwähnten Vorladung vor den RAR im Januar, bei der ich als Sprecher gewählt war, hatte ich Eisner auch die bestimmt formulierte Frage vorgelegt, wie er sich das künftige Verhältnis seiner Regierung zu Russland denke. Die Antwort lautete wörtlich: »Ich unterhalte keine Beziehungen zu einer Regierung, die mit Millionen arbeitet.«[102]

---

102 Aus: Von Eisner bis Leviné, Berlin 1929

Mühsam dagegen setzt inzwischen immer stärker auf das sowjetische Beispiel. Obgleich vieles, was ihm aus Russland zu Ohren kommt, ganz und gar nicht im Sinne seines »Anarchismus des Herzens« ist, lässt ihn der siegreiche Verlauf der dortigen Revolution auch für Bayern auf ein gutes Ende hoffen:

Bolschewismus

Den einen der Inbegriff alles Entsetzlichen, aller Gewaltsamkeit, aller Auflösung von Recht, Ordnung, Gesittung, Kultur – den andern die Hoffnung auf Glück, Freiheit, Erlösung, beseligtes Menschentum: so schwankt das Urteil über den »Bolschewismus« in der Meinung der Zeitgenossen. Furcht vor dem Elend der Zukunft und Vertrauen zur Errettung aus dem Elend der Gegenwart bestimmen die Empfindungen, mit denen die Menschen die neue Lehre aufnehmen, die von Osten her ihre roten Strahlen in die Nacht des vom Kriege zerrütteten Europas sendet. Hier soll die Frage erörtert werden: Welche Aussichten bietet der Bolschewismus der begonnenen Revolution in Deutschland? Was hat das deutsche Volk vom Bolschewismus zu erhoffen, was zu befürchten?

Die Verwendung des Wortes Bolschewismus als Bürgerschreck kann außerhalb der Betrachtung bleiben. Derartige Versuche einer gewissenlosen politischen Demagogie, mit der Verfälschung bestimmter Begriffe zu Schlagworten ganz wesensferner Tendenzen das Urteil der Urteilslosen zu trüben, sind zu allen Zeiten unternommen worden und haben nie mehr bewirkt als Verhetzung und Verbitterung, als zeitweise Vergiftung der Leidenschaften, die den Sieg einer geistigen Idee allenfalls verzögern, aber niemals dauernd verhindern können. So hat man die Gedanken des Liberalismus und der Demokratie, der

Freimaurerei und des Sozialismus durch verdächtigende Anwendung des Wortes verlästert, so gilt das Wort Anarchismus noch heute bei den Gläubigen der Zeitungsverleumdung als Bezeichnung einer verbrecherischen Gesinnung. Mit denen, die unter Bolschewismus die Lust am Massenmord, an Raub, Plünderung, Brandstiftung und jeglicher Brutalität verstehen zu sollen glauben, erübrigt sich eine Auseinandersetzung.

Dabei soll gar nicht geleugnet werden, dass die Kämpfe, die in Russland um den Bolschewismus geführt worden sind, viel Schrecken und viel Gräuel mit sich gebracht haben, und es wäre ganz müßig, untersuchen zu wollen, ob die Bolschewiki oder ihre Widersacher größere Blutschuld auf sich geladen haben. Wer mit der Waffe streitet, hat mit seinem Gewissen Gericht zu halten, ob das Recht, das er verficht, Menschenleben aufwiegt. (...) Ganz abgesehen davon, dass die Berichte, die hierüber aus Russland zu uns kommen, fast ausschließlich aus verdächtigen und tendenziösen Quellen springen, darf das Wesen der bolschewistischen Bewegung nie und nimmer nach ihren Krampfzuckungen beurteilt werden, so wenig die Schrecken, die mit der großen französischen Revolution verbunden waren, als entscheidende Merkmale dieser gewaltigen sittlichen Erhebung bewertet werden dürfen. Aber, wie gesagt, von den wirklichen Vorgängen in Russland soweit sie den physischen Kampf repräsentieren, wissen, wir gar nichts Zuverlässiges. Die Informationen, die uns zuteilwerden, sind zum größten Teil ganz unkontrollierbar und die feuilletonistischen Stimmungsberichte samt und sonders an westeuropäischen Redaktionspulten zum Gräulichmachen des Publikums erfunden. Was wir hingegen beurteilen können, ist der ideologische Gehalt des Bolschewismus. Was wir erkennen und voraussagen können, ist, dass die Eruption des durch den Weltkrieg geschaffenen Vulkans der sozialen Revolution und die Überschüttung des Erdballs mit dem Lavastrom bolschewistischer Ideen eine Weltwende einleitet, deren unermessliche

Bedeutung nicht geringer ist als der Geschichtseinschnitt, der durch die Lehre des Christentums oder durch die Völkerwanderung bewirkt wurde. (...)

Die Bolschewiki, die für Russland das Werk des Neuaufbaues auf den Trümmern des Kapitalismus mit ihren revolutionären Machtmitteln in die Hand nahmen, waren also auf ganz neue, in der Geschichte unerprobte Methoden angewiesen, zu denen sie auch bei Marx außer Stichworten keinen Anhalt fanden. Daraus ergab sich ganz von selbst ein Verlassen der historisch-materialistischen Richtlinien ihres Handelns und die Einstellung der Aktionen auf Ethos und Intuition. Weniger vielleicht aus der ursprünglichen Absicht seiner Lehrer und Führer als aus der Sehnsucht des mystischen Vorstellungen sehr zugeneigten russischen Volkes füllte sich der Begriff des Bolschewismus mit religiöser Weihe, wuchs es über den Wert einer sozialistischen Idee hoch hinaus und wurde zum Glauben, zum Bekenntnis eine Volkes, dessen Gläubigkeit von den früheren Götzen Zar und Kirche rettungslos enttäuscht war. Es ist freilich wahr, dass die neue religiöse Erfülltheit ihren ersten Ausdruck im Niederreißen, im Zerstören und wohl auch in mancher Art Gewalt suchte. Aber gerade die Sucht, ehrfurchtlos an alle Vorrechte, an den ererbten Wohlstand der Reichen Hand anzulegen, zeigt den Willen, das Grab des Kapitalismus in eiferndem Fanatismus ganz zuzuschütten, ehe über ihm das völlig neue Glück der Menschheit errichtet würde. Michael Bakunin sagt: »Die Lust am Zerstören ist eine schaffende Lust«, – so haben sie die Bilderstürmer des Mittelalters empfunden, so müssen auch die aus dem Drange nach Gleichheit und Gerechtigkeit geborenen Angriffe der Bolschewiki gegen den Besitz der Bevorrechteten verstanden werden.

Russland war, als es im März 1917 in die Revolution eintrat, noch kein besiegtes Land. Im Gegenteil war einer der stärksten Antriebe zum Aufstand der Verdacht gegen den Hof, er gehe mit Sonderfrie-

densabsichten um und wolle so den weltgemeinsamen Krieg gegen den zentraleuropäischen militärischen Machtwahn verraten. Die Ära Kerenski war ganz auf die Idee eingestellt, die ewige Bedrohung des Weltfriedens durch den preußischen Militarismus müsse mit allen Mitteln seiner eigenen Methode und im Bunde mit allen Mächten der Welt ohne Bedenklichkeit wegen ihres imperialistischen Charakters gebrochen werden. Dagegen standen die Bolschewiki auf. Sie verwarfen jede Untersuchung der Schuldfrage, spitzten das Problem auf die einfache Formel zu: die Internationale der Ausgebeuteten nehme den Kampf auf gegen die Internationale der Ausbeuter – und sabotierten mit bewusster Absicht die kriegerische Widerstandfähigkeit des eigenen Landes. (...) Der Sieg der Besiegten ist Tatsache, weil das Besiegtsein selbst von dem herrlichen russischen Volk als Tugend und Wert begriffen ist, und weil der völlig durchfurchte Acker des Sozialismus zur Verfügung steht. Dieser Aufbau hat begonnen. Aus dem Nichts erwachsen Schätze des Reichtums, die Organisation einer neuen Gesellschaft ist in sichtbarer Entwicklung, und ist auch noch vieles in Chaos und im Stadium des Versuchs, so wissen unsere russischen Freunde, dass die Rettung aus aller Not erst aus der Gemeinsamkeit der sozialen Revolution in allen Ländern erstehen kann. (...)
Die provisorischen Nutznießer der deutschen Revolution, die sozialdemokratischen Staatsretter in Berlin, München und anderswo haben von dieser Entwicklungsnotwendigkeit noch keinen Hauch empfunden. Sie lassen bürgerlich-verrottete Parlamente nach Weimar und in die Landeshauptstädte berufen, sie verbinden sich mit den Schiffbrüchigen des alten Systems, um aus dem Wrack des monarchistischen Schiffes ein manövrierfähiges republikanisches Fahrzeug zusammenzuflicken. (...) Der Kapitalismus hat abgewirtschaftet. Man kann seinen Leichnam noch kurze Zeit galvanisieren, aber sein katastrophaler Ruin ist sicher. Wer den Einsturz des kapitalistischen Gesellschaftsbodens fürchtet, der hat recht, wenn er sich gegen den Bol-

schewismus wehrt, wenn ihm auch die Abwehr nichts helfen kann. Wer aber Sozialist ist, nicht dem Wort nach, sondern im Geiste und in der Seele, der hat vom Bolschewismus alles Heil, alle Zukunft zu erhoffen. (...) [103]

Erst einmal muss aber die bayerische Revolution gerettet werden:

Der Rätekongress tagte noch bis zum 20. Februar. Da ich der Überzeugung war, dass irgendwie Bedeutungsvolles bei den Beratungen nicht mehr zutage gefördert werden könne, da außerdem die revolutionären Organisationen den Beschluss gefasst hatten, den Landtag vorerst ungestört zusammentreten zu lassen, reiste ich am 19. Februar zu einer Agitationsreise nach Baden ab, wohin mich die Spartakisten in Mannheim und Heidelberg eingeladen hatten. An diesem 19. Februar wagte die Reaktion zum ersten Male eine offene Gewaltaktion gegen die Revolution, indem eine Anzahl eigens von Norddeutschland herbeigerufener Matrosen, angeblich »zum Schutz des Landtages«, einen Putsch gegen den Rätekongress unternahmen, um das Landtagsgebäude zu besetzen. Der Anschlag wurde verhindert. Es besteht sehr viel Ursache zu der Annahme, dass der eigentliche Veranlasser dieses Unternehmens kein anderer war als der rechtssozialistische Minister des Innern Auer. Über den Verlauf dieser Aktion im Einzelnen gehe ich hinweg, da ich Wert darauf lege, in diesem Zusammenhange nur Dinge zu schildern, für die ich als Beteiligter oder Augenzeuge persönlich einstehen kann.[104]

Dieser versuchte Putsch ist erst der Auftakt. Nicht nur die Sozialdemokraten um ihren Anführer Auer, auch außerparlamentarische re-

---
103 Aus: Kain. Zeitschrift für Menschlichkeit, 5. Jahrgang; Nr. 7, München 5. März 1919
104 Aus: Von Eisner bis Leviné, Berlin 1929

aktionäre Kräfte, wie die antisemitischen Nationalisten der Thule-Gesellschaft, sehen nun die Chance gekommen, die Revolution ein für alle Mal zu beenden. Der Schlag, den sie nun ausführen, ist tödlich, geht aber im größeren Sinne doch daneben:

Ein Ende und ein Anfang

Der zweite Akt der deutschen Revolution hat begonnen. Wieder in München. Bayern gibt dem übrigen Deutschland das Beispiel, das das ganze Reich verpflichtet, das am meisten Bayern selbst verpflichtet. Den Auftakt zu der neuen Revolution gab der Feind. Mit einem gewagten, aber schlecht organisierten Putsch versuchte er am 19. Februar die versammelten A.-, B.- und S-Räte zu sprengen. Mit einer elenden, aber wohl vorbereiteten Mordtat schlug er zwei Tage darauf dem Provisorium vom 7. November den Kopf ab und bewirkte die Sprengung des eben zusammentretenden Landtags, den er retten wollte. Kurt Eisner fiel von der Hand eines grässlichen Hüters monarchistisch-autokratischer Traditionen. Eine Reflexhandlung des im tiefsten verwundeten revolutionären Gewissens ließ Eisners Antipoden im Ministerrat, den Mehrheits-Sozialdemokraten Auer, der den bayerischen Revolutionären von jeher als Träger aller reaktionär-demokratischen Tendenzen galt, für die Tat des jungen Aristokraten büßen, streckte blindlings andere nieder, die in die Schusslinie des Rächers traten. Kurt Eisners Tod erschüttert auch den, der seine Wege nicht mehr mitgehen konnte. Hier sind dem Ermordeten harte, bittere Worte gesagt worden. Wer aber lesen kann, wird finden, dass sie aus verschmähter Liebe kamen, aus enttäuschter Hoffnung, aus Angst um den Getadelten selbst. Der Mann, der an der Novemberrevolution stärksten, entscheidenden Anteil hatte, der sich vor der Geschichte den Ruhm des Neuerers wie wenige andere erworben hatte, war kein Radikaler. Er war ein aufrechter, tapferer Revolutionsentzünder, ein fanatischer Kämpfer für sein eigenes Werk, aber kein Grundmauern-Einreißer. Der erste Akt der Revolution war ihm die Revolution selbst, der dramatische Teil der Historie schien ihm nur noch der Abrundung zu bedürfen, um dann den epischen der evolutionistischen Weiterentwicklung folgen lassen zu können. Sein eigener tragischer Tod hat diesen Traum zerstört. Als Kronzeugen seines eigenen Irrtums tragen wir Kurt Eisner zu Grabe, sagen wir ihm bewegt und dankbar, traurig und nachdenklich Lebewohl. Die Tat des Grafen Arco riss das in dreieinhalb Monaten wieder träge werdende Volk zur Besinnung zurück. Im Augenblick begriff es, dass die Kugeln, die den sichtbarsten Führer der Revolution töteten, nicht der Person Eisners, noch weniger der besonderen Richtung galten, die er vertrat, sondern der Revolution selbst. Und spontan tat es, was notwendig war. Der Generalstreik wurde proklamiert, der Belagerungszustand verhängt, das Proletariat bewaffnet und die Zeitungen festgesetzt. Manches davon, vor einem Vierteljahr durchgeführt und behauptet, hätte uns die Krämpfe dieser Stunden ersparen können. Jetzt aber darf es kein Zurück mehr geben. Jetzt gilt es der Gegenrevolution den Hals zuzudrücken, dass sie nie wieder zu Atem kommen darf. Man proklamiere sofort die Räterepublik, die kein Paktieren mit dem bürgerlichen Parlamentarismus mehr kennt. Man lasse die kapitalistisch monopolisierte »Freiheit« der Presse nicht wieder zur Seelenvergiftung und Mordanstiftung zu. Man unterbinde die Offiziers- und Studentenverschwörungen mit den radikalsten Mitteln der Volksdiktatur. Man expropriiere den Großgrundbesitz, entrechte das rententragende Kapital, beginne mit sozialistischer Arbeit in Stadt und Landgemeinden und scheue dabei nicht zurück vor der revolutionären Dekretierung weltstürzender Neuerungen. Man vertreibe alle verantwortlichen Persönlichkeiten des alten Systems von ihren Posten, pfeife auf den Bannfluch von Weimar und verbinde sich schnellstens mit den natürlichen Verbündeten der sozialistischen Revolution, mit den herrlichen Vorkämpfern der Weltbefreiung in Russland. Dann wird das Denkmal, das den späteren Generationen die Führergestalt Kurt Eisners als Pionier der deutschen Freiheit zeigen soll, zwar anders aussehen, als der selbst es sich vorgestellt hat, aber aus dem Samen, den er gestreut hat, wird ein Baum erwachsen, in dessen Rinde sein Name mit unvergänglicher Schrift eingeschnitten sein wird, und der Dank, mit dem die Nachwelt aller Völker sein Andenken segnen wird, wird ohne Ende sein.[105]

Am 21. Februar erfuhr ich in Mannheim von der Ermordung Eisners und unterbrach infolgedessen die Agitationsreise, konnte jedoch infolge der Störung des Eisenbahnverkehrs und da bei der Verwirrung in München auch kein Telefonanschluss zu erreichen war, durch den ich ein Auto oder Flugzeug hätte erhalten können, erst in der Frühe des 24. Februar dort eintreffen. Leider war auch Landauer während der Katastrophe von München abwesend gewesen, sodass unser Einfluss bei der Ergreifung der ersten Initiative nicht mehr zur Geltung kam. – Die Kenntnis der tatsächlichen Ereignisse setze ich voraus. Doch werden ein paar erklärende Hinweise willkommen sein. Eisner wurde bekanntlich auf dem Wege von seiner Amtswohnung zum Landtagsgebäude erschossen, als er – wie dann bekannt wurde – eben im Begriff war abzudanken und seine ganze Macht dem gegenrevolutionären Parlament auszuliefern. Übrigens war das Attentat nicht die selbständige Tat des Mörders Arco, wie es behauptet und vom Gericht als erwiesen angenommen wurde, sondern die Teilhandlung eines umfänglichen Komplotts, dem außer Eisner noch Landauer, Levien und ich zum Opfer fallen sollten. Am Tage vor der Tat

---

[105] Aus: Kain. Zeitschrift für Menschlichkeit, 5. Jahrgang; Nr. 7, München 5. März 1919

war nämlich ein Soldat bei meiner Frau gewesen, um zu warnen. Er habe als Ordonnanz in einer Offiziersmesse gehört, dass morgen (also am 21. Februar) zu mir ein Offizier in einfacher Soldatenuniform kommen solle, der gewiss nichts Gutes im Schilde führe. Dasselbe sei gegen Landauer und Levien geplant (von Eisner sprach der Mann nicht, nannte aber den Namen des Offiziers, der mich besuchen wolle). Da – wie die Verschwörer wohl erfahren haben werden – Landauer und ich verreist waren, Levien aber keine ständige Wohnung hatte und immer sehr schwer zu finden war, unterblieben weitere Anschläge. In der Tat vermochte die beschränkte Sippe, der der Graf Arco angehörte, gar nicht zwischen den grundsätzlich feindseligen Tendenzen zu unterscheiden, die Eisner von uns Kommunisten trennten. Das zeigte sich in dem Prozess gegen den Mörder, als er Eisner und mich wiederholt in einem Atemzuge nannte, in der Meinung, dass wir völlig einige Genossen gewesen wären. Somit charakterisierte sich der Mord als ein gegen die proletarische Revolution selbst gerichtetes Unternehmen, die eben Eisner durch seinen Tod vor dem Untergang, dem er sie auszuliefern im Begriffe stand, rettete.

Als Attentat auf die Revolution wurde die Bluttat denn auch vom Proletariat bewertet, und es war nur natürlich, dass im Augenblick nach seiner Ermordung sich alle Sympathien Eisner wieder zuwandten. Er war mit seinem Tode zum Symbol der bayerischen Revolution geworden, und der Drang nach Rache war am stärksten gerade bei den Kämpfern des Proletariats, die bisher Eisners Politik auf das erbittertste bekämpft hatten. Es war auch natürlich, dass sich dieser Drang im ersten Augenblick gegen das Parlament als solches wandte und ganz besonders gegen den Minister Auer. Dass Auer Eisner stürzen wollte, war allgemein bekannt, ebenso, dass er sich dazu der Unterstützung der gesamten Bourgeoisie versichert hatte. Es war ihm nachgewiesen worden, dass er in seiner Eigenschaft als Minister des Innern die Bewaffnung des reaktionärsten Teils der Bauernschaft veranlasst und organisiert hatte; ja er hatte in Gemeinschaft mit dem gleichfalls sozialdemokratischen Justizminister Timm an erster Stelle einen Aufruf unterzeichnet, der zur Bildung einer »Bürgerwehr«, also einer weißen Garde gegen das Proletariat, aufforderte. Der Verdacht, dass auch die Ermordung Eisners auf sein Konto zu setzen sei, war wahrscheinlich falsch, aber durchaus verständlich.[106]

Eben hatte die Nachricht von Eisners Ermordung die Sitzung des RAR erreicht und grenzenlose Wut bei den Genossen aufgepeitscht, die sich in dem einzigen Ruf »Auer! Rache an Auer!« Luft machte, da platzte auch schon die weitere Botschaft herein: Unten im Plenum spricht eben Auer, ausgerechnet Auer, den Nachruf für Eisner. Lindner[107] riss, seiner Sinne nicht mehr mächtig, seinen Revolver aus der Tasche, stieß die Genossen, die ihn zurückhalten wollten, zur Seite, stürzte in den Sitzungssaal des Landtags und schoss mehrere Schüsse auf Auer ab, der schwer verwundet wurde. Im gleichen Augenblick griff ein im Saal befindlicher Major Jahreis Lindner mit vorgehaltenem Revolver an, doch kam Lindner seinem Schuss zuvor und streckte den Offizier nieder; er war tot. Lindner ging ruhig seines Weges, die Entladung hatte sein heißes Blut gekühlt. Er entkam nach Ungarn, beteiligte sich dort an der Räterevolution, wurde bei einer Kurierreise in Österreich verhaftet und von der »sozialistischen« Regierung an Bayern ausgeliefert. Sein Prozess fand eine Woche vor dem des Grafen Arco statt. Dadurch konnte man ihm leichter die vorher beschlossene Zuchthausstrafe aufpacken. Obwohl seine Tat einfach die Reflexhandlung auf die Ermordung Eisners war und obwohl das Gericht selbst aus den Akten feststellte, dass er nach drei Monaten Militär-

---

[106] Aus: Von Eisner bis Leviné, Berlin 1929
[107] Der parteilose, aber der USPD nahestehende Alois Lindner gehörte im November 1918 zu den Gründern des Revolutionären Arbeiterrats.

dienst im Kriege wegen seiner »hochgradigen Reizbarkeit« wieder entlassen war, wurden seine Schüsse auf Auer als vorbedachte Tat, als Mordversuch angesehen, die in offenkundiger Notwehr erfolgte Tötung des Majors Jahreis aber soll vollendeter Totschlag gewesen sein. Das Urteil lautete auf vierzehn Jahre Zuchthaus und zehnjährigen Ehrverlust. Graf Arco aber wurde wegen Mordes formell zum Tode verurteilt, wobei ihm das Gericht seine ehrenhafte Gesinnung unter vielen Verbeugungen ausdrücklich bescheinigte, zu Festung begnadigt, die er in einer vergnüglichen Scheinhaft vier Jahre lang markieren durfte, und wird heute als offizieller Gast bei patriotischen Feiern der christkatholischen »Volks«partei von bayerischen Ministern begrüßt und gepriesen.[108]

So erschüttert Mühsam auch über den Tod seines Gegenspielers ist, er sieht zugleich die unerwartete Chance, die sich ihm durch das Attentat auf Eisner und die nachfolgenden Schüsse auf Auer eröffnet:

Eisner starb fünf Minuten von dem Parlamentsgebäude entfernt, in dem er seine am 7. November erkämpfte Macht in die Hände des Parlaments legen wollte, das die Liquidierung der Revolution als seine Aufgabe betrachtet. Er rettete mit seinem Tode die Revolution vor dem Versumpfen. Sein Untergang war seine letzte und größte revolutionäre Tat.

Die Schüsse, die wenige Minuten nach Eisners Ermordung im Landtag fielen, schreckten die Abgeordneten, die doch gerade jetzt als einzige souveräne Gewalt Bayerns in Frage kamen, wie eine von Hunden gejagte Hammelherde auseinander. Die Herren vertagten sich für unbestimmte Zeit, sie ließen das Land ohne Regierung, sie desertierten – und veranlassten dadurch die verachteten Räteorgani-

---

108 Aus: Seit sieben Jahren im Zuchthaus, Der Rote Helfer, 2. Jahrgang, Nr. 7, Berlin 1926

sationen, die Gesetzgebungs- und Vollzugsgewalt in die Hand zu nehmen. (...) Bayern war damit Räterepublik. Aber die Räte selbst merkten es nicht.[109]

Als ich am 24. Februar in München wieder eintraf, hoffte ich, dass der »Revolutionäre Arbeiterrat« als solcher die Regierung provisorisch übernommen hätte, bis auf Grund neuer revolutionärer Betriebswahlen ein neuer Rätekongress die Geschicke des von seinem feige auseinandergelaufenen Parlament im Stich gelassenen Landes weiter beschließen würde. In der Tat hatte der RAR zuerst völlig das Richtige getan: er hatte den Belagerungszustand über ganz Bayern verhängt, den Generalstreik proklamiert, die Zeitungen besetzen lassen, die dann unter schärfster Zensur erscheinen durften, und betrieb die Bewaffnung der Arbeiterschaft. Leider aber hatte er es unterlassen, den alten Zentralrat aufzulösen, diesem dadurch freie Hand gelassen, den früheren Rätekongress beschleunigt wieder einzuberufen. So hatten wir im Grunde wieder, was wir gehabt hatten: einen Arbeiter-, Bauern- und Soldatenräte-Kongress, der zwar diesmal, da das Ministerium nicht mehr existierte, die einzige souveräne Macht des Landes darstellte, der aber bei der Präponderanz der Mehrheitssozialisten im Zentralrat und im Kongress sich selbst nur als Platzhalter des bürgerlichen Parlaments und der von diesem einzusetzenden Regierung empfand.

Eisners Bestattung gestaltete sich zu einer ungeheuren, über das ganze Land greifenden revolutionären Demonstration. In allen Städten und Orten Bayerns mussten die Kirchenglocken geläutet werden und fanden Umzüge statt, an denen die Bourgeoisie in feiger Angst teilnahm. In München selbst bewegte sich ein endloser Zug mit roten Fahnen und Kranzschleifen von der Theresienwiese zum Ostfriedhof,

---

[109] Aus: Bayerns zweite Revolution, Kain. Zeitschrift für Menschlichkeit, 5. Jahrgang; Nr. 8, München 28. März 1919

wo die Trauerfeier und die Verbrennung stattfanden. Die USPD hatte von Berlin eine Abordnung entsandt, der Luise Zietz sowie Haase, Kautsky und Barth angehörten. Die drei ehemaligen Angehörigen der Regierung Scheidemann reisten unglücklicherweise nicht mit Frau Zietz nach Berlin zurück, sondern hielten es für nötig, ihre Weisheit noch befruchtend in den bayerischen Rätekongress zu ergießen. Sie legten mit ihrer Tätigkeit den Keim zu allem Unglück, das kurz nachher entstand.[110]

Die drei hier genannten Herren sind beileibe keine Unbekannten: Hugo Haase ist schon mehrfach erwähnt worden. Der ehemalige Vorsitzende der SPD – von 1911 bis 1913 gemeinsam mit August Bebel, anschließend bis 1916 an der Seite Friedrich Eberts – hatte 1917 die USPD gegründet und war dann am 10. November 1918 in Eberts provisorische Reichsregierung, den Rat der Volksbeauftragten, als gleichberechtigter Vorsitzender eingetreten. Auch Emil Barth und der bekannte Theoretiker Karl Kautsky hatten 1917 zu den Mitbegründern der USPD gehört und saßen anschließend im Rat der Volksbeauftragten. Außerdem hatte sich letzterer in seiner Schrift »Die Diktatur des Proletariats« deutlich als Gegner der Oktoberrevolution in Russland positioniert.

Es wird allerdings noch etwas dauern, bis sich die drei prominenten Sozialdemokraten tätig in die Arbeit des Rätekongresses einmischen. Erst einmal geht alles weiter wie gehabt:

Der Rätekongress erwies sich erst jetzt, wo er die ganze gesetzgebende Macht Bayerns repräsentierte, als das gänzlich hilflose und unentschlossene Gebilde, das nirgends Hand anzulegen, nirgends seinen Beschlüssen Nachdruck zu geben wagte. Ein Beispiel mag illustrieren,

---

110 Aus: Von Eisner bis Leviné, Berlin 1929

wie der Kongress seine Macht gebrauchte. Seit November hatte sich als Bahnhofskommandant ein gewisser Aschenbrenner etabliert, der mit seiner Abteilung der dem Stadtkommandanten Dürr (Mehrheitssozialist) unterstellten »Republikanischen Schutztruppe« am Bahnhof ein wahres Schreckensregiment eingerichtet hatte. Er ließ kommunistische Flugblattverbreiter festnehmen, die dann unter dem Vorwand, sie hätten geplündert, furchtbar geprügelt wurden. Diese Tätigkeit setzte er nach der Ermordung Eisners ungestört fort. Zwei junge Leute, die auf der Bahnhofswache misshandelt waren, wurden dem Kongress vorgeführt. Sie entblößten den Oberkörper und zeigten ihre Wunden und Striemen. Darauf wurde eine Deputation zu Aschenbrenner geschickt. Sie kehrte zurück, und ihr Sprecher, Genosse Dr. Wadler, brachte eines der Marterinstrumente mit, einen Peitschenstumpf, dessen bloßgelegtes inneres Drahtgestell zum Schlagen benutzt wurde. Die Empörung des Kongresses war ungeheuer. Die Entfernung Aschenbrenners von seinem Posten wurde beschlossen. Der Zentralrat, der den Beschluss auszuführen hatte, zeigte sich aber dazu außerstande. Aschenbrenner gab die freche Antwort, man möge ihn von seinem Posten wegholen. Er blieb. Wer im Rätekongress wusste, wohin gesteuert werden sollte, waren die Auerochsen, die mit allen Mitteln versuchten, »Ruhe und Ordnung«, das heißt also eine »rechtmäßige« demokratische Regierung, in der sie dominierten, wiederherzustellen, und auf der anderen Seite die wenigen Radikalen; das waren wir zehn Vertreter des RAR und die Vertreter der Arbeitslosen und der demobilisierten Soldaten, die ihre Vertretung im Kongress erzwungen hatten. Unsere zahlenmäßig äußerst schwache Position wurde stark gestützt durch die Tribüne, die unsere Reden mit kräftigen Zurufen ermunterte, und durch die Straße, das heißt durch permanent tagende, meist von den Arbeitslosen organisierte – Versammlungen, die den Kongress fast täglich durch Delegationen erschreckte, die äußerst präzise revolutionäre Forderungen stellten. Im Saale selbst fanden wir noch Unterstützung bei einem Teil der Unabhängigen und einer Minderheit der Bauernräte. Den entscheidenden Kern der Versammlung bildete die aus kompromisslerischen Unabhängigen und widerstrebend revolutionären Bauern zusammengesetzte Mehrheit. Die Soldatenräte waren größtenteils ganz reaktionär.[111]

Im täglichen Kleinklein der verschiedenen Fraktionen und der Mutlosigkeit der Mehrheit verstreicht so langsam die historische Chance, die sich durch die Flucht des Landtags nach den Attentaten auf Eisner und Auer ergeben hat. Mühsam und seine Genossen beschließen daher, nun endlich den entscheidenden Schritt zu wagen:

Räterepublik! Das war vom Tage des Todes Eisners an der Refrain aller Kundgebungen. Ein stürmisches Verlangen nach ihrer sofortigen Ausrufung machte sich im Proletariat geltend, und die Kommunistische Partei insbesondere erhob diese Massenforderung zu ihrer eigenen. Es wird aufgefallen sein, dass hier von der KPD im Allgemeinen wenig die Rede war. In der Tat hatte die Partei bisher ihre Tätigkeit ganz auf Agitation unter den Massen und Organisation in den eigenen Reihen beschränkt. Der Hass, der ihr dabei den Namen »Spartakisten« bei der Bourgeoisie zuzog, bewies, dass diese Arbeit fruchtbar war. Zu eigenem Handeln war die Ortsgruppe aber jedenfalls noch zu schwach. Politisches Eingreifen überließ sie daher stets dem RAR, dem ja Levien angehörte und der mindestens zur Hälfte aus Parteikommunisten bestand. Durch den RAR war demnach die Partei auch im Rätekongress vertreten. Außerdem gehörten einige Delegierte der Arbeiterräte aus den Landbezirken der KPD an, ohne sich jedoch im Kongress als Fraktion zusammenzuschließen.

---

111 Aus: Von Eisner bis Leviné, Berlin 1929

Das Drängen nach schleuniger Ausrufung der Räterepublik war um so verständlicher, als allerlei reaktionäre Machenschaften gleich wieder bemerkbar wurden, die es dem Proletariat nötig erscheinen ließen, die Macht selbst zu übernehmen. Zunächst war da die Sabotage der Bewaffnung des Proletariats. Dem Stadtkommandanten Dürr war aufgegeben, die Austeilung von Gewehren nach Betrieben zu veranlassen. Er tat fast nichts in dieser Sache, und die wenigen Waffen, die verteilt wurden, gerieten in die Hände ausgesuchter Mehrheitler, sodass die Gefahr entstand, die Verfügung über die Waffen werde schließlich bei den reaktionären Gewerkschaftsführern sein. Hierzu kam, dass der Zentralrat sich gleich nach Eisners Tod erweiterte, indem von der sozialdemokratischen Mehrheitspartei zwei Funktionäre der Gewerkschaften hinein entsandt wurden. Der RAR delegierte daraufhin auch seinerseits zwei Genossen in den Zentralrat: Levien und Hagemeister, die jedoch gleich wieder austreten mussten, da sich der Zentralrat unter dem Einfluss der Rechtssozialisten auf ein höchst zweideutiges Programm verpflichtete. Die Hauptsache aber, die das Misstrauen des Proletariats auf den Höhepunkt trieb, war die geheimnisvolle Tätigkeit der drei Berliner Unabhängigen. Eines Tages erschien Emil Barth auf der Rednertribüne des Rätekongresses und redete von der Notwendigkeit, sich wieder eine richtige Staatsordnung zu geben. Er kam dann auch als Gast in die Sitzung des RAR und wollte uns bewegen, doch von dem blödsinnigen Gedanken einer Räterepublik abzukommen. Man müsse diplomatisch vorgehen, dann erreiche man viel mehr und so weiter. Ich trat ihm sehr energisch entgegen, und er holte sich bei den Genossen des RAR die gründlichste Abfuhr. Inzwischen aber merkte man, dass hinter den Kulissen allerlei Schiebungen vor sich gingen. Die Sitzung des Rätekongresses musste unterbrochen werden, da die USPD eine wichtige Besprechung habe, und es wurde ruchbar, dass an dieser Besprechung die Herren Haase, Kautsky und Barth teilnahmen. Dann fand auch noch eine gemeinsame Konferenz der USPD mit den Rechtssozialisten statt. Es war klar, dass eine Überraschung geplant war.

Die kommunistische Agitation für die Räterepublik hatte inzwischen die Konterrevolution überaus nervös gemacht. Am 27. Februar wurden von Flugzeugen Zettel über München abgeworfen, die die Unterschriften des Nürnberger Stadtkommandanten Schneppenhorst[112] und Dr. Ewingers, des späteren Diktators Oberbayerns, trugen und besonders gegen Levien und mich scharfmachten. An diesem selben Tage trug sich dann ein Ereignis zu, das das Proletariat im äußersten Maße erregte. Während der Sitzung des Rätekongresses drangen plötzlich die Führer der »Republikanischen Schutztruppe« mit geschwungenen Pistolen und unter dem Ruf: »Hände hoch!« in den Saal. Levien und ich wurden herausgezerrt und unter Misshandlungen die Treppe heruntergestoßen. Ebenso wurde dann noch Landauer, der eben das Haus betrat, festgenommen und ferner noch Dr. Wadler, der Vertreter der Arbeitslosen Cronauer und der Delegierte der demobilisierten Soldaten Markus Reichert von der KPD. Wir sollten, wie dann bekannt wurde, verschleppt werden und als Geiseln für etwaige Aktionen des Proletariats dienen. Dass dieser Plan nicht zur Ausführung kam, dankten wir hauptsächlich dem Beistand der das Landtagsgebäude schützenden Abteilung der »Republikanischen Schutztruppe«, die von jeher vorzüglichen revolutionären Geist gezeigt hatte – das lag an der ständigen Berührung mit dem im Landtagsgebäude tagenden RAR – und sich nun anschickte, uns gegen die Gewalt ihrer Kameraden von den anderen Abteilungen der RS mit den Waffen zu verteidigen. Als die Situation aufs äußerste bedrohlich geworden war und ein Kampf unvermeidlich schien – schon

---

112 Ernst Schneppenhorst war einfacher SPD-Abgeordneter, bis er im November 1918 die Leitung des Generalkommandos des III. Bayerischen Armeekorps angetragen bekam. Im Folgenden wird er eine wesentliche Rolle für die Zerschlagung der Bayerischen Räterepublik spielen.

waren Maschinengewehre in Stellung gebracht –, kam vom Stadtkommandanten Gegenorder, und wir waren frei.

Der RAR beschloss jetzt im Einverständnis mit der KPD, den Rätekongress vor eine Entscheidung zu stellen, und ich erhielt den Auftrag, am nächsten Tag den Antrag einzubringen, Bayern zur Räterepublik auszurufen. Der Kongress sollte also aus dem Provisorium ein Definitivum machen, zugleich sollte das Proletariat selbst in Aktion treten, die Waffen nehmen, die Ämter säubern, Betriebsräte neu wählen und das Sowjetsystem unter proletarischer Diktatur verwirklichen. Ich begründete den Antrag (am 28. Februar), der dann zur namentlichen Abstimmung kam. Es stimmten 70 Delegierte für die Räterepublik, 234 dagegen. – Ich muss hier einschalten, dass unter den Gegnern des Antrages auch mein Freund Landauer sich befand, der auf eine Begründung seiner Haltung vor dem Kongress selbst verzichtete, dann aber privatim nahezu dieselben Gründe angab, die fünf Wochen später für die Kommunistische Partei maßgebend waren. Vor allem hielt er den Zeitpunkt für die Proklamation für verfrüht.[113]

Erstmals erwähnt Mühsam hier Differenzen zwischen ihm und seinem Mentor Gustav Landauer. Tatsächlich aber dürfte das Vertrauensverhältnis der beiden in den letzten Monaten bereits einige Brüche erlebt haben, die Mühsam in seinem Rechenschaftsbericht verschweigt, um das Andenken des Freundes nicht zu beschädigen. Landauer hatte sich im November 1918 nicht etwa von Mühsam, sondern von Eisner motivieren lassen, von Krumbach nach München zu kommen. Zwar ist er als Anarchist seinem stets zur Aktion drängenden Schüler verbündet, aber intellektuell stand ihm der ermordete Ministerpräsident, mit dem er ebenfalls befreundet war, anscheinend näher. Gleich diesem ist Landauer eher ein Bedenkenträger und Abwäger

---

113 Aus: Von Eisner bis Leviné, Berlin 1929

als ein Revolutionär im Geiste Bakunins wie Mühsam, der sich stets als Sprachrohr der unterdrückten Massen sieht.

Wie die Massen dachten, zeigte sich während der Auszählung der Stimmen. Eine mächtige Demonstration erregter Arbeiter erschien vor dem Landtagsgebäude, um in drohender Haltung das Resultat abzuwarten. Landauer, sonst eine der beliebtesten Persönlichkeiten bei der Menge, versuchte vom Fenster aus beschwichtigend einzuwirken, indem er die Gründe darlegte, die die Ausrufung der Räterepublik in diesem Augenblick gar nicht wünschenswert machten. Er musste abtreten. Man verlangte nach Levien und mir. Wir hatten die größte Mühe, die Arbeiterschaft zum Abzug zu bewegen, die durchaus entschlossen war, obwohl sie unbewaffnet war, das Gebäude zu stürmen und den Kongress zum Teufel zu jagen. Mir hat es später sehr leid getan, dass wir damals gebremst haben. Die Räterepublik wäre sonst durch einen heroischen Akt des Proletariats erzwungen worden, und die schlimmen Differenzen, die im April unsere Aktion zur Totgeburt machten, wären der bayerischen Arbeiterschaft erspart geblieben. (...) Die Konterrevolutionäre hingegen betrachteten die Ablehnung des Antrages Mühsam keineswegs als Triumph. Am folgenden Tage nämlich (1. März) wurden bereits wieder Flugblätter über München abgeworfen, die diesmal vom Münchener Stadtkommandanten Dürr, vom (unabhängigen) Polizeipräsidenten Staimer, von Vertretern der sozialdemokratischen Partei und der freien Gewerkschaften unterzeichnet waren und in denen es hieß: »... Wollt Ihr, dass die Straße Euch weiter vergewaltigt? Könnt Ihr Euch länger von Elementen wie Levien, Mühsam, Hagemeister, Cronauer und Konsorten den Fuß auf den Nacken, die Pistole auf die Brust setzen lassen? Nein! Genau so, wie uns die Gegenrevolution, die Bourgeoisie, ins alte Elend bringen würde, genau so wird das Volk von den Spartakisten und ihrem Anhang, den Plünderern, ins größte Unglück gestürzt werden. Deshalb gilt es, dass alle Arbeiter und Soldaten das unerträgliche Joch einer brutalen Minderheit abschütteln, gemeinsam den Boden der Ordnung im Sinne einer einigen Sozialdemokratie betreten und das Volk endlich der wahren Demokratie, dem Sozialismus, der echten Volksherrschaft zuführen. Wir müssen unverzüglich ein rein sozialistisches Ministerium bilden ... Vor allen Dingen müssen wir den ebenso gefährlichen Elementen des Spartakusbundes und dem sich immer mehr breit machenden Lumpengesindel das Handwerk legen. Arbeiterschaft! Soldaten! Handeln heißt es! Die vernünftige Bevölkerung bleibe zu Hause! Die Straße muss freibleiben für die Soldaten, die berufen sind, sozialistische Ordnung zu schaffen! Es geht ums Ganze! Es geht um die Errungenschaften der Revolution! Es gilt die Rechte der Räte vor dem Terror der Straße zu schützen! Es geht um den geeinigten Sozialismus! – Soldaten! Schart Euch um Eure berufenen Führer! Folgt nur der Parole, die diejenigen ausgeben, denen Ihr Vertrauen schenkt! Deshalb in die Kasernen! Dort werden Eure gewählten Kasernenräte und Führer mit Euch unternehmen, was das Volkswohl erfordert.« Das war offene Kriegserklärung.

Am Abend desselben Tages rechnete ich im Münchener Arbeiterrat öffentlich mit Dürr und Staimer ab, deren Absetzung ich verlangte. Beide Herren waren persönlich zugegen. Es gelang ihnen, sich mit ihrer Nervosität zu entschuldigen, und derselbe Münchener Arbeiterrat, der wenige Tage vorher Wadlers radikalen Forderungen zugestimmt hatte, erteilte dem Polizeipräsidenten und dem Stadtkommandanten, die am selben Tage zum Blutbad gegen die Revolutionäre aufgereizt hatten, sein Vertrauensvotum. Die Sitzung schloss spät in der Nacht. Da meine Freunde vom RAR nach der Provokation für meine Sicherheit auf dem Heimweg fürchteten, zwangen sie die beiden, mich in ihrem Auto heimzufahren, und der Stadtkommandant und der Polizeipräsident, die mich am selben Nachmittag verhaften und womöglich erschießen wollten, setzten mich persönlich in meiner Wohnung ab.[114]

Was der rückblickende Mühsam hier als lustige Anekdote formuliert, ist zu diesem Zeitpunkt längst bitterer Ernst: Die Revolutionäre, allen voran er selbst, müssen tagtäglich um Leib und Leben fürchten. In einem Brief an Max Halbe schreibt er wenige Tage nach diesem Vorfall:

Ich schlafe nachts nur noch ausnahmsweise daheim, um dem Vollstrecker des gegen mich gefällten Todesurteils sein Geschäft nicht zu leicht zu machen. Ich bin in dauernder Erregung über die öffentlichen Vorgänge, in unausgesetzter Arbeit an den öffentlichen Dingen selbst. Und da fühle ich mich aus heiler Haut mit einem Mal mit derartigem Dreck beschmissen.[115]

Der »Dreck« von dem Mühsam hier schreibt, das sind nicht nur zahllose Drohbriefe, die er erhält, sondern zusätzlich noch eine Rufmordkampagne, die ihn aufgrund eines kleines Diebstahls während seiner Boheme-Zeit als Kriminellen brandmarken soll. Parallel dazu stellen die Sozialdemokraten nun die Weichen, um den Revolutionären Arbeiterrat kaltzustellen.

Der Rätekongress hatte nach der Ablehnung meines Antrages beschlossen, dass der im Januar gewählte Landtag trotz seiner feigen Desertion in der Stunde seines ersten Zusammentritts als zu Recht bestehend anerkannt würde. Charakteristisch aber für die Halbheit

---

114 Aus: Von Eisner bis Leviné, Berlin 1929
115 18. März 1919 an Max Halbe, aus: Aus: Erich Mühsam, In meiner Posaune muss ein Sandkorn sein, Briefe 1900–1934, Gerd W. Jungblut, Vaduz 1984

aller seiner Maßnahmen war die aus Angst vor dem Proletariat zugleich gefasste Entschließung, dass das Parlament vorerst vertagt bleiben solle. Darauf beeilten sich die Sozialdemokraten eine Erklärung abzugeben, wonach sie sich in der Lage erklärten, »in einem sozialistischen Ministerium mitzuwirken«. Gleichzeitig forderten sie eine Neukonstituierung des Rätekongresses auf Grund von Wahlen, die nach den Grundsätzen der Verhältniswahl stattzufinden hätten, demnach das Abberufungsrecht, ohne das das ganze Rätesystem unsinnig ist, illusorisch machten. Die Rechte der Räte sollten zudem in einer Weise eingeschränkt werden, die ihren wirklichen Einfluss vollständig gebrochen hätte. Bei der Verhandlung des Antrages im Kongress stellte sich heraus, dass es den Rechtssozialisten hauptsächlich darauf ankam, dem RAR den Todesstoß zu versetzen. Der Redner der Auerochsen sagte in seiner Begründung, dass es seiner Partei unmöglich sei, mit den Mitgliedern des »Revolutionären Arbeiterrats« in einem Aktionsausschuss zu arbeiten. Er stellte daher den formellen Antrag, die drei Mitglieder, die der RAR zum Aktionsausschuss stellen durfte, zu streichen. Landauer erwiderte, wies darauf hin, dass der Mann, der hier gesprochen hatte, das Recht dazu nur daraus nehme, dass der »Revolutionäre Arbeiterrat« ihn eingeladen habe, den er nun ausgeschlossen wissen wollte. Bei dieser Gelegenheit sprach Landauer den später viel zitierten Satz: »In der ganzen Naturgeschichte kenne ich kein ekelhafteres Lebewesen als die sozialdemokratische Partei.«[116]

Alle noch so vorsichtigen Hoffnungen, die die Revolutionäre in den Rätekongress gesetzt haben mögen, haben sich somit als Schimären erwiesen. Alle Zeichen stehen danach, den Kampf an dieser Stelle verloren zu geben. Doch der Anarchist Mühsam, weiterhin wenig auf offizielle Organisationsstrukturen haltend, ganz gleich welchen wohl-

---

116 Aus: Von Eisner bis Leviné a.a.O.

tönenden Namen sie auch tragen, spürt noch immer die Macht der Straße hinter sich. Das reicht ihm, um den Glauben an die Revolution nicht aufzugeben, obgleich die reichstreuen Sozialdemokraten nun auch im Rätekongress die klare Oberhand haben und mit aller Macht versuchen, die alte – parlamentarische – Ordnung wiederherzustellen:

Die Reibereien zwischen den Revolutionären und den »sozialistischen« Konterrevolutionären nahmen indessen immer heftigere Formen an. Der Stadtkommandant wagte es, die Abteilung der RS, die uns beim Überfall auf den Kongress geschützt und der die Versammlung dafür einstimmigen Dank ausgesprochen hatte, aus dem Landtagsgebäude fortzunehmen, ja, einige als besonders revolutionär bekannte Soldaten ohne weiteres aus der Schutztruppe zu entlassen. Sie wendeten sich an den Kongress, der auch versprach, sich ihrer anzunehmen, und ausdrücklich verfügte, dass die Abteilung im Hause bleiben sollte. Allein wiederum erwies sich die Ohnmacht des Zentralrats, Beschlüsse durchzuführen. Der Wille des Rätekongresses wurde einfach ignoriert. Die Beratungen verloren sich meistens in ganz überflüssigem Geschwätz über gleichgültige Nebensächlichkeiten. Wesentliche Dinge, wie zum Beispiel ein von mir in Gemeinschaft mit einem radikalen Bauernrat eingebrachter Antrag, die ländlichen Kommunalverbände aufzulösen und ihre Funktion den Bauernräten in Gemeinschaft mit städtischen Arbeiterräten zu übertragen, wurden verschleppt und kamen gar nicht zur Verhandlung. Inzwischen hatte im Gefolge der Rührigkeit der Berliner Unabhängigen in Nürnberg eine gemeinsame Konferenz der Mehrheitssozialisten, der Unabhängigen und der gemäßigteren Richtung des Bauernbundes stattgefunden, und am 7. März wurde dem Kongress der »Nürnberger Kompromiss« durch den Mund eines der rückständigsten Bauernräte vorgetragen. Da dieser Kompromiss die eigentliche Ursache der späteren Ereignisse wurde, sei er in extenso mitgeteilt:

1. Sofortige Einberufung des Landtages zu einer kurzen Tagung. Bildung eines sozialistischen Ministeriums durch die beiden sozialistischen Parteien mit Errichtung eines land- und forstwirtschaftlichen Ministeriums und Besetzung durch einen Bauernbündler nach Beratung mit dem Aktionsausschuss der A.-, S.- und B.-Räte, Anerkennung dieses Ministeriums durch den gewählten Landtag, Schaffung einer Notverfassung.

2. Übertragung weitgehender Vollmachten durch den Landtag auf das Ministerium zur Leitung der Regierungsgeschäfte.

3. Zusammenfassung und Ausbau der Propaganda-Abteilung für Volksaufklärung.

4. Die gesetzgebende und vollziehende Gewalt liegt während der Zeit des Provisoriums allein in den Händen des Ministeriums. Je ein Vertreter der A.-, S.- und B.-Räte kann mit beratender Stimme an den Sitzungen des Ministerrats teilnehmen.

5. Sofortige Schaffung einer freiwilligen Volkswehr aus gewerkschaftlich organisierten Arbeitern; sofortige Auflösung des stehenden Heeres.

6. In den Vertretungen der Gemeinden, Bezirke, Kreise und staatlichen Behörden steht den A.-, S.- und B.-Räten das Recht der praktischen Mitarbeit durch Abordnungen in diese Körperschaften zu. Im Ministerium des Innern ist ein Referat für die Räteorganisation zu errichten und nach dem Benehmen mit dem Aktionsausschuss zu besetzen.

7. Den A.-, S.- und B.-Räten steht ferner das Recht zu, beim Landtag und bei der Regierung Beschwerden, Eingaben und Gesetzentwürfe einzureichen und letztere jeweils durch einen Beauftragten vertreten zu lassen. Den neugewählten Räten steht eine Berufung gegen Beschlüsse des Landtags an die Volksgesamtheit zu. (Referendum.)

8. Die Neuwahlen der Räte sind im ganzen Lande nach den Grundsätzen der Verhältniswahl möglichst bald anzuordnen. Über

aktives und passives Wahlrecht sind vom Gesamtstaatsministerium unter Mitwirkung des Aktionsausschusses besondere Bestimmungen zu treffen.

9. Die Rechte der Räte sind unter Berücksichtigung von Punkt 6 und 7 durch ein besonderes Gesetz umgehend festzulegen.

Die revolutionäre Minderheit war über diese dem Rätekongress zugemutete Selbstentmannung empört, konnte aber die Annahme der Leitsätze nicht verhindern. Die Punkte wurden einzeln beraten und abgestimmt und nach der Annahme von Punkt 1 sofort zur Wahl des Ministeriums geschritten, dessen Zusammensetzung natürlich von den Parteien hinter den Kulissen längst vereinbart war. Zum Ministerpräsidenten wurde der Mehrheitler Hoffmann bestimmt, der im Kabinett Eisner Kultusminister war, sich aber im Kampf der Meinungen bisher ziemlich passiv verhalten hatte. Sein wahres Gesicht zeigte der Mann erst, als er auf dem Gipfel seiner Laufbahn angelangt war. Das Ministerium für Kultus und Unterricht, für das der Kongress zuerst den linksstehenden Rechtssozialisten Niekisch gewählt hatte, den Vorsitzenden des Zentralrats und des Rätekongresses, behielt Hoffmann dann als Ministerpräsident neben dem Ministerium des Auswärtigen, das er gleichfalls übernahm, bei. Für das Innere wurde der bisherige Demobilmachungskommissar Segitz, für die Justiz ein Herr Endres, beide Mehrheitssozialisten, gewählt. Die Soziale Fürsorge übertrug man dem weit rechtsstehenden Unabhängigen Unterleitner, der dieses Ministerium schon zu Eisners Zeit verwaltet hatte, Handel und Industrie dem Nürnberger rechten Unabhängigen Simon. Der einzige Ministerkandidat, der einstimmig gewählt wurde, war Professor Jaffé als Finanzminister, der sich unter Eisner als revolutionärster Geist innerhalb des Ministerrats erwiesen hatte. Für das Militärwesen war der schon erwähnte Schneppenhorst vorgeschlagen. Die Missstimmung gegen diesen Mann war jedoch infolge der Flugblätter, die er über München hatte abwerfen lassen, bis in reformistische Kreise hinein so groß, dass auch die Unabhängigen gegen ihn sprachen und seine Parteigenossen ihn daher selbst fallenließen. Seine Wahl wurde einstimmig abgelehnt und dafür der Rechtsunabhängige Scheidt ernannt. Im übrigen wurden die neun Punkte hintereinander erledigt. Bei der Gesamtabstimmung war nur eine geringe Minderheit klar genug, die furchtbare Gefahr zu erkennen, die mit diesem Beschluss über das ganze Land gebracht war. Ich rief bei der Verkündigung der Annahme des Nürnberger Kompromisses in den Saal: »Herr, vergib ihnen, denn sie wissen nicht, was sie tun.« Damit ging der Rätekongress auseinander. Er hatte die Revolution preisgegeben.[117]

Im Kain kommentiert Mühsam dieses Ergebnis mit purer Verachtung:

Der Wahn von der wahren demokratischen Gerechtigkeit des bürgerlichen Parlamentarismus saß so tief in den Köpfen dieser Revolutionsdelegierten, dass sie sich dem Votum etlicher sozialdemokratischer Ministeranwärter beiderlei Abtönung, die in Nürnberg und Bamberg mit klerikalen und kapitalistischen Interessenhütern paktiert hatten, willig unterwarfen und den Akt der Selbstkastrierung mit erhabener Gebärde vollzogen. (...) Die damit bekundete Selbsteinschätzung rechtfertigte vollauf die Behandlung, die der Rätekongress sich während seiner Tagung von denen gefallen lassen musste, die seine absolute Souveränität mit feierlichen Verbeugungen anzuerkennen nicht unterließen.

Er durfte noch eine Ministerliste annehmen (...) und überließ alsdann seine Plätze den gewählten Volksvertretern des Ancien Régime.

Die haben jetzt ein Ermächtigungsgesetz angenommen, das dem

---

117 Aus: Von Eisner bis Leviné, Berlin 1929

Ministerrat völlige Diktatur über Bayern einräumt (wie schreit die Welt, wenn sie etwas von einer Diktatur des Volks hört!) und haben sich selbst in Kommissionen verkrümelt, wo sie unbeaufsichtigt Ruhe, Ordnung, Sicherheit und Frieden wiederherstellen. Die zweite bayerische Revolution scheint kaputt zu sein. Aber die verbündeten Industriellen, Sozialdemokraten und Börsianer mögen nicht glauben, damit sei die Revolution selbst erledigt. Gegen die hilft kein Landtag und kein Noske.[118]

Die Hauptschuld an dem Desaster sieht Mühsam allerdings nicht in den erwartbaren Ränkespielen der »Auerochsen«. Die haben sich bei der Arbeiterschaft in den vergangenen Monaten unbeliebt genug gemacht. Ausschlaggebend scheint ihm vielmehr sein verstorbener Widersacher Eisner zu sein, dessen Märtyrernimbus nun den aus der Reichshauptstadt zugereisten USPDlern in die Karten spielt:

Alles war bereit, aber da kamen von Berlin her die Herren Haase, Kautsky und Barth, brachten ihre unabhängigen Genossen zum Umfallen, pfropften ihre preußische »Realpolitik« dem bayrischen Revolutionsgeschehen auf und inszenierten den verruchten Nürnberger Kompromiss, nämlich ein Komplott der Unabhängigen mit den Sozialpatrioten, das der bereits tatsächlichen souveränen Gewalt Bayerns, dem Rätekongress, die Vaterschaft über eine neue demokratische Regierung, die natürlich aus lauter »Sozialisten« bestehen sollte, und die Vormundschaft über das zu berufende Parlament aufdrängte. Dass das nur die Abdankung der proletarischen Regierung zugunsten der Bourgeoisie bedeuten konnte, braucht nicht gesagt zu werden. Die Folge hat es schrecklich offenbart. Zum ersten Mal hatten die

---

118 Aus: Bayerns zweite Revolution, Kain. Zeitschrift für Menschlichkeit, 5. Jahrgang; Nr. 8, München 28. März 1919

preußischen Politiker in die bayerische Revolution eingegriffen. Das war der Sündenfall. Haase, Kautsky und Barth kamen als die Totengräber der Revolution nach München. Von ihrer Betriebsamkeit und von dem Eifer, mit dem ihre unabhängigen bayerischen Freunde das Seil ergriffen, an dem sie sich wieder aus dem kalten Keller revolutionärer Energie an die Oberfläche des bequemen Opportunismus heraufziehen konnten, ist der Niedergang und der Zusammenbruch der schönen, hoffnungsvollen, proletarischen Revolution Bayerns herzuleiten.[119]

Die Arbeiterschaft selbst verzichtete jedoch keineswegs auf ihre Fortsetzung. Sie verfolgte mit der misstrauischsten Aufmerksamkeit den weiteren Verlauf der Dinge, entschlossen, ihre revolutionären Rechte mit allen Mitteln zu verteidigen. Der Landtag trat also wirklich zusammen, nachdem dem »Revolutionären Arbeiterrat« seine Räume außerhalb des Hauses, nämlich im früheren Palais des Königs, zugewiesen waren. Die Helden des 21. Februar tagten unter grotesker militärischer Sicherung, indem sie das Kopfnicken, das ihnen die Nürnberger Kompromissler vorgeschrieben hatten, vollzogen. Trotzdem fand sich die Möglichkeit, den Willen des Rätekongresses gleich nach der Rückkehr ins Parlament mit Füßen zu treten. Kaum war nämlich der Kongress vertagt, da warfen die Kompromissparteien mit dem Zentralrat zusammen die Liste des »rein sozialistischen« Ministeriums wieder um und änderten darin die beiden für den Rätekongress wichtigsten Posten. Professor Jaffé, der schon unter Eisner im Sinne des linken Flügels der Unabhängigen gearbeitet hatte (so hatte er sich öffentlich zu der Absicht bekannt, das Inseratenmonopol für die Presse durchzuführen), wurde einfach über Bord gesetzt, obwohl er

---

[119] Aus: Die Einigung des revolutionären Proletariats im Bolschewismus, III Die revolutionäre Prädisposition des deutschen Proletariats, Die Aktion, Nr.7/8, Berlin 1921

der einzige Ministerkandidat war, gegen den sich im Kongress keine einzige Stimme erhoben hatte. Aber er war Jude und galt als Radikaler. Das Finanzressort wurde provisorisch einem Beamten überlassen, um es später wieder durch einen eigenen Minister zu besetzen. Zweitens wurde aber auch ein weiterer »Unabhängiger« von der Liste gestrichen, der zum Militärminister ausersehene Herr Scheidt, der bisher provisorisch schon das Amt verwaltet hatte. Er schien den konterrevolutionären »Sozialisten« wohl schon zu radikal, obwohl seine Unterschrift am 1. März mit unter den zitierten zum Bürgerkrieg aufrufenden Flugblättern gestanden hatte. Statt seiner wurde der vom Rätekongress einstimmig abgelehnte Schneppenhorst eingesetzt, der Mann, der dann die Rolle des bayerischen Noske übernehmen sollte. Im übrigen zeigte aber der Landtag seinen demokratischen Willen dadurch, dass er ein albernes Gesetz annahm, durch das die Führung des Adelstitels fortan in Bayern verboten wurde. Das war eine Verballhornung eines von Landauer und mir im Rätekongress eingebrachten, aber nicht mehr beratenen Vorschlags, der die Adelsvorrechte dadurch ausschließen wollte, dass er einfach die Strafbarkeit der unberechtigten Führung von Adel und Titeln aufzuheben empfahl. Da sich das Gesetz des Landtags nur auf den bayerischen Adel bezog, da außerdem die betroffenen Familien erklärten, ihr Adelsprädikat bilde einen unlöslichen Bestandteil ihres Namens, blieb das Ganze eine wirkungslose Demonstration.[120]

Die Lehren, die aus diesem Verlauf zu ziehen sind, sind mannigfaltig. Zunächst erwies es sich, dass Revolution und Kompromisse unvereinbare Dinge sind und dass daher die kommunistische Revolution in Deutschland keine dringendere Pflicht hat, als jedem Kompromiss wie dem Feuer auszuweichen. Da nun die unabhängige Sozialdemokratische Partei ihrem ganzen ursprünglichen Wesen nach

---

120 Aus: Von Eisner bis Leviné, Berlin 1929

ein Kompromissgebilde ist und ihre ganze Nahrung aus Kompromissen zieht, so ergibt sich hier die Folgerung von selbst. Dies musste erst gelernt werden, wie alle Fehler erst gemacht werden müssen, um sie als Fehler zu erkennen.[121]

Tatsächlich können sich die bayerischen Revolutionäre allerdings noch glücklich schätzen, von den Sozialdemokraten nur mittels Intrigen kaltgestellt worden zu sein. Im Reich, wo die seit 6. Februar tagende Nationalversammlung inzwischen erwartungsgemäß Friedrich Ebert zum vorläufigen Reichspräsidenten bestellt und Philipp Scheidemann ebenso erwartungsgemäß die Regierungsgeschäfte übernommen hat, gehen die konterrevolutionären Blutorgien unverdrossen weiter. Die Befehlsgewalt geht dabei in der Regel von Gustav Noske aus, Vollstrecker sind mal reguläre Heeresverbände, mal präfaschistische Freikorps. In Berlin obliegt deren Koordination Noskes »bestem Mann« Waldemar Pabst, dem schon die Ermordung Karl Liebknechts und Rosa Luxemburgs anvertraut worden war. So auch, als es am 3. März abermals zu einem Generalstreik in der Hauptstadt kommt. Diesmal wird aber nicht nur gegen die Streikenden scharf geschossen. Auf ausdrücklichen Befehl Noskes hin, soll nun jeder Waffenbesitz mit standrechtlicher Hinrichtung geahndet werden, und Pabst lässt daraufhin in großem Stil Wohnungen der linken Opposition durchsuchen. Das Ergebnis: Mehr als 1.200 Tote. Die Nachricht von diesem erneuten Massaker versetzt auch die Revolutionäre in Bayern wieder in Aufruhr, wo fünf Tage später, am 18. März, der Landtag zusammentritt und den Sozialdemokraten Johannes Hoffmann als neuen Ministerpräsidenten bestätigt.

---

121 Aus: Die Einigung des revolutionären Proletariats im Bolschewismus, III Die revolutionäre Prädisposition des deutschen Proletariats, Die Aktion, Nr.7/8, Berlin 1921

Die Stimmung der Massen kam an dem Abend zum Ausdruck, als die Mehrheitssozialdemokratie fünf Massenversammlungen einberief, in denen die von ihnen gestellten neuen Minister sich dem Volk vorstellen sollten. Alle diese Versammlungen verliefen als unzweideutige kommunistische Kundgebungen. Den Rednern wurde überall übel zugesetzt, der neuen Regierung die allerschärfste Opposition angekündigt, die Werbeinserate der Reaktion zur Bildung von weißen Garden wurden ihr vorgehalten, und aus allen Reden und Rufen der Proletarier klang immer wieder die eine Forderung heraus: Räterepublik! – Natürlich versetzten die Berliner Märzunruhen mit den Schreckenstaten der weißen Mörder die Münchener Arbeiterschaft in besondere Unruhe. Sie verlangten Garantien gegen das Übergreifen derartiger Vorgänge nach Bayern und erreichten denn auch, dass die Regierung in einem strikten Verbot jede militärische Werbung für den sogenannten »Grenzschutz Ost« oder gegen den Bolschewismus untersagte. Ja, Herr Schneppenhorst erließ sogar Haftbefehle gegen Werbeoffiziere, die den Oberst Epp, der die Rolle Koltschaks[122] für Bayern spielen wollte und später mit Schneppenhorsts Unterstützung auch wirklich spielte, veranlassten, seine Tätigkeit an die Grenze außerhalb des Landes, nach Ohrdruf in Thüringen zu verlegen, wo er ein antibolschewistisches Freikorps aufstellte.

Der Landtag war verabredungsgemäß gleich nach Erledigung der wenigen gestellten Aufgaben wieder heimgeschickt worden und sollte erst zusammentreten, wenn der Zentralrat ihn wieder brauchte. Man rechnete auf Ende Mai. Die Regierungsgeschäfte lagen inzwischen formell bei den einzelnen Ministerien, doch wurden alle praktischen Arbeiten tatsächlich von den Staatskommissariaten geleitet, die schon

---

122 Der monarchistische Admiral Alexander Wassiljewitsch Koltschak errichtete während des Russischen Bürgerkriegs im Kampf gegen die Rote Armee ein diktatorisches Regime in Sibirien.

seit Eisners Ermordung am Werk waren und teilweise sehr Tüchtiges leisteten. Ein großer Teil der organisatorischen Tätigkeit lief beim Staatskommissariat für Demobilmachung zusammen, dessen erster Referent, das Mitglied des »Revolutionären Arbeiterrats« Paulukum (USPD), außerordentlich tatkräftig die Interessen der Arbeiterschaft wahrte. Als Kommissar für das Wohnungswesen griff Genosse Dr. Wadler so gründlich durch, dass er sich den unauslöschlichen Hass der Bourgeoisie zuzog. Er beschlagnahmte sämtliche Spekulationsgrundstücke, um darauf Wohnstätten zu errichten, registrierte alle großen Wohnungen und quartierte Arbeiterfamilien bei Kapitalisten ein. Er reiste selbst im Lande umher, um sich persönlich von der miserablen Unterkunft der Arbeiter bei den großen Industrieanlagen (so der Bergarbeiter von Penzberg) zu überzeugen und Abhilfe zu schaffen. Ich halte es für eine Pflicht loyaler Solidarität, wenn ich ein paar Worte zugunsten dieses Genossen hier einfüge. Dr. Wadler war erst nach Ausbruch der Revolution zu sozialistischen Überzeugungen gelangt. Während des Krieges war er – von Beruf Rechtsanwalt – Offizier gewesen und hatte sich von alldeutschen Ideen völlig durchtränken lassen. In Belgien oblag ihm ein verantwortlicher Dienst bei der Zwangsdeportation belgischer Arbeiter. Er versah diesen Dienst durchaus im Geiste seiner Auftraggeber, und seine vom Standgericht ans Licht gezerrten Berichte und Ratschläge offenbarten in der Tat dasselbe Maß unsozialer Gesinnung, das die deutsche Militärdiktatur während des Krieges allgemein auszeichnete. Mit dem Niederbruch der deutschen Heere gingen Wadler die Augen auf. Er sah aus vollem Herzen ein, wie verblendet er vorher gewesen war, und gab sich mit seiner ganzen Person der Revolution hin. Keiner von uns allen, die wir näher mit ihm zu tun hatten, hat je die Empfindung gehabt, dass er ein ehrgeiziger Konjunktur-Revolutionär sei. Der RAR nahm ihn gern in seine Mitte auf, und er hat sich in jeder Situation treu bewährt. Das Standgericht verurteilte Wadler später unter Aberkennung der bürgerlichen Ehrenrechte zu acht Jahren Zuchthaus und begründete das Schandurteil mit dem Vorwurf, seine frühere unsoziale Haltung beweise die Unehrlichkeit seiner revolutionären Gesinnung und seines Bekenntnisses zum Kommunismus. In Wirklichkeit war das von Juristen und Offizieren gefällte Urteil ein Racheakt gegen den ins andere Lager übergegangenen Juristen und Offizier und zugleich ein Racheakt der in ihrem Besitzfanatismus gekränkten Bourgeoisie gegen den Arbeiterquartiermacher in ihren Behausungen. Dass P. Werner die vom konterrevolutionären Standgericht gegen Wadlers Ehrenhaftigkeit angezogenen Argumente wiederholt, um den Mann, der zufällig nicht bei der KPD organisiert war, auch beim Proletariat zu verdächtigen, ist tief beschämend.

Die Regierung kannte die Stimmung unter den Massen zu gut, um nicht zu wissen, dass sie die Vollmachten der sehr populären Kommissariate nicht einengen durfte. Sie musste vielmehr bestrebt sein, den Proletariern auch in den allerwichtigsten Forderungen, denen, die die Expropriation der Exproprateure betrafen, wenigstens scheinbar entgegenzukommen. Das immer drohender hörbare Verlangen nach der endgültigen sozialen Revolution, nach der Rätediktatur, musste beschwichtigt werden, und dazu musste das Wort »Sozialisierung« herhalten. In dieser Zeit tauchte in München der Nationalökonom Dr. Neurath auf, der vorher in Leipzig einem volkswirtschaftlichen Institut vorgestanden hatte. Dieser hochintelligente, von großem theoretischem Wissen bediente Mann begann seine Tätigkeit mit öffentlichen Vorträgen über Sozialisierungsprobleme, in denen er außerordentlich weitgreifende Pläne für die Vergesellschaftung der Produktion entwickelte. Er stellte sich dem RAR vor, wurde auch vom Münchener Arbeiterrat zu einem Vortrag eingeladen und fand bei der Arbeiterschaft starkes Interesse, wenngleich ihm persönlich einiger Argwohn entgegengebracht wurde, der in der völligen Wahllosigkeit begründet lag, mit der Neurath seine Ideen auch in den rückständigsten Bürgerkreisen zu Gehör brachte. Der Grundgedanke seiner Vorschläge bestand darin, dass die gesamte Produktion vollständig in den Dienst des notwendigen Bedarfs gestellt würde, als den er bezeichnete: auskömmliche Unterkunft, Verpflegung, Bekleidung und Vergnügung für alle Volksgenossen ohne Unterschied. Er wollte die Luxus- und Spekulationsindustrie absolut unterbinden, glaubte dadurch den Kohlen- und Kraftbedarf für die Ernährungs-, Textil-, Werkzeugproduktion etc. decken zu können, wollte die Übernahme der Großbetriebe und des Großgrundbesitzes in die Hände der Gesellschaft ohne Ablösung bewirken und stellte also sozialistische Forderungen auf, mit denen das Proletariat an und für sich sehr zufrieden sein konnte. Das Dilettantische seines Vorgehens bestand nur darin, dass er der Ansicht war, diese Maßnahmen ließen sich ohne Eingriff in die politische Verfassung des Landes durchführen. Er pflegte zu sagen, er halte es mit jeder Regierung, die ihn ungestört arbeiten lasse, ob es eine absolutistisch-monarchistische sei oder eine Räterepublik, sei ihm gleichgültig. Aus Opportunitätsgründen ließ sich Neurath in die sozialdemokratische Partei aufnehmen, und also gestützt auf die Regierungspartei selbst, glaubte er nun vermöge seiner konzilianten Beredsamkeit die gesamte Bürgerschaft von der Nützlichkeit und Notwendigkeit seiner Vorsätze überzeugen zu können. Wen er in der Tat gewann, das war der Minister für Handel, Gewerbe und Industrie, Herr Simon, der in seinem sehr opportunistischen unabhängigen Gemüt im Ernst meinte, kraft seines Amtes durch einfache Erlasse des Ressortministeriums den Sozialismus in Bayern einführen zu können. Neurath wurde auf sein Betreiben vom Ministerrat zum Sozialisierungskommissar mit außerordentlichen Vollmachten ernannt.[123]

---

123 Aus: Von Eisner bis Leviné, Berlin 1929

Obgleich nun also der Landtag wiedereingesetzt und eine sozialdemokratische Regierung gebildet ist, bleiben die staatlichen Strukturen fragil und die Machtverhältnisse unübersichtlich. Noch ist für die Revolutionäre nicht aller Tage Abend. Zudem kommt aus dem nahen Ausland eine überraschende Meldung, die Mühsams Hoffnung neue Nahrung gibt:

Am 21. März schlug die Nachricht von der Ausrufung der Räterepublik in Ungarn wie eine Bombe ein. Die Begeisterung des Proletariats war überschwänglich. Der Name Béla Kun wurde neben denen Lenins und Trotzkis zum Kampfruf für die Massen. Die Versammlungsredner fanden mit dem Appell zur Nacheiferung des ungarischen Beispiels jubelnde Zustimmung.[124]

Für den Kain verfasst Mühsam unter dem Titel »Die Diktatur des Proletariats« sogleich einen Lobgesang auf die ungarischen Genossen:

Ungarn ist Räterepublik. Lenin hat dem Volkskommissar Béla Kun mitgeteilt, dass die Nachricht von den Moskauer Sowjets mit unbeschreiblicher Begeisterung aufgenommen worden sei. Die Genossen in Russland und in Ungarn mögen erfahren, dass wir Revolutionäre in Deutschland, denen es ernst ist mit der Revolution, die wir uns täglich erfrischen und aufrichten an dem herrlichen Beispiel der russischen Freunde, die wir unseren Kampf mit noch größerer Wut als gegen die offenen Feinde des Volkes gegen deren Schildhalter mit der sozialistischen Maske führen, – dass wir den Budapester Sieg nicht bloß mit jubelnder Begeisterung begrüßen, sondern aus ihm die Hoffnung und die Zuversicht schöpfen, dass nun der Würfel gefallen ist, dass jetzt kein Widerstand mehr stark genug sein kann, die »bolsche-

---

[124] Aus: Von Eisner bis Leviné, Berlin 1929

wistische Welle« zurückzudämmen. Sie hat die Grenzen Russlands durchbrochen, – kein Land der Welt wird ihr jetzt noch lange widerstehen.[125]

Diese Zeilen sind der Auftakt für einen längeren Essay, gespickt von hoffnungsfrohen Mutmaßungen über die konkrete Gestalt der ungarischen Räterepublik und eklatanten Fehleinschätzungen, was die Situation in Sowjetrussland betrifft. Der Text erscheint allerdings erst einen Monat später, denn tatsächlich beschleunigen sich ob des revolutionären Beispiels nun abermals die Ereignisse in München:

Vor der Bourgeoisie tauchte erst jetzt das Gespenst der Räterepublik als unmittelbare leibhaftige Drohung auf. Die Regierung bekam eine Höllenangst und hoffte auf Neurath. Dieser überredete das Ministerium, eine Proklamation zu erlassen, in der die »Vollsozialisierung« angekündigt wurde. Zugleich lud man die sächsische (ebenfalls »sozialistische«) Regierung ein, dem Beispiel zu folgen, erhielt aber von Herrn Gradnauer[126] in Dresden eine sehr deutliche Absage. Wie konsterniert die Bourgeoisie war, zeigte sich daran, dass es Neurath gelang, einen Führer der klerikalen Agrarbourgeoisie, Herrn Dr. Schlittenbauer, für seine Pläne einzufangen. Wahrscheinlich sah der Mann die Unvermeidlichkeit des kommunistischen Sieges so deutlich vor sich, dass er alle Rettung nur noch in einem rechtzeitigen Pakt mit dem Umsturz suchte, bei dem die von ihm vertretenen Großbauern ihre Schäfchen eben noch ins Trockene bringen mochten. Neurath selbst musste allerdings bei allen Versuchen, Praktisches zu leisten, immer mehr einsehen, dass ihm der Kapitalismus zähen Widerstand entge-

---

125 Aus: Die Diktatur des Proletariats, Kain. Zeitschrift für Menschlichkeit, 5. Jahrgang; Nr. 9, München 25. April 1919
126 Der Sozialdemokrat Georg Gradnauer ist zu diesem Zeitpunkt Ministerpräsident Sachsens.

gensetzte, gegen den ihm die Vollmachten des Ministers Simon nicht das mindeste halfen. Er musste also seinen Wagemut bald etliche Pflöcke zurückstecken.

Die Hauptsorge der Regierung Hoffmann war, die eigene Position gegen die immer schärfer zur revolutionären Aktion drängenden Massen zu festigen. Auch da musste Neurath helfen. In einer vom RAR einberufenen großen Volksversammlung in der letzten Märzwoche, in der ich das Referat hatte, erbat der Sozialisierungskommissar außer der Reihe das Wort und überraschte die Tausende seiner Hörer mit einem Projekt, für das er die Zustimmung der Regierung so gut wie sicher habe. Der bayerische Staat werde den Kommunisten ein großes, fruchtbares Gebiet, das einige tausend Personen bequem ernähren könne, mit allem nötigen Werkzeug und einem Kapital von vorläufig einer Million Mark zur völligen freien Bewirtschaftung nach eigenen Grundsätzen zur Verfügung stellen, auf dem diejenigen, die sich dort ansiedeln wollen, die Realisierbarkeit ihrer Ideen experimentell beweisen könnten. Neurath malte die Vortrefflichkeit seines Planes in leuchtenden Farben aus und versprach jedes Entgegenkommen in der Auswahl des Gebiets, in der Freigebigkeit des Staates und in allen Einzelheiten. Die Versammlung war perplex und einigermaßen ratlos, wie sie sich diesem Anerbieten gegenüberstellen sollte. Landauer empfahl die Annahme, indem er auf die russischen Mustersiedlungen hinwies und die Möglichkeiten hervorhob, die sich aus dem Bestehen einer solchen revolutionären Keimzelle ergeben könnten. In der Diskussion ging weiter kein einziger Redner auf Neuraths Vorschläge ein, ein Zeichen, wie misstrauisch die Arbeiter selbst ein so verlockendes Anerbieten betrachteten. Im Schlusswort goss ich dann gehörig Wasser in Neuraths Wein. Auch ich meinte, dass man grundsätzlich auf den Plan eingehen müsse, schon um nicht in den Verdacht zu geraten, als ob man sich selbst vor kommunistischen Experimenten fürchte. Ich bedeutete Neurath aber, dass die Arbeiterschaft sich nicht in die Situation eines Geschenkempfängers gedrängt sehen, sondern als gleichberechtigter Vertragskontrahent die Verhandlungen führen wolle. Sie müsse also ihre strikten Bedingungen stellen, damit die Regierung vor allen Dingen nicht zu dem Glauben verleitet werde, als ob sie mit der Verpflanzung einiger tausend Kommunisten aufs Land etwa die unangenehme kommunistische Opposition in ganz Bayern los sei. Neurath möge seiner Regierung mitteilen, dass sein Angebot erst dann diskutabel werde, wenn jenes abgetrennte Gebiet als politisch absolut autonom anerkannt werde, dass seine Anwohner demnach nicht den bayerischen kapitalistischen Gesetzen unterworfen seien, dass es eigene diplomatische Vertreter halten werde, und zwar in Russland und Ungarn, dass seine Männer Waffen führen müssen, um sich gegen Angriffe auf ihre kommunistischen Anlagen zu wehren, und dass ihnen bei alledem die freie Agitation im übrigen Bayern nicht verkümmert werde. Diese Antwort fand die lebhafte Zustimmung der Versammlung. Von der Sache selbst hat man dann nichts mehr gehört.[127]

Dieses überraschende Angebot Neuraths mag absurd klingen, ist aber als perfides Manöver zur Spaltung der Revolutionäre ersonnen worden. Schließlich propagierte Landauer vor dem Krieg ja ebensolche anarchistisch-reformistischen Siedlungsideen zur »Umbildung der Seelen«, während dem aktionistischen Hitzkopf Mühsam begrenzte Perspektiven dieser Art, zumal in der jetzigen Situation, völlig fern liegen. Doch Mühsam ist klug genug, seinen schwankenden Mentor an dieser Stelle nicht durch radikale Ablehnung zu brüskieren. Er schafft das Angebot vom Tisch, indem er die Zustimmung mit Forderungen verknüpft, von denen er weiß, dass die Sozialdemokraten ihnen niemals zustimmen werden. Dass er tatsächlich keine Sekunde lang daran dachte,

---

127 Aus: Von Eisner bis Leviné, Berlin 1929

ein anarchistisches Reservat zu beziehen, zeigt ein Telegramm, dass er gerade an die ungarischen Genossen abgesetzt hat:

An Volkskommissar Béla Kun, Budapest

Der Revolutionäre Arbeiterrat in München, der Träger der bayrischen Revolution seit dem 7. November, begrüßt mit Begeisterung die junge ungarische Republik der Räte. Er gelobt, dem russischen und ungarischen Vorbild getreu nicht nachzulassen, ehe nicht auch in Bayern das arbeitende Volk souverän die sozialistische Gerechtigkeit und die Verbrüderung mit den Proletariern Russlands und Ungarns hergestellt hat.
　Es lebe der internationale Sozialismus!! Es lebe die Weltbefreiung.[128]

Mit schnellen Schritten strebt Mühsam nun der erträumten Räterepublik entgegen. Sein wichtigster Bündnispartner dabei ist Max Leviens KPD, deren Beliebtheit in der Bevölkerung stetig zunimmt und die nun – wie zuvor schon die USPD – organisatorische Verstärkung aus Berlin bekommt. Die unheilvolle Wirkung dieser Hauptstadt-Kader wird von Mühsam jedoch zunächst nicht realisiert:

Die erfreulichen Nachrichten aus Budapest – die ungarische Sowjetregierung richtete sofort ein Mitteilungsbüro in München ein – gaben der politischen Regsamkeit der Kommunisten vervielfachtes Leben. Fast täglich fanden überfüllte Massenversammlungen statt, in denen die Aussichten der proletarischen Revolution erörtert wurden und die stets in der Zuversicht schlössen, dass die bayerische Räterepublik ein in Kürze erreichbares Ideal sei. Bei fast allen diesen Versammlun-

---

128　25. März 1919 an Béla Kun, aus: Erich Mühsam, In meiner Posaune muss ein Sandkorn sein, Briefe 1900–1934, Gerd W. Jungblut, Vaduz 1984

gen war die KPD die Einberuferin – nur gelegentlich abgelöst durch die Arbeitslosen und ganz selten vom RAR –, und als Referenten mussten immer wieder Levien und ich heran, und zwar ich bedeutend häufiger noch als Levien, der seine Tätigkeit mehr und mehr in den Dienst der Parteisektionen und des Parteiorgans, der »Münchener Roten Fahne«, stellte. War er verhindert, was gewöhnlich der Fall war, so holte man mich, und es kam vor, dass ich eine ganze Woche hindurch jeden Abend reden musste; ja, als die KPD eines Tages eine Reihe von Parallelversammlungen veranstaltete, musste ich hintereinander in vier Versammlungen sprechen. – Diese Inanspruchnahme meiner Dienste von der Partei aus hörten in den letzten Märztagen mit einem Schlage und ganz unvermittelt auf. Ich erfuhr, dass die Berliner Parteizentrale besondere Organisatoren nach München entsandt habe, und dass infolgedessen die Partei nun auch selbst mit Referenten für die Versammlungen ausreichend versehen sei. Mir war das nicht unangenehm, da ich reichlich überanstrengt war und auch meine wirtschaftliche Existenz vernachlässigt hatte. So beschränkte ich mich zumeist auf Werbereden in Betriebsversammlungen, nahm mehr Fühlung mit den Betriebsräten und unmittelbar Werktätigen auf, als es mir bisher möglich war, und ging am 1. April einerseits aus Gründen der materiellen Sicherung meiner Familie, anderseits auch, um persönlich genauen Einblick in die Liquidation der Kriegswirtschaft und die Organisation des Übergangs zur Friedenswirtschaft zu gewinnen, als Gehilfe zum Genossen Paulukum ins Demobilmachungs-Kommissariat. Zum Einarbeiten in die schwierige und komplizierte Materie fand ich allerdings keine Zeit mehr. Am 4. April trat urplötzlich und vollständig überraschend die Tatsache ein, die die bayerische Revolution von Grund aus durcheinanderwarf und ihre Niederlage entschied.[129]

---

[129] Aus: Von Eisner bis Leviné, Berlin 1929

So jedenfalls sieht es Mühsam 1920. Noch aber sprüht er vor Optimismus und Tatendrang, wie einem Brief Zenzls an die Nexös in Dänemark zu entnehmen ist:

Mühsam arbeitet Tag und Nacht. Die Arbeiter begreifen allmählich, um was es geht, hören nicht mehr kritiklos ihre Führer, wir Bayern haben die Revolution in den Fluss gebracht, und wir werden uns vor dem preußischen Militarismus nie mehr beugen. Wenn die weißen Garden Preußens wagen sollten, bei uns Ordnung zu schaffen, dann wird der letzte Bergbauer mit einer Mistgabel gegen diese Horden freiwillig kämpfen. Nexö, Sie sollten einmal erleben, wie jetzt eine Versammlung aussieht, alle wollen den Kommunismus, bei uns glaube ich kaum, dass es noch zu großen Straßenkämpfen kommen wird, die bayerischen Soldaten sind doch noch mehr Menschen geblieben. Wir werden wohl noch die sogenannte dritte Revolution erleben müssen, die zweite war bei der Ermordung Eisners. (...) O Nexö, ich würde ein Loblied auf Mühsam singen, wenn es nicht lächerlich wäre als seine Gattin. Er hat viel, viel geleistet, viel Blut verhindert, wird bespuckt (...) Er ist offizielles Mitglied des Revolutionären Arbeiterrats, dieser Revolutionäre Arbeiterrat ist ein Gebilde von jenen, die am 7. Nov. 18, in der Sturmnacht, aktiv etwas geleistet haben. Er ist die Seele der Revolution. Es sind jene, die in der Regierung sind und immer die Forderungen der Revolution vertreten, die ewig erinnern, dass wir ein neues Deutschland wollen. Was dieser Revolutionäre Arbeiterrat schon alles geschafft hat! (...) Ludwig Engler[130] ist grau an Haaren und krank am Herzen wieder heimgekommen,

---

130 Der bekannte aber mittellose Bildhauer Ludwig Engler ist Zenzl Mühsams früherer Ehemann, wahrscheinlich aber nicht der Vater ihres Sohnes Siegfried, der ebenfalls bei den Mühsams wohnt. Zenzls Verhältnis zu Engler ist ebenso intensiv wie das ihres Mannes zu seiner Ex-Verlobten Jenny Brünn, die – nunmehr Dr. Jenny Brünn – auch mehrere Artikel für den Kain verfasst.

jetzt allmählich erholt er sich wieder. So ungefähr können Sie sich mein Leben denken: Der Revolutionär Mühsam, der hungrig und müde heimkommt, und mein Bildhauer, dem sein Vaterland das Letzte nahm, seine Gesundheit. Aber ich werde mir Mühe geben, für die beiden zu sorgen, so gut ich kann. Ein Menschenherz verträgt viel, wenn es auch manchmal gar nicht mehr will, dann muss man sich mit Gewalt das Ziel vor Augen stellen, dann geht es wieder. (...) Wegen dem Revolutionären Arbeiterrat muss ich noch eine Erklärung anfügen. Es sind die drei die Führer: Erich Mühsam, Gustav Landauer, Leonhard Frank[131]. Das andere sind Arbeiter, prachtvolle Menschen, die erkannten, dass man für das Glück der Zukunft auch ohne Gewinn arbeiten muss, die das Ideale erfassten und nicht wanken und nicht weichen, so angegriffen sie auch werden von der Mehrheit und Auer-Genossen. München entwickelt sich zusehends. Ich bin fast stolz auf meine Landsleute. Es wird nicht gestohlen, es wird nicht geplündert, es ist alles ruhig, und diese Ruhe wird den Reichen unheimlich. Was E. M. schon von seinen literarischen Freunden zu erleiden hatte an Schmähungen und Verleumdungen, darüber wollen wir schweigen. Auf jeden Fall, mein lieber Nexö, hoffen wir mit ganzer Seele auf die Weltrevolution, und Sie, mein teurer Freund, sind auch ein Berufener dazu.[132]

Zenzls Schilderung zeigt, dass in diesen ersten Apriltagen Licht und Schatten nah beieinander liegen. Einerseits kann Mühsam seinen Ein-

---

131 Der noch im November 1918 von Heinrich Mann mit dem Kleist-Preis ausgezeichnete Schriftsteller Leonhard Frank wird eher selten genannt, wenn Historiker die Bayerische Räterepublik als »Literaturrepublik« titulieren. Tatsächlich spielte er in der Revolutionszeit eine deutlich wichtigere Rolle als etwa der viel genannte Oskar Maria Graf, der die meisten Ereignisse eher als Zaungast erlebte.
132 2. April 1919 an Martin Andersen Nexö, aus: Zenzl Mühsam – Eine Auswahl aus ihren Briefen, Chris Hirte & Uschi Otten (Hrsg.), Schriften der Erich-Mühsam-Gesellschaft 9, Lübeck 1995

fluss stetig weiter ausbauen, andererseits wird von allen Seiten massiv gegen ihn und seine Genossen intrigiert.

Hinter den zutage liegenden äußeren Ereignissen verbergen sich auch heute noch so viele geheime und verdächtige Vorgänge, dass eine zuverlässige Darstellung der Entstehung der Münchener Räterepublik noch gar nicht möglich ist. Auch ich kann nur durch den Bericht des persönlichen Erlebens zur Klärung beitragen und halte es daher für geraten, noch mehr als bisher schon die eigene Person und die eigene Beobachtung zum Ausgangspunkt aller Mitteilungen zu machen. Denn ich glaube, dass die ungekünstelte Darstellung subjektiv erlebter Dinge mehr innere Wahrheit enthält als eine gequälte Objektivität, der alle Grundlagen tatsächlichen Wissens fehlen. Ich berichte also im Folgenden nur, was ich mit eigenen Sinnen wahrgenommen habe.

Am Nachmittag des 4. April (Freitag) hatte ich an einer Betriebsversammlung teilgenommen, um auf Einladung der Betriebsräte ein Gutachten über Differenzen unter den Arbeitern abzugeben. Um sechs Uhr sollte im Wittelsbacher Palais eine Sitzung des RAR stattfinden. In dem Augenblick, als ich das Gebäude betreten wollte, kamen mir im Vorgarten eine Anzahl von Genossen entgegen, darunter mehrere Mitglieder des RAR (auch Landauer), der Vorsitzende des Zentralrats Niekisch und ein paar bekannte USPD-Leute. Sie forderten mich auf, sofort umzukehren und mit ihnen zum Ministerium des Äußeren zu gehen, da die Räterepublik in Bayern sofort proklamiert werden solle. Ich glaubte zuerst, man wolle mich mit einem Witz aufziehen, erkannte aber bald, dass die Sache ernst war. Ich erhielt auf dem Wege folgende Aufklärungen: Niekisch war soeben von Augsburg zurückgekehrt, wo er ansässig war. Die Augsburger Arbeiterschaft stehe, wie bekannt war, im Generalstreik und habe die strikte Forderung gestellt, der Zentralrat in München solle sofort die Räterepublik ausrufen, die Regierung für abgesetzt erklären und die Diktatur dem Proletariat übertragen. Das Verlangen der Augsburger Arbeiter allein hätte nicht genügt, um einen so folgenschweren Entschluss zu fassen. Doch sei soeben die Nachricht eingetroffen, dass die Konterrevolution zum Schlage aushole. Die Regierung wolle unter Bruch des Abkommens mit dem Rätekongress und dem Zentralrat den Landtag eigenmächtig zum 8. April einberufen, um vor allem dem durch die Neurathschen »Sozialisierungs«-Pläne aufgeregten und geängsteten Bürgertum legislative Sicherungen gegen die Revolution zu schaffen. Man habe daher keine Wahl, wenn man sich nicht vollständig den Kapitalisten ausliefern wolle, als sofort zu handeln und den Willen des Augsburger Proletariats zu erfüllen.

Die Stimmung der kleinen Schar war sehr gehoben, und ich leugne nicht, dass sie auf mich überging und der Gedanke, dass der heiße Wunsch des Proletariats nun Erfüllung finden solle, mein Herz heftig schlagen machte. Dieses Hochgefühl, mit dem ich das Ministerium des Äußeren betrat, bekam allerdings schnell einen Dämpfer. Der Minister des Innern Segitz empfing uns. Ihm ging der Ruf voraus, er sei unter den führenden Mehrheitssozialisten eine der anständigsten und ehrlichsten Persönlichkeiten. Er war bereits unterrichtet, da Niekisch schon am frühen Nachmittag eine Ministerratssitzung veranlasst hatte, die sich mit der neuen Situation beschäftigte. Außer Segitz waren von den Ministern anwesend: Simon, Unterleitner und Schneppenhorst, den ich bei dieser Gelegenheit zum ersten Mal sah. Ferner erschienen der Stadtkommandant Dürr und der Polizeipräsident Staimer sowie einige Führer des Bauernbundes, der USPD und der Gewerkschaften. Wir mögen im ganzen dreißig Personen gewesen sein. Als Niekisch die Sitzung eröffnen wollte, stellte ich zunächst die Frage, ob die Kommunistische Partei verständigt sei, und erhielt die Auskunft, Levien werde jeden Augenblick erwartet. Da er jedoch nicht kam, begann man mit den Verhandlungen. Über die Zwangslage bestand Einigkeit, und mit besonderer Lebhaftigkeit erklärte

Dürr, dass unter den obwaltenden Verhältnissen die Ausrufung der Räterepublik die notwendige Maßnahme zur Abwehr konterrevolutionärer Anschläge sei. Für die Mitwirkung der Truppen bürge er. Damit schien der glatte Verlauf der Aktion gesichert, und man ging an die Erörterung der Art der Proklamation. Landauer und ich erhielten den Auftrag, ein Manifest auszuarbeiten, das am nächsten Morgen den vollzogenen Akt der Bevölkerung mitzuteilen hätte, und zwar sollte dieser Aufruf auch schon die Namen der Volksbeauftragten enthalten, die vorläufig den Ressorts vorstehen sollten. Die Verteilung dieser Ämter sollte nach Möglichkeit paritätisch unter die sozialistischen Parteien und Richtungen verteilt werden. Zuallernächst sollte der Zentralrat eine entscheidende Radikalisierung erfahren, weshalb eine starke Vertretung des RAR und die Aufnahme einer Reihe von KPD-Mitgliedern vorgesehen wurde. Niekisch sollte vorerst an der Spitze bleiben. Doch wurde auf Landauers Verlangen beschlossen, dass das Provisorische aller Maßnahmen deutlich kenntlich gemacht würde, sodass also der Aufruf zu unterzeichnen sei vom »provisorischen Zentralrat« und dem »provisorischen Rat der Volksbeauftragten«, da alle endgültigen Entschließungen und Ämterbesetzungen selbstverständlich den Räten vorbehalten werden müssten. Hatte mir schon die ganze Art der Verhandlung wenig gefallen, so war ich im höchsten Maße verblüfft, als die Wahl der provisorischen Volksbeauftragten vorgenommen wurde. Dagegen, dass Segitz das Innere wieder übernehmen sollte, erhob ich keine Einwendung, weil seine Partei analog dem ungarischen Beispiel ja jedenfalls vertreten sein sollte. Dass man dann Simon und Unterleitner zu den gleichen Ressorts berief, die sie bisher schon verwaltet hatten, machte mich stutzig, und ich äußerte Bedenken dagegen, dass der Eindruck erweckt würde, als ob man einfach die bisherigen Minister fortan Volksbeauftragte nennen wolle und damit die Räterepublik für errichtet halte. Um derartige Einwendungen zu beschwichtigen, übertrug man

Landauer das Ressort für Volksaufklärung. Ich verlangte, dass die drei meiner Auffassung nach wichtigsten Posten Kommunisten übertragen würden, nämlich Auswärtiges, Justiz und Militär. Für das Auswärtige wurde Dr. Muehlon vorgeschlagen, ein pazifistischer Schriftsteller, der sich im Kriege durch Veröffentlichung für die deutsche Regierung schwer kompromittierender Tatsachen bekannt gemacht hatte, die er in seiner früheren Eigenschaft als Direktor bei den Krupp-Werken erfahren hatte. Da Muehlon – der übrigens nicht in München war – sich grundsätzlich für das Rätesystem als gesellschaftliche Organisationsform ausgesprochen hatte, glaubte man, er werde bei dem Ansehen, das er bei den Ententeregierungen besaß, zugleich eine enge Verbindung mit den Sowjetrepubliken herstellen können und Schwierigkeiten aus dem Westen zu verhindern wissen. Ich blieb mit meinem Einspruch allein. Für die Justiz akzeptierte man einen Kommunisten, der mit Zustimmung der Partei womöglich aus Nordbayern gestellt werden sollte. Das Militärwesen schlug ich vor Levien anzubieten. Doch erklärten die Mehrheitler, sie müssten gleich den Unabhängigen und den Linksradikalen zwei Ressorts beanspruchen, zumal Segitz seiner Wahl erst meinte zustimmen zu können, wenn er dazu die Erlaubnis seiner Partei eingeholt habe. Zu meinem Erstaunen wurde – und zwar von dem Unabhängigen Simon – der bisherige Militärminister Schneppenhorst als Volksbeauftragter für das Militärwesen empfohlen. Dieser Vorschlag führte zu einer sehr heftigen Kontroverse zwischen mir und Schneppenhorst. Ich erklärte, dass der Mann, der diesen Posten übernehme, die Aufgabe habe, das Proletariat zu bewaffnen und eine rote Arbeiterarmee aufzustellen, die bereit sei, die Räterepublik gegen jeden Angriff von innen und von außen zu schützen, dass Schneppenhorst hingegen im Ruf eines bayerischen Noske stehe und besonders durch seine Flugblätter und dadurch, dass er von Nürnberg aus Militär gegen München in Anmarsch gesetzt habe, jedes Vertrauens bei den Massen entbehre.

Schneppenhorst antwortete sehr erregt. Die Flugblätteraffäre entschuldigte er damit, dass er falsch informiert gewesen sei. Man habe ihm berichtet, Levien und ich wollten im Falle der Ablehnung meines Antrages im Rätekongress durch einen Gewaltakt den Kongress auseinandertreiben und die Rätediktatur einführen. Als er gesehen habe, dass das nicht geschah, habe ihm seine Übereilung selbst leid getan und er bitte um Entschuldigung dafür. Auch habe er nie Truppen gegen München schicken wollen. Die Sache verhalte sich ganz harmlos. Auf den Bescheid hin, dass die »Republikanische Schutztruppe« in München durch wochenlange strenge Bereitschaft völlig erschöpft sei, habe er nur zur Ablösung eine Anzahl Nürnberger Soldaten, noch dazu unbewaffnet, nach München schicken wollen, sie dann aber überhaupt nicht abreisen lassen. Zum Beweise seiner vollen proletarischen Loyalität führte er an, dass er jede Werbetätigkeit in Bayern verhindert und Werbeoffiziere habe verhaften lassen. Die sehr geschickt vorgetragene Rede Schneppenhorsts machte auf die Anwesenden starken Eindruck. Ich erwiderte jedoch, dass ich die Richtigkeit seiner Angaben nicht nachprüfen könne, dass mir aber auch im Falle seiner größten Ehrlichkeit seine Person unannehmbar scheine, weil vor allen Dingen bei der Besetzung dieses wichtigen Vertrauenspostens die Mentalität des Proletariats berücksichtigt werden müsse, das nun einmal ein tiefes Misstrauen gegen Schneppenhorst habe. Ich blieb jedoch mit meinem Widerspruch allein. Den Volksbeauftragten für die Landwirtschaft zu bestimmen, wurde in allgemeiner Übereinstimmung dem radikalen Bauernbund überlassen.

Wir Mitglieder des »Revolutionären Arbeiterrats« bestanden darauf, dass endgültige Beschlüsse erst gefasst werden sollten, wenn die KPD an den Verhandlungen teilnehme. Da Levien jedoch trotz mehrfacher Versuche, ihn zur Stelle zu bringen, ausblieb, wurde vereinbart, dass am Abend im Kriegsministerium eine neue Zusammenkunft im größeren Kreise stattfinden sollte, bei der die endgültigen Festsetzungen getroffen werden sollten. Auf jeden Fall sollte in der Frühe des 5. April schon die vollendete Tatsache geschaffen sein.[133]

Alle Zeichen stehen jetzt also auf Ausrufung der Räterepublik. Mühsam müsste jubeln, tut es aber nicht. Das alles kommt zu plötzlich, und überdies fehlt mit der KPD die inzwischen stärkste radikale Gruppierung. Wie schon bei Neuraths Angebot eines anarchistischen Reservats von Staates Gnaden spürt Mühsam das Komplott, lässt sich diesmal aber von Landauer beschwichtigen:

Landauer und ich zogen uns nun gesondert in ein Restaurant zurück, wo wir die Proklamation entwarfen. Ich verhehlte dabei Landauer nicht meine Befürchtung, dass die Begeisterung des Proletariats durch die Liste der Volksbeauftragten, ganz besonders durch den Namen Schneppenhorst, sehr beeinträchtigt werden könne. Landauer dachte darüber sanguinischer. Er meinte, die Ereignisse in Ungarn hätten bei uns gerade auch die revolutionären Arbeiter davon überzeugt, dass die Einigung des Proletariats möglich und notwendig sei. Die Mitwirkung der Rechtssozialisten beweise, dass auch sie wie ihre Gesinnungsgenossen in Budapest erkennen, dass ihnen kein anderer Weg mehr offenbleibe als die Annahme unserer Postulate, und was die Namen anlange, so sei es vollständig gleichgültig, wer unterzeichne. Indem das Proletariat selbst die Macht übernehme, könne es ja jeden Moment diejenigen Personen, die ihm nicht passen, durch seine Vertrauensleute ersetzen.

An die Möglichkeit, dass etwa die KPD sich grundsätzlich ablehnend verhalten könne, dachte kein Mensch. Wir alle wussten, mit welcher Leidenschaftlichkeit das Münchener Proletariat Tag für Tag nach der Räterepublik rief, und so übersahen wir die Gefahr, die eine

---

133 Aus: Von Eisner bis Leviné, Berlin 1929

so willkürliche Form der Ausrufung, wie sie jetzt geplant war, in sich schloss. In der Sache selbst war mein Gedankengang so: Der Moment ist gegeben, wie er kaum wiederkehren wird: Generalstreik in Augsburg mit der strikten Forderung des Proletariats, zugleich Bruch des Übereinkommens mit dem Rätekongress durch die Bourgeoisie. Das Proletariat unter dem frischen Eindruck der ungarischen Vorgänge. In Braunschweig und Thüringen Unruhen mit der ausgesprochenen Tendenz zur bolschewistischen Rätediktatur. Benutzen wir die Situation, dachte ich mir, so ist Österreich zwischen den beiden Räterepubliken Ungarn und Bayern eingeklemmt. Das wird den Einfluss der Bauer und Adler[134] brechen, und die Brücke wird hergestellt sein; wenn zugleich in Braunschweig und Mitteldeutschland Inseln entstehen, so wird unser Vorgehen auch das Signal zur allgemeinen deutschen Revolution geben, und die Herrschaft Ebert-Scheidemann-Noske muss zersplittern. Ich sah also in der Etablierung der Räterepublik in Bayern ein eminent bedeutungsvolles Ereignis für die Weltrevolution.[135]

Noch hier, in seinem 1920 verfassten Rechenschaftsbericht, ist Mühsam (im Gegensatz zu den Sozialdemokraten, die das Komplott zu genau diesem Zweck ersonnen haben) offensichtlich nicht in der Lage, zu erkennen, warum sich die KPD an dieser Stelle verweigern muss. Erst im Laufe seiner Festungshaft wird er langsam realisieren, was diese Partei nicht weniger ausmacht als die von ihm stets verachtete SPD:

Eine zentralistische Partei hat alle Eigenschaften eines zentralistischen Staats und jeder anderen zentralistischen Organisation, die Eigen-

---

134 Gemeint sind die österreichischen Sozialdemokraten Victor Adler und Otto Bauer, die den Anschluss des verbliebenen Deutsch-Österreichs an das Deutsche Reich durchsetzen wollten, letzterer als Nachfolger des ersteren, der bereits im November 1918 verstarb.
135 Aus: Von Eisner bis Leviné, Berlin 1929

schaften nämlich, die einen Mechanismus von einem Organismus unterscheiden. Es kann so wenig Selbstbestimmung von Parteimitgliedern geben, wie es Selbstbestimmung von Staatsbürgern geben kann. Initiative ist Angelegenheit derer, die mit der Aufgabe angestellt sind, Initiative innerhalb bestimmter starrer Vorschriften zu entfalten. In der Starrheit der Vorschriften erstarrt auch die Initiative der beamteten Initiatoren. Dagegen empört sich der Aktivitätsdrang der menschlichen Natur und so entsteht Bewegung, die den Parteirahmen zu erweitern sucht. Parteirahmen aber lassen sich nicht erweitern, sie lassen sich nur sprengen, und das hieße Zerstörung der Partei, die bei ihren Betreuern vermöge ihrer Struktur wie jeder zentralistische Apparat längst Selbstzweck geworden ist. Es ist klar, dass das Bestreben, eigene Initiative zu entwickeln, in einer Partei stets grade bei den Mitgliedern zu oppositioneller Aktivität drängt, deren revolutionäres Empfinden der Erstarrung im Bürokratismus am längsten trotzt. Die Monopolisierung der revolutionären Initiative für eine Parteileitung bedeutet also die Verdrängung jedes rebellischen Geistes, den Verzicht auf Rausch und Feuer im elementarischen Geschehen der schöpferischen Stunde, bedeutet Welterneuerung in der Retorte nach den in behaglicher Muße ertüftelten Formeln eines Rechenexempels.[136]

Die Verhandlungen zur künftigen Gestalt der Räterepublik beginnen also ohne Beteiligung der KPD:

Am Abend waren etwa hundertfünfzig Personen im Sitzungssaal des Kriegsministeriums versammelt, darunter viele Mitglieder des RAR (unter denen, wie gesagt, ein starker Teil der Kommunistischen Partei angehörte), offizielle Vertreter der SPD, der USPD, der Gewerkschaf-

---

[136] Aus: Die proletarische Linke, Fanal, 1. Jahrgang, Nr. 3, Berlin Dezember 1926

ten, die Minister Schneppenhorst, Simon und Steiner (Landwirtschaftsminister), eine starke Abordnung des Bauernrates, Vertreter der Soldatenräte, Stadtkommandant, Polizeipräsident und so weiter. Die KPD war als solche offiziell nicht vertreten trotz dringender Einladung. Niekisch als Verhandlungsleiter erstattete Bericht. Über die Unvermeidlichkeit der Aktion bestand zunächst Einigkeit. Der Vertreter der Bauernschaft, Gandorfer, teilte die Bedingungen mit, unter denen seine Freunde sich beteiligen würden. Die brenzlichste unter ihnen verlangte, dass Grundbesitz unter tausend Tagwerk vorerst nicht sozialisiert werden dürfe. Man war, da ein Arbeiten gegen die Bauernschaft ganz ausgeschlossen schien, gezwungen, die Forderungen der Bauern anzunehmen. (Übrigens haben sich nach dem 13. April auch die Kommunisten diesen Bedingungen gefügt.) Ich hielt es für notwendig, den anwesenden Sozialpatrioten und lahmen Unabhängigen mit aller Deutlichkeit zu Gemüte zu führen, dass die Errichtung der Räterepublik nicht die Änderung einer Firma, sondern die völlige Verwandlung des Systems bedeute, und setzte in einer längeren Rede auseinander, dass es nun gelte, wie in Ungarn alle Konsequenzen aus der Lage zu ziehen und das unzweideutige Bekenntnis zum Kommunismus abzulegen. Während ich die nächsten Maßnahmen erörterte, darunter die Errichtung einer Roten Armee, die Einsetzung eines Revolutionstribunals, die sofortige Nationalisierung der Banken und so weiter, wurde ich von einem Gewerkschaftsführer durch den Zwischenruf unterbrochen: »Mir graut, aber ich mache mit.« Mir schien darin die Erkenntnis der Schwäche dieser Leute zu sprechen, zugleich aber auch der ehrliche gute Wille, sich ins Unabänderliche zu fügen. Während der weiteren Verhandlungen erschienen drei mir unbekannte Männer im Saal, und der Vorsitzende teilte mit, dass eine Delegation der KPD das Wort verlange.

Zuerst sprach Genosse Schuhmann. Er erklärte zur grenzenlosen Überraschung sämtlicher Anwesenden, seine Partei protestiere gegen die Ausrufung der Räterepublik, die dieses Konventikel gar nicht beschließen dürfe, sondern die vom Rätekongress angenommen werden müsse. Ich übernahm es, ihm sowie den beiden andern Sprechern der Partei zu antworten. Zunächst setzte ich noch einmal die Gründe auseinander, die schleuniges Handeln verlangen, erinnerte daran, dass sich der Rätekongress als rückständige und willenlose Körperschaft erwiesen habe und dass der Zentralrat es sei, von dem jetzt die Initiative ausgehe, also durchaus die Instanz, die berufen sei, ein Provisorium zu schaffen, zu dem dann ein neuer aufgrund revolutionärer Rätewahlen einzuberufender Kongress endgültig Stellung nehmen müsse. Als zweiter Redner der KPD behauptete Genosse Dietrich, die Massen seien gegen die Proklamation der Räterepublik. Er erregte damit das Gelächter der Versammlung, und ich erwiderte, dass diese Äußerung zeige, wie fremd er noch den Verhältnissen in Bayern gegenüberstehe, da seit Eisners Ermordung die Räterepublik die unausgesetzte laute Forderung des Proletariats sei, wobei ich auch an die drohende Demonstration gegen den Rätekongress am 28. Februar erinnerte. Dann erhielt »Genosse Niessen« das Wort, ebenfalls ein allen Anwesenden gänzlich Unbekannter, dessen Identität mit Eugen Leviné erst einige Tage später bekannt wurde. Seine Ausführungen waren weitaus ernster zu nehmen als die seiner Vorredner. Alle Argumente, die er ins Feld führte, richteten sich gegen ein Zusammenwirken mit den Sozialpatrioten. Er verwies auf die verräterische Haltung der Sozialdemokraten in Berlin, in Hamburg, vor allem in Bremen, griff den anwesenden Minister Schneppenhorst und den Stadtkommandanten Dürr persönlich so scharf an, dass unter den Mehrheitlern großer Unwille entstand und Schneppenhorst selbst beinahe handgreiflich geworden wäre. Meine Antwort lautete dahin, dass ich das Misstrauen gegen die Mehrheitspartei vollkommen teile, dass es mir aber doch unzulässig erscheine, aus dem Verhalten dieser Partei in Norddeutschland ohne weiteres Analogieschlüsse zu ziehen und

Leute als Verräter zu bezeichnen, ehe sie bewiesen hätten, dass sie welche seien. Im übrigen sei jedoch meine Meinung, dass, wenn jetzt ein neuer provisorischer Zentralrat und ein Rat der Volksbeauftragten bestimmt werde, das für das Proletariat keineswegs bindend sei. Ich wünschte, dass morgen, gleich nachdem das Ereignis bekanntgegeben sei, die Massen auf der Theresienwiese zusammenkämen, uns allesamt zum Teufel jagten und das Weitere aus eigenem Ermessen den Personen übertrügen, denen sie Vertrauen entgegenbrächten. Dass jedoch ein Zusammengehen aller Parteien und sozialistischen Richtungen durchaus dem Wunsch des Proletariats entspreche, müsse ich nach dem Beweise, den Ungarn zur Zeit für die Möglichkeit dieser Einigung biete, bestimmt annehmen. Darauf verließ die Deputation den Saal.

Die Erregung über diesen unerwarteten Zwischenfall war außerordentlich. Allgemein, auch unter den der KPD angehörenden Mitgliedern des RAR, hörte man die Ansicht, dass diese drei Männer, die niemand kannte, die auch mir bei meinem früheren engen Zusammenwirken mit der Partei völlig fremd waren, unmöglich die Auffassung der kommunistischen Arbeiterschaft Münchens ausdrückten und dass sie, die einen Parteivorstand repräsentierten, der ohne Fühlung mit dem Proletariat sei, nur deswegen opponierten, weil sie die Räterepublik zu einer ihnen genehmen Zeit als reine Parteiaktion proklamieren wollten. Man fragte sich: Warum ist niemand trotz der dringenden Aufforderung zur Nachmittagssitzung gekommen? Warum schickt man jetzt statt Levien oder eines andern, jedem bekannten Parteigenossen diese drei eben von Norddeutschland herdirigierten Leute? Wer sind die drei? Wer ist es in Wirklichkeit, der sie bevollmächtigt hat? Über einen Punkt hatte keiner einen Zweifel: dass die kommunistische Arbeiterschaft im Augenblick, wo die Ausrufung der Räterepublik Tatsache wäre, eine negative Parole ihrer Führer einfach ignorieren und sich über die Köpfe der Parteileitung hinweg beteiligen und an der Spitze marschieren werde. Es ist auch heute noch meine Überzeugung, dass die Ausführung unserer Absicht, in der Frühe des 5. April die Proklamation zu veröffentlichen, die Arbeiterschaft in völlig einiger Begeisterung hinter uns geführt hätte (was natürlich nichts gegen die prinzipielle Richtigkeit der Ablehnung durch die KPD besagt).[137]

Diese »prinzipielle Richtigkeit der Ablehnung durch die KPD« ist, das sei hier noch mal betont, die Perspektive des zerknirschten Festungsgefangenen Mühsam, der sich im Jahr 1920 alle Fehler, die gemacht wurden, persönlich ankreidet. Bei Veröffentlichung des Rechenschaftsberichts neun Jahre später, hat sich sein Blick auf die entscheidenden Ereignisse grundlegend verändert:

In der kritischen Nacht vom 4. zum 5. April fanden Landauer und ich, dass es gar nicht darauf ankomme, ob die Ausrufung der Räterepublik in Ausführung eines von den Betrieben ausgehenden Beschlusses geschehe, und beteiligten uns, wenn auch nicht ohne Bedenken, so doch im Gefühl, einer unumgehbaren Notwendigkeit zu gehorchen, an der Bildung einer provisorischen »Regierung«. Die Kommunisten aber, die sonst stets nur den Führerentschluss maßgeblich auf die Massen wirken lassen, beriefen sich auf die Unzulässigkeit unseres Vorgehens als Durchbrechung des Prinzips, dass die Räterepublik nur von unten nach oben aufgebaut werden dürfe. Am 13. April allerdings machten sie es dann unter dem Druck der Ereignisse nicht anders als wir eine Woche zuvor. Leider hat der Parteiegoismus der Kommunisten das Zusammenarbeiten im entscheidenden Augenblick verhindert. Sonst wäre vielleicht mancher Fehler der ersten Periode minder verhängnisvoll ausgefallen, mancher Fehler der

---

137 Aus: Von Eisner bis Leviné, Berlin 1929

zweiten Periode ganz vermieden worden, und das viele Richtige, das beide Perioden mindestens im Wollen und Versuchen gezeigt haben, wäre zu wirklichen Erfolgen geführt worden.[138]

Nachdem die von ihnen geplante Spaltung der Revolutionäre offensichtlich geglückt ist, bereiten nun die Sozialdemokraten ihren eigenen (heimlichen) Rückzug vor:

Die erste Folge des Auftretens der Kommunisten stellte sich sofort ein. Die Sozialdemokraten erklärten, dass durch die Gefährdung der Einigkeit, die Voraussetzung ihrer Mitwirkung gewesen sei, eine neue Situation geschaffen sei, und verlangten – etwa um Mitternacht – die Unterbrechung der Sitzung für eine Viertelstunde. Sie zogen sich zurück. Als sie nach einer vollen Stunde noch nicht im Saal waren, wurde die Verhandlung ohne sie fortgesetzt. Endlich erschienen sie. Die Vermutung, sie würden jetzt ihre Beteiligung verweigern, erwies sich als falsch. Für diesen Fall wollte Landauer die Proklamation kurzerhand durch den RAR vorschlagen. Durch den Mund Schneppenhorsts ließen die Herren verkünden, dass sie einen Aufschub der Proklamation um achtundvierzig Stunden verlangten, um inzwischen die Provinz vorzubereiten. Es sei zu befürchten, dass das Militär in Nordbayern sich zu reaktionären Handlungen aufputschen lasse. Deshalb müsse er (Schneppenhorst) zunächst nach Nürnberg reisen. Da er das II. und III. bayerische Armeekorps völlig in der Hand habe, könne er dann garantieren, dass ganz Nordbayern treu zur Räterepublik stehen werde. Wir Radikalen protestierten mit der äußersten Heftigkeit gegen die Verschleppung, besonders scharf wandte sich Landauer dagegen, mit der Begründung, dass nur die Überrumpelung der Bourgeoisie rasche Sicherungsmaßnahmen der Reaktion verhin-

---

138 Vorwort aus: Von Eisner bis Leviné, Berlin 1929

dern könne. Er deutete übrigens an, dass er nun auch ein gewisses Misstrauen gegen die Ehrlichkeit Schneppenhorsts gefasst habe, und ermahnte diesen, dass man ein ausgesprochenes Wort nicht in seinen Mund zurückrufen könne. Schneppenhorst bekräftigte seine Zuverlässigkeit durch den Ausspruch, er verpfände seinen Kopf dafür, dass er in Nürnberg nur für die Räterepublik wirken werde. Eine starke Unterstützung in unserer Forderung, ohne Aufschub zu handeln, fanden wir in einem Bauernrat, dem Redakteur Kübler, der in einer ausgezeichneten Rede ganze und rasche Arbeit forderte. Die Mehrheitler wurden jedoch unterstützt von einigen rechten Unabhängigen. Der einzige, der aus der Situation den Schluss zog, man solle die ganze Aktion um einige Wochen vertagen, war Dr. Wadler, der sich dafür den Unwillen von allen Seiten zuzog. Die Abstimmung ergab eine Mehrheit für die Vertagung um achtundvierzig Stunden. Ich sah in diesem Augenblick mit großer Deutlichkeit die Gefahr, die in dieser Verzögerung lag, und wollte jetzt noch auf Landauers Anregung zurückkommen, nämlich den »Revolutionären Arbeiterrat« veranlassen, die Sitzung zu verlassen, sich sofort mit der KPD in Verbindung zu setzen, um in Gemeinschaft mit ihr in der Frühe des Tages ein fait accompli zu schaffen. Leider brachte mich Landauer wieder von dieser Idee ab. Wie ich die Dinge heute rückschauend ansehe, war es der einzige Weg, aus einer verfahrenen Situation mit einer revolutionären Tat herauszukommen. Die revolutionäre Vorhut des Proletariats hätte einig gehandelt, und dem Verrat wäre von Anfang an kräftig vorgebeugt worden. Wir fügten uns also dem Beschluss.

Die am Nachmittag festgesetzte Liste der Volksbeauftragten wurde nun zunächst kassiert, und es wurde beschlossen, die achtundvierzig Stunden möglichst gründlich zur Bearbeitung der Provinz zu benutzen. Gleich in der Frühe des Tages sollten Delegierte ins Land gesandt werden, um alles vorzubereiten. Nach Nürnberg wurde außer Schneppenhorst noch der Unabhängige Minister Simon geschickt, und ich erhielt den speziellen Auftrag, ebenfalls dorthin zu fahren, um mit der Nürnberger Ortsgruppe der KPD über deren Mitwirkung zu verhandeln und sie womöglich zu bewegen, einen Volksbeauftragten zu stellen.

Die Sitzung wurde erst spät in der Nacht beendet. Ich musste von dort noch mehrere entfernt wohnende Genossen in dem einzigen Auto, das zur Verfügung stand, heimbegleiten, dann auf der Polizei Fahrtausweise besorgen und telefonisch reservierte Eisenbahnplätze bestellen. So kam ich erst gegen fünf Uhr früh heim. Um acht Uhr saß ich bereits im Schnellzug nach Nürnberg, und zwar im gleichen Abteil, in dem auch Schneppenhorst und Simon fuhren. Es befanden sich noch weitere Delegierte bei uns, unter anderen die Genossen Hagemeister und Sauber, die nach Würzburg geschickt wurden. Politische Gespräche wurden unterwegs so gut wie nicht geführt. Nur erinnere ich mich, dass Schneppenhorst die Bedingungen der Bauern kritisierte und die Schonung der Grundstücke unter tausend Tagwerk als eigennützige Forderung Gandorfers denunzierte, dessen Besitz achthundert Tagwerk groß sei. – In Nürnberg wurde ich von den telefonisch verständigten Genossen der KPD am Bahnhof abgeholt. Ich habe von dem Augenblick an, als die Genossen mich begrüßten, Schneppenhorst erst im Juli im Gerichtssaal wiedergesehen.

In Nürnberg blieb ich den ganzen Tag in Gesellschaft der Genossen. Ich wurde in der Wohnung eines von ihnen aufgenommen, wo Telefon war, und die Ausschussmitglieder der Ortsgruppe wurden hier zu einer Sitzung zusammengerufen, zu der ich zugezogen wurde. Zunächst erkundigte ich mich nach der Persönlichkeit Schneppenhorsts. Der Bescheid, den mir die Genossen über seine moralischen und politischen Qualitäten gaben, war derartig, dass ich sofort an den RAR telefonierte, dass Schneppenhorst an der Organisation der Räterepublik unter keinen Umständen und an keinem Posten zugelassen werden dürfe. Ich müsse meine Beteiligung am Ganzen davon abhängig machen. Alsdann formulierten die Genossen unter meinem Beistande die Minimalforderungen der Ortsgruppe Nürnberg der KPD. Sie entsprachen fast wörtlich den nachher von der USPD (Toller) eingebrachten Forderungen. Ich verpflichtete mich persönlich, diese Bedingungen als die meinigen anzuerkennen. Am Abend desselben Tages reiste ich in Gesellschaft Tollers, der zufällig in Nürnberg war und über die Münchener Ereignisse erst von mir unterrichtet wurde, nach München zurück, in der Gewissheit, dass die Nürnberger Kommunisten eine völlig entgegengesetzte Auffassung hatten als die Münchener Führer und dass am folgenden Tage zwei von ihnen zur persönlichen Information nach München kommen würden. – Ich fand, als ich in später Nacht ins Wittelsbacher Palais kam, dort noch eine Anzahl von Genossen versammelt und erfuhr von ihnen, dass Wadler die bevorstehende Proklamation in einer öffentlichen Versammlung angekündigt habe, was mit jubelnder Begeisterung aufgenommen worden sei.[139]

Hier tritt zum ersten Mal in Mühsams Rechenschaftsbericht der Dichter Ernst Toller in Erscheinung, mit dem Mühsam später, während der Festungshaft, ein eher schwieriges Verhältnis haben wird. Der erst 26-jährige Toller, in den ersten Monaten eher eine Randfigur der Revolution, hat nach Eisners Ermordung den Vorsitz der bayerischen USPD übernommen und sich seither mehrfach in Mühsams Sinne positioniert. In den folgenden Wochen wird auch er für die Räterepublik sein Leben in die Waagschale werfen. Diese will allerdings erst mal gegründet sein, und Mühsam hofft weiterhin auf eine Beteiligung der KPD:

Nach sehr kurzem Nachtschlaf musste ich am Morgen des 6. April an einer Sitzung des »Revolutionären Arbeiterrats« teilnehmen, wo die Stimmung auch bei den Mitgliedern der KPD sehr optimistisch

---

[139] Aus: Von Eisner bis Leviné, Berlin 1929

war. Ich erfuhr, dass soeben in einem öffentlichen Saal eine Generalversammlung der KPD stattfinde, und ging in Begleitung eines alten Genossen der Partei dorthin. Obwohl ich ja kein Mitglied war, wurde ich von den Aufsicht führenden Genossen mit einem Scherzwort ohne Umstände eingelassen. Im Saal mögen etwa sechshundert Personen anwesend gewesen sein. Ich ging, während Genosse Niessen (Leviné) sprach, zum Vorstandspodium hinauf und bat Levien, mir außer der Reihe das Wort zu erteilen, da ich der Versammlung eine wichtige Meldung von ihren Nürnberger Parteigenossen zu überbringen habe. Zu meinem Erstaunen machte Levien zuerst große Schwierigkeiten und protestierte dagegen, dass ich in eine geschlossene Mitgliederversammlung eingedrungen sei. Ich verlangte jedoch, dass die Mitglieder darüber entscheiden sollten, ob ich angehört werde. Als Niessen geendet hatte, teilte Levien der Versammlung mit, dass ich da sei, obwohl ich nicht eingeschriebenes Mitglied sei. »Mühsam ist mein persönlicher Freund, aber mein politischer Gegner«, erklärte er zur allgemeinen Überraschung. Die Versammlung gab durch lautes Murren und durch Rufe ihren Willen kund, mich zu hören. So erhielt ich das Wort und gab Bericht über meine Nürnberger Mission. Ich erzählte dabei, welche Mitteilung ich über Schneppenhorst empfangen habe, verlas die Bedingungen der Nürnberger KPD-Ortsgruppe und erklärte, dass meine Mitwirkung nur in Frage komme, wenn diese Bedingungen erfüllt und die Person Schneppenhorsts von jeder öffentlichen Betätigung entfernt würde. Der starke Beifall, der meiner Rede folgte, bewies mir, dass die Mitglieder der KPD keinesfalls der Meinung seien, die die Deputation der Partei im Kriegsministerium vertreten hatte. Nach mir wurde das Wort wieder dem Genossen Niessen erteilt, der mich heftig angriff und mir vorwarf, dass ich tags zuvor mit demselben Schneppenhorst, den ich jetzt herunterkanzle, nicht bloß gemeinsame Sache gemacht, sondern sogar zu gemeinschaftlicher Agitation mit ihm nach Nürnberg gereist sei. Ich suchte diese Entstellung durch Zwischenrufe zu berichtigen, erreichte aber nur, dass sie in noch weit gröberer Form von neuem behauptet wurde. Das erregte mich dermaßen, dass ich meine Nerven verlor. Ich fühlte meine reine Sache vor den nächsten Genossen, die ich zuerst überhaupt revolutionär aufgeklärt hatte, besudelt und verließ in großer Erregung den Saal. Damit beging ich den entscheidensten Fehler. Wäre ich geblieben, so wäre mir gewiss Gelegenheit gegeben worden, meine Haltung gerade Schneppenhorst gegenüber voll zu rechtfertigen, und auch Genosse Leviné hätte sich sicher überzeugt, dass er falsch unterrichtet war und dass ich in Nürnberg nicht gemeinsame Sache mit Schneppenhorst machte (mit dem ich rein zufällig im selben Kupee gefahren war), sondern mit seinen eigenen Parteigenossen von der KPD. Übriggeblieben wäre die sachliche Differenz, und bei der großen Beliebtheit, die ich bei den Kommunisten genoss, wäre, auch wenn wir zu keiner Einheitlichkeit im Handeln gekommen wären, der Konflikt auch in den folgenden Tagen in weniger erbitterter Form ausgetragen worden. So aber ließ ich mich von meiner durch Überanstrengung und Übermüdung gesteigerten Reizbarkeit verleiten fortzugehen und erweckte dadurch bei den Genossen selbst den Verdacht, aus Schuldgefühl der Rechtfertigung gegen die Vorwürfe Niessens auszuweichen. Ich selbst war mir jedoch über diese Wirkung meines Verhaltens keineswegs im Klaren, glaubte im Gegenteil nach der Zustimmung der KPD-Mitglieder zu meiner Rede und nach der Unruhe, mit der die Reden der Genossen Levien und Niessen angehört waren, dass die Masse der kommunistischen Proletarier die Weigerung ihrer Führer nicht billigten und die Beteiligung an der Räterepublik erzwingen würden.

An dieser Stelle erscheint Mühsams Rechenschaftsbericht zum ersten Mal unglaubwürdig. Es ist schwer vorstellbar, dass er tatsächlich so naiv sein kann, zu glauben, er hätte Eugen Leviné von seiner Lauterkeit überzeugen können, wo es diesem doch ganz offensichtlich nur darum ging, ihn im Sinne der Parteidoktrin öffentlich zu diskreditieren. Möglicherweise ist diese Passage also nur seinem Bemühen um revolutionäre Einigkeit zum Zeitpunkt der Abfassung im Herbst 1920 geschuldet. Denn genau diese Einigkeit ist es, die Anfang April 1919 fehlt:

Am Abend dieses Tages (Sonntag) trat die Versammlung vom Freitagabend in etwas anderer Zusammensetzung im Wittelsbacher Palais, und zwar im Schlafzimmer der früheren Königin, wieder zusammen, um die endgültige Proklamation der Räterepublik vorzunehmen. Von den Ministern der Mehrheitspartei war keiner mehr dabei. Es hatte inzwischen in München ein sozialdemokratischer Gautag getagt, dessen Abstimmung über die Beteiligung ein zweifelhaftes Resultat ergeben hatte. Ob sich die Herren Segitz und Endres deswegen unsicher gefühlt haben oder ob sie gleich ihrem Kollegen Schneppenhorst bereits direkt am Werke der Gegenrevolution arbeiteten, bleibe dahingestellt. Die Partei war nur durch einige weniger prominente Funktionäre vertreten, die sich ziemlich schweigsam und abwartend verhielten. Dagegen hatte die USPD ihre aktivsten Führer geschickt, und Toller, der schon im Rätekongress zum Nürnberger Kompromiss in Opposition gestanden und nachträglich einen Missbilligungsbeschluss dagegen in einer Münchener Parteiversammlung durchgedrückt hatte, trat als ihr Hauptwortführer auf. Der »Revolutionäre Arbeiterrat« war fast vollzählig da, und eine Anzahl seiner der KPD angehörenden Mitglieder erklärten, auch über einen Parteibeschluss hinweg mitarbeiten zu wollen. Die beiden von Nürnberg erwarteten Genossen erschienen zwar, aber nur, um mir persönlich mitzuteilen, dass sie nach Rücksprache mit den führenden Münchener Kommunisten ihre Zustimmung zurückziehen müssten.[140]

---

140 Aus: Von Eisner bis Leviné, Berlin 1929

Abermals hat die Berliner Parteizentrale durch ihren örtlichen Vertreter Leviné eingegriffen und Mühsams Verhandlungserfolg mit ihren Basisgenossen kassiert. Sein späteres Fazit:

Die trüben Erfahrungen, die die deutschen revolutionären Arbeiter bisher mit dem übersteigerten Partei-Zentralismus gemacht haben, lassen hoffen, dass sie sich in der Stunde der Erhebung die Direktiven nicht wieder von beamteten Führern, sondern aus der Erkenntnis des eigenen revolutionären Gewissens holen werden.[141]

Im April 1919 muss Mühsam jedoch weiter versuchen, irgendwie und sozusagen über Bande mit einer Parteizentrale zu kommunizieren, deren Machtstrukturen nebulös bleiben:

Ich hatte mir inzwischen überlegt, dass angesichts des Misstrauens der Kommunisten noch weiter reichende Sicherungen getroffen werden müssten, als sie in Nürnberg vereinbart waren und als ich den kommunistischen Genossen garantiert hatte. Ich verlangte daher für meine eigene Person über die Ablehnung Schneppenhorsts hinaus, dass kein einziger Mehrheitssozialist und kein einziges Mitglied des bisherigen Ministeriums – auch die Unabhängigen nicht – in den Rat der Volksbeauftragten aufgenommen werden dürfe. Da mein Einfluss auf den RAR bekannt war und es jedem einleuchtete, dass die Abstinenz dieser Körperschaft die ganze Aktion zersprengen würde, erklärte Niekisch, dass die Sache nicht an Personenfragen scheitern dürfe. Mit Ausnahme der Bauernvertreter, deren Auswahl dem Bauernrat überlassen werden sollte, wurde daher meinem Verlangen gemäß entschieden. Es wurde alsdann die Umkonstituierung des provisorischen Zentralrats vorgenommen, dessen Vorsitzender

---

141 Aus: Die Proletarische Linke, Fanal, 1. Jahrgang, Nr. 3, Berlin Dezember 1926

Niekisch blieb, der aber durch Delegierung von sechs Mitgliedern des RAR ein entscheidendes Übergewicht nach links erhielt. Die Wahl der Volksbeauftragten war überaus schwierig, und nur die Betonung des provisorischen Charakters aller vorläufigen Maßnahmen ließ die Verlegenheits-Improvisation erträglich erscheinen. Für die auswärtige Politik wurde wieder Muehlon vorgeschlagen. Ich erreichte durch den Hinweis darauf, dass dieser Posten von einem Mann besetzt werden müsse, der unbedingtes Vertrauen in Russland und Ungarn besitze, seine Ablehnung. Darauf empfahl der RAR mich. Es wurde die Befürchtung ausgesprochen, dass ich eine zu aggressive Politik gegen das Ebertsche Deutsche Reich treiben würde, und da ich die größte Rücksichtslosigkeit gegen diese Bourgeoisie-Republik noch ausdrücklich empfahl und für den Fall meiner Wahl versprach, fiel auch ich durch. Darauf präsentierte die USPD aus ihren Reihen einen Genossen Dr. Lipp, der außer seinen Parteigenossen fast niemandem bekannt war. Da seine außerordentliche Bewandertheit in der internationalen Politik sehr gerühmt wurde, da er selbst sich als unbedingter Anhänger des Sowjetsystems bekannte und da man sonst nicht wusste, wen man wählen sollte, wählte man ihn auf Verantwortung der USPD. (...) Das Finanzressort zu übernehmen, hatte Professor Jaffé energisch abgelehnt, wie er überhaupt die Beteiligung an der Räterepublik vorläufig verweigerte. Landauer und ich schlugen den Physiokraten Silvio Gesell vor, dessen umfassendes Wissen auf dem Gebiete des Geldwesens und dessen lautere anarchistische Gesinnung uns bekannt war. Überdies schien uns die Praktizierung seiner Freigeldtheorie bei gleichzeitiger Nationalisierung der Banken ein besonders wirksames Mittel, die Ausbeutung und den Zinswucher beschleunigt unmöglich zu machen. Die Mehrheitler sagten zu allem ja und schluckten auch diesen Brocken, wie sie schon den von der USPD eingebrachten, sich mit den Nürnberger Forderungen in allem Wesentlichen deckenden kommunistischen Grundsätzen zugestimmt hatten. Für die Volkswohlfahrt wurde Genosse Hagemeister gewählt, der noch nicht von Würzburg zurück war, für Volksaufklärung Gustav Landauer. Am schwierigsten gestaltete sich die Wahl des Volksbeauftragten für das Militärwesen. Ich verlangte mit der größten Schärfe, dass nur einem absolut zuverlässigen kommunistischen Revolutionär der Befehl über die Waffen anvertraut werden dürfe. Die Gewehre, sagte ich, schießen immer nach links. Daher darf der Mann, der über sie verfügt, links von sich niemanden mehr vorfinden. Ich hoffte immer noch, Levien werde zu bewegen sein, den Posten zu übernehmen. Vorerst jedoch musste ein anderer gefunden werden. Wir wählten den Genossen Killer, der zwar bei der USPD, aber eines der radikalsten und zuverlässigsten Mitglieder des Soldatenrats war.[142]

Es ist also (auch ohne die Beteiligung der KPD) ein überaus bunter Haufen, der da zur Räterepublik entschlossen ist oder es wenigstens vorgibt. Die meisten immerhin kann man inzwischen als erfahrene Revolutionäre bezeichnen, und so verwundert aus heutiger Sicht, dass nicht spätestens die Bereitschaft der SPD, alle Entscheidungen durchzuwinken, Misstrauen erweckt – bei Mühsam und Landauer ebenso wenig wie bei Toller. Vielleicht kreisen die Gedanken allzu sehr darum, wie sich die KPD vielleicht doch noch motivieren ließe. Deren Hauptargument gegen die Räterepublik lautet nun, da Schneppenhorst und seine Mehrheits-Sozialdemokraten aus allen wesentlichen Positionen verschwunden sind, dass Bayern diesen Weg nicht allein gehen dürfe. Dieser neuerliche Verweigerungsgrund macht sogar noch den ansonsten auf Selbstkritik fokussierten Mühsam des Jahres 1920 noch immer wütend:

Es ist uns, die wir am 7. April 1919 zur Proklamation der bayerischen Räterepublik schritten, später wiederholt vorgehalten worden, dass

---

142 Aus: Von Eisner bis Leviné, Berlin 1929

das isolierte Vorgehen Bayerns ein Unding gewesen sei und dass ganz Deutschland auf einen Schlag diese Aktion hätte vornehmen müssen. Ich bekenne mich ohne Einschränkung schuldig, an der Ausrufung der Räterepublik im unrechten Augenblick und in ungeeignetster Form, dazu noch in Gemeinschaft mit unsicheren Kantonisten und unlauteren Elementen, treibend und aktiv mitgewirkt zu haben und berufe mich als einziges Entschuldigungsmoment auf den Mangel an praktischer revolutionärer Erfahrung und das Fehlen einer organisierten Aktionsgemeinheit unter den konsequenten Revolutionären selbst, das die der KPD nicht beigetretenen Kommunisten im Revolutionären Arbeiterrat mit zu großer persönlicher Verantwortung belastete. Aber den Einwand, Bayern hätte nicht allein handeln dürfen, lasse ich auch heute noch nicht gelten.

Das war auch nicht immer die Meinung der kommunistischen Partei. Ich erinnere nur daran, dass ich am 1. März schon im Einverständnis mit den führenden Persönlichkeiten der Partei im Rätekongress den Antrag stellte, Bayern zur Räterepublik auszurufen. Bei der Abstimmung (...) stimmten Genosse Levien und die übrigen Mitglieder der KPD geschlossen dafür, und ich erinnere an das stürmische Drängen der Massen dabei, die vor den Landtag gezogen kamen, und die Landauer, Levien und ich nur unter Aufbietung all unserer Überredungskunst zurückhalten konnten, das Gebäude zu stürmen (...). Ich erinnere mich aber auch daran, dass in dem Funkspruch, in dem Genosse Tschitscherin[143] uns von der »unbeschreiblichen Begeisterung« der großen russischen Schwesterrepublik Kunde gab, keine Silbe enthalten war, die auf ein Bedenken wegen unseres isolierten Vorgehens schließen ließ.[144]

---

143 Georgi Wassiljewitsch Tschitscherin ist seit 1918 Volkskommissar für Auswärtige Angelegenheiten der noch jungen Sowjetunion.
144 Aus: Die Einigung des revolutionären Proletariats im Bolschewismus, III Die revolutionäre Prädisposition des deutschen Proletariats, Die Aktion, Nr.7/8, Berlin 1921

*Nun aber, wenige Wochen nach diesem ersten Versuch, haben sich die
Direktiven der Parteiführung geändert:*

In der Nacht erschien der offizielle Abgesandte der KPD, Genosse
Levien. Er gab keine Erklärungen ab, sondern legte den Versammelten
im Namen seiner Partei eine Reihe scharf formulierter Fragen vor,
die alle präzis beantwortet wurden. Ich nahm den Genossen nachher
beiseite, stellte ihm die Situation vor, (...) zeigte ihm die Gefahr, bei
der Passivität der Kommunisten Halbkommunisten kommunistische
Politik treiben zu lassen, und legte ihm dar, wie stark der revolutionäre
Gedanke bei den Massen gekräftigt würde, wenn er als Volksbeauftragter die Bilder einer Roten Armee in die Hand nähme. Levien
schien mir grundsätzlich nicht abgeneigt, meine Gedankengänge zu
akzeptieren, erklärte aber, dass er erst seine Partei fragen müsse. Er
ging dann und kam nicht wieder.[145]

*Damit ist es entschieden. Die Revolutionäre können und wollen nicht
mehr warten. Sie wissen, dass dies der Moment ist, auf den sie seit
November hingearbeitet haben – ihre historische Chance. Wenn sie
jetzt zurückschrecken, ist die Revolution verloren.*

Es mussten nun die ersten Maßnahmen für die Proklamation selbst
getroffen werden. Ein Aufruf an das Proletariat wurde abgefasst (meines Wissens von Niekisch), unter den ich auf Verlangen auch meine
Unterschrift setzte. Dieser Aufruf hatte eine unglückliche Fassung,
die noch mehr an allem verdarb, als schon verdorben war. Der Montag (7. April) wurde zum »Nationalfeiertag« erklärt, woran die Kommunisten natürlich gleich einhakten, um eine Verletzung unserer In-
ternationalität daraus zu machen. Ferner wurde das Standrecht

---

145 Aus: Von Eisner bis Leviné, Berlin 1929

proklamiert. Landauer hatte das verlangt, aber zugleich dargelegt, dass der Ausnahmezustand selbstverständlich nur für die Bourgeoisie Geltung haben solle, um die proletarische Diktatur deutlich zum Ausdruck zu bringen. Diese Einschränkung wurde aber im Wortlaut übersehen, so dass am anderen Tage die Arbeiterschaft glaubte, unter Standrecht zu stehen. – Ferner sollte sofort ein gleichlautendes Funkentelegramm nach Budapest und Moskau aufgegeben werden. Ich bekam den Auftrag, es abzufassen und mit Dr. Lipp zusammen für den Zentralrat zu zeichnen. – Die Zeitungen wurden noch in der Nacht besetzt. Endlich wurde verfügt, dass um zwölf Uhr mittags die Glocken geläutet werden sollten und dass um diese Zeit auf allen öffentlichen Plätzen ein Redner zur Bevölkerung sprechen sollte. Die Stilllegung der Arbeit für den nächsten Tag wurde ebenfalls sofort beschlossen und durch Anschläge bekanntgegeben. Noch in der Nacht stellte sich heraus, dass der Verrat sich bereits jetzt in dem Umkreis der neuen Regierung eingenistet hatte. In den Morgenstunden wurde die ausgelegte Präsenzliste vermisst. Sie fand sich nicht wieder, obwohl eine Taschenvisitation bei den Anwesenden vorgenommen wurde.

Ich übernahm es, die Funksprüche persönlich aufzugeben, und kam damit gegen sieben Uhr früh am Montag beim Funkenturm an. Die Führer der Funkerabteilung riefen, nachdem die Telegramme abgesandt waren, alle Mannschaften zusammen, und ich musste eine Ansprache halten, die mit großem Jubel aufgenommen wurde. Gegen neun Uhr kam ich endlich zu Hause an, musste jedoch schon um zwölf Uhr an einem der Hauptplätze Münchens sein, um zu sprechen. Meine eigene Begeisterung war schon durch den bisherigen Gang der Sache stark niedergedrückt worden. Als ich jetzt die Stimmung in der Münchener Bevölkerung beobachtete, ging sie in Pessimismus über. Wohl war das Leben bewegter als gewöhnlich, aber es lag eine gewisse Schwüle über der Atmosphäre, eine beängstigende

Stille, die auf argwöhnisches Abwarten schließen ließ. Am Stachus bestieg ich eine Bank. Eine große Menschenmenge drängte sich um mich, aus der zunächst antisemitische Rufe laut wurden. Die Reaktion hatte schon die Witterung, dass das Proletariat uneinig geworden sei, und traute sich trotz der Standrechtsverkündigung vor. Unter der Menge bemerkte ich bald einen KPD-Genossen vom RAR, der meine Rede, lebhaft assistiert von den nationalen Studenten, dauernd durch Zwischenrufe unterbrach und die Menge aufforderte, dieser Räteregierung die Gefolgschaft zu verweigern. Die Festrede, die ich halten sollte, verwandelte sich in eine Rechtfertigungsrede. Es traten Diskussionsredner gegen mich auf, nämlich der erwähnte RAR-Genosse und dann ein älterer Mann, der die Behauptung aufstellte, ich hätte während des Krieges Gedichte auf den deutschen Kaiser gemacht. Als ich den Verleumder aufforderte, Beweise zu erbringen, weigerte er sich. Ich verlangte dann, er solle sich legitimieren, was er erst unter dem Druck der Umstehenden tat. Dann nahm er alles zurück. Die ganze Situation war äußerst unerquicklich. Ein großer Teil der Umstehenden nahm zwar entschieden für mich Partei, geleitete mich dann zu einem Auto und bereitete mir bei der Abfahrt eine Ovation. Aber ich hatte das bittere Gefühl, mich in ein schlimmes und dummes Abenteuer eingelassen zu haben, wenngleich ich immer noch nicht einsah, worin mein eigener Fehler lag, und die ganze Schuld am Ausgleiten der Revolution dem Verhalten der KPD zuschob.

Am Nachmittag trat der neue provisorische Zentralrat im Landtagsgebäude zusammen. Die Diskussion drehte sich darum, wie die Einigkeit des Proletariats zu erreichen sei. Das Verhalten der KPD wurde allgemein damit erklärt, dass sie statt einer Rätediktatur, wie wir sie durch die Anberaumung der Neuwahl sämtlicher Räte raschestens herbeiführen wollten, die Diktatur ihrer Partei erstrebe und deshalb jede Aktion, die nicht ihrer Initiative entspränge, von vorn-

herein zu sabotieren versuche. Während einzelne Redner rieten, die
Partei links liegenzulassen und nötigenfalls auch gegen sie zu operieren, verlangte der RAR mit größter Entschiedenheit, dass eine Verständigung mit der KPD, koste es, was es wolle, herbeigeführt werden
müsse, da wir einen Kampf gegen die besten Kräfte der Revolution
unter keinen Umständen mitmachen könnten. Man wusste, dass zu
gleicher Zeit in einem großen Saale eine öffentliche Versammlung
der KPD stattfand, und ich erhielt den Auftrag, mit noch zwei Genossen vom RAR hinzufahren und zu verhandeln. Vor allen Dingen
sollte ich die Bedingungen ermitteln, die die Partei stelle, um sich zu
beteiligen. (...) Kaum jedoch hatte die Menge mich bemerkt, als ein
ungeheurer Lärm entstand. Ich hörte Rufe wie Verräter! Schuft!
Volksbetrüger! etc. und wurde tätlich insultiert. Unter dem Schutz
einiger Genossen, die nicht alle Besinnung verloren hatten, gelangte
ich hinaus und entging der Gefahr, zerrissen zu werden. Einer meiner
Begleiter wurde schwer misshandelt (übrigens selbst ein Mitglied der
KPD). Dieser Vorfall machte einen niederschmetternden Eindruck
auf mich, da ich mit einer solchen Stimmung im Proletariat überhaupt nicht gerechnet hatte. (...) Ich war nach dem Empfang in der
Versammlung nahe daran, alles hinzuwerfen, mich vollkommen zurückzuziehen und den Dingen ihren Lauf zu lassen. Die Freude an
der Arbeit war mir gründlich vergällt. Schließlich siegte aber in mir
die Erwägung, dass ich jetzt nicht fahnenflüchtig werden dürfe.[146]

Spätestens jetzt ist offensichtlich, dass die KPD vorhat, die Räterepublik durch tätiges Handeln scheitern zu lassen. Für den rückblickenden Mühsam des Jahres 1920 ist diese Vorstellung so ungeheuer, dass er sie schlichtweg nicht zulassen kann. Erst als er dann Lenins fast zeitgleich mit seinem Rechenschaftsbericht verfasste Schrift »Der ›Linke Radi-

---

146 Aus: Von Eisner bis Leviné, Berlin 1929

kalismus‹, die Kinderkrankheit im Kommunismus« liest, beginnt Mühsam langsam die Hintergründe dessen zu erkennen, was in jenen Apriltagen in München geschehen ist:

Alle Energie in dem – an sich unverzeihlich dummen – Hineinreden in die proletarische Bewegung Deutschlands wird gegen die »Kinderkrankheit« des Radikalismus aufgewendet, und bei sich selbst haben die Bolschewiki nichts Besseres zu tun, als Anarchisten einzukerkern und gegen die rätekommunistischen ukrainischen Bauern Krieg zu führen. Die tiefere Ursache aller dieser Fehler liegt in der marxistischen Theorie selbst. Wenn ich frei werde, so bin ich entschlossen, meine Hauptkraft der Zerstörung des Aberglaubens an die Lehren von Marx zuzuwenden; auf die Gefahr hin, dass mein Bild von der Märtyrermauer des Kreml[147] wieder entfernt wird und ich als »Konterrevolutionär« geächtet werde.[148]

Wenngleich auch Mühsam die Motive für die Sabotageaktionen der KPD missdeutet, sieht er die Konsequenzen dieses Verhaltens klarer als die meisten seiner Genossen:

Landauer, mit dem ich sonst in fast allen Dingen einiggig, stand der Kommunistischen Partei ganz anders gegenüber als ich. Ihn verband nicht mit ihr die lange gemeinsame Arbeit, und er glaubte nicht, dass hinter der Partei wirklich starke Schichten des revolutionären Proletariats ständen. Er nahm daher den Widerstand der Partei an und für sich nicht so schwer wie ich. Den Mehrheitlern und einem

---

[147] Dem inhaftierten Mühsam ist zugetragen worden, sein Konterfei hinge als Banner in einer Reihe mit denen der russischen Revolutionäre an der Kremlmauer. Verifizierbar ist das allerdings nicht.
[148] 4. November 1921, aus: Erich Mühsam – Tagebücher, Chris Hirte & Conrad Piens (Hrsg.), Band 9, Berlin 2016

Teil der Unabhängigen war dieser Widerstand geradezu angenehm. Sie glaubten dadurch die Möglichkeit zu gewinnen, mit ihrem Hang zu reformistischer Politik im Zentralrat durchzudringen. Vor allem erhielten die Sozialdemokraten bei allen Vorhaltungen wegen der Verrätereien einzelner ihrer Parteigenossen, die jetzt schon bemerkbar wurden, Gelegenheit, sich darauf hinauszureden, dass ihre Zusage von vornherein auf der Voraussetzung fußte, dass das Proletariat geeinigt vorgehe. Da sich die KPD ausschließe, fühlten auch sie sich nicht mehr gebunden. (...)

Der »Revolutionäre Arbeiterrat«, der bisher stets geschlossen gehandelt hatte, zersplitterte, da die KPD die ihr angehörenden Mitglieder des RAR aufforderte auszutreten. Ein Teil fügte sich nicht, sodass unter der Anhängerschaft der KPD selbst schwere Konflikte entstanden. Das war auch unter den Massen der Fall. Sehr viele Kommunisten bekannten, dass sie die Haltung der Partei missbilligten, und traten aus oder handelten gegen die Weisungen der Zentrale. Aus der Provinz wurden die gleichen Erscheinungen gemeldet. So trat in der KPD Nürnberg am ersten Tage der Riss ein. Schlimmer war aber, dass die offene Uneinigkeit im revolutionären Proletariat die Haltung der Soldaten ungünstig beeinflusste. Ich habe später zum Beispiel erfahren, dass in Nürnberg ein Korpsführer mit zweitausend Mann sich den Kommunisten für alle Eventualitäten zur Verfügung gestellt hatte. Am Tage darauf erklärte der Mann, dass er und seine Leute angesichts der Tatsache, dass die Kommunisten selbst sich der Räterepublik feindlich gegenüberstellten, sich ihre Stellung vorbehalten müssten. Schneppenhorst bearbeitete die Soldaten mit dem Argument gegen die Räterepublik, dass die Kommunisten ja selbst den Schwindel nicht mitmachten, und konnte damit reaktionäre Geschäfte machen.[149]

---

149 Aus: Von Eisner bis Leviné, Berlin 1929

Mag die Haltung der KPD der neuen Räteregierung noch so große Schwierigkeiten bereiten, es gibt noch zahlreiche andere Probleme, die bewältigt werden müssen. Heutzutage wird einer neuen Regierung gewöhnlich eine 100-tägige Karenzzeit gewährt, um sich zu finden. Diese Zeit haben Mühsam und die Seinen nicht. Die »erste Räterepublik«, wie man sie später nennen wird, währt nur sechs Tage, und die sind so vollgestopft an kleinen Katastrophen, absurden Ereignissen und Verrat von unterschiedlichen Seiten, dass einem bei diesem Teil von Mühsams Bericht geradezu schwindelig wird:

Wie in München, so zeigte sich auch im Lande ein sehr unterschiedliches Verhalten der Arbeiterschaft. Südbayern schloss sich fast ganz der Rätebewegung an. Aus Nordbayern kamen Zustimmungstelegramme nur vereinzelt. Nürnberg, das die Bewegung im Norden tragen musste, versagte infolge der Uneinigkeit unter den Kommunisten. Besonders schlimm war, dass Augsburg, dessen Proletariat der eigentliche Urheber von allem war, in den ersten Tagen abfiel.

Auf Wunsch des Zentralrats sollte ich dem Volksbeauftragten für auswärtige Politik zur Hand gehen und in seinem Ressort das Referat für Russland und Ungarn übernehmen. Ich veranlasse als allererstes die Befreiung der immer noch in Bayern im Konzentrationslager zurückgehaltenen russischen Gefangenen, kam aber nicht mehr dazu, darüber hinaus irgendwelche Tätigkeit zu entfalten. Die nähere Beobachtung des Volksbeauftragten Dr. Lipp überzeugte mich am ersten Tage, dass ein Zusammenarbeiten mit ihm für mich unmöglich war. Ihm war offensichtlich die neue Würde in krankhafter Weise zu Kopf gestiegen, und er beging ganz unglaubliche und höchst kompromittierende Lächerlichkeiten. Ich machte Landauer darauf aufmerksam, und da auch von andern Seiten die unqualifizierbare Politik des Mannes bemerkt wurde, veranlasste ihn der Rat der Volksbeauftragten zum Rücktritt. Unter der Hand wurde mir jetzt der Posten von neuem angetragen. Ich lehnte aber ab, da ich mich nicht noch mehr als bisher in Gegensatz zu den Genossen stellen wollte, die ich nach wie vor als meine nächsten Gesinnungsfreunde betrachtete. Nur um die Gefangenenfrage wollte ich mich weiterhin persönlich bekümmern, wozu mir jedoch auch keine Zeit mehr blieb. Als im Laufe der Woche eine Abordnung der gefangenen Russen im Zentralrat erschien, begrüßte ich sie, und es wurde ausgemacht, dass am 15. April ein Kongress der russischen Gefangenen unter meinem Vorsitz stattfinden sollte, bei dem mit ihnen selbst die Formen gefunden werden sollten, wie sie fortan als Gäste zu behandeln und dementsprechend, solange ihr Abtransport unmöglich sei, unterzubringen und zu beschäftigen seien. Meine Verhaftung verhinderte das Zustandekommen dieser Tagung.

Die Arbeit der Räteregierung war ungeheuer schwierig. (...) Landauer war in seinem Ressort beschäftigt, und die Aufgabe, die notwendigen revolutionären Beschlüsse zu vertreten und durchzusetzen, ruhte fast allein auf meinen Schultern. Nur die paar Mitglieder des RAR standen unbedingt hinter mir. Die Unabhängigen bekundeten in allem eine Passivität, dass man verzweifeln konnte. Ich war froh, als die KPD mit der Forderung an den Zentralrat herantrat, die Funkenstation zum Verkehr mit Moskau und Budapest unkontrolliert benutzen zu können. Es war nicht einfach, ihnen die Bewilligung dazu zu erkämpfen. Es gelang mir aber, und ich hoffte nun, dass von Moskau Direktiven an die Partei gegeben würden, die sie zur Aufgabe ihrer Obstruktion und zum aktiven Eingreifen bewegen würden.

Die unausgesetzte Forderung der Mitglieder des RAR war die Bewaffnung der Arbeiterschaft, die sich indessen durch die mehrere Tage während Vakanz des militärischen Volksbeauftragten verzögerte. Als nun bekannt wurde, dass der frühere Ministerpräsident seine ehemaligen Kollegen in Bamberg sammelte, dort eine reguläre Gegenregierung etablierte und zum militärischen Vorgehen gegen München rüstete, konnte man nicht gut mehr ausweichen, und so hieß es, es seien keine Gewehre in München vorhanden. Man sabotierte die Bewaffnung und erbitterte dadurch die Arbeiterschaft ungeheuer. Ende der Woche begründete ich einen Antrag, einen Panzerzug auszurüsten und mit dem nach Amberg in Oberfranken durchzustoßen, wo eine Gewehrfabrik ist, und also nötigenfalls mit Gewalt den Willen des Proletariats auszuführen. Man sagte zu allem ja und amen und tat nichts. Nach dem Palmsonntag-Putsch der Bourgeoisie fanden sich plötzlich Gewehre in Massen in München vor. Was in Wirklichkeit geschah, zum Beispiel die Verteilung der Waffen, deren Vorhandensein man kannte, veranstalteten die revolutionären Arbeiter mit Unterstützung von nur wenigen revolutionären Regierungsangehörigen selbständig. Ähnlich verhielt es sich mit dem Revolutionstribunal. Der Bauernrat Kübler tat gar nichts (in seinem Prozess, in dem er denn auch freigesprochen wurde, bekannte er, dass er den Posten nur angenommen habe, damit er nicht von einem Radikalen besetzt würde). Infolgedessen richtete der »Revolutionäre Arbeiterrat« von sich aus einen revolutionären Gerichtshof ein, der auch funktionierte, allerdings sehr zahm (was sich auch später unter den Kommunisten nicht änderte).

Die Sitzungen des Zentralrats waren meistens mit unnützen Redereien ausgefüllt, und die meiste Zeit ging verloren über den Widerstand, den die Bauern allen Sozialisierungsabsichten Neuraths entgegensetzten. Tatsächlich kam infolge der Verfahrenheit der Gesamtsituation trotz des guten Willens der Revolutionäre in der Regierung und obwohl die Arbeiterschaft Münchens zum weitaus größten Teil hinter der Räterepublik stand, in den sechs Tagen unserer Regierung sehr wenig Positives zustande, abgesehen von einigen radikalen Maßnahmen, die Landauer in den Hochschulen durchführte. Gegen den Vorwurf, dass er die Volksschulen nicht revolutionierte, wird ihn wohl die Tatsache in Schutz nehmen, dass er nur sechs Tage im Amt war. Die Schulen wurden auch in den drei Wochen nachher nicht revolutioniert, obwohl Landauer einen umfassenden Plan dafür seinen Nachfolgern vorlegte.

Worin unser Fehler bestanden hatte, als wir die überstürzte Proklamation der Räterepublik vornahmen, erkannte ich nach einem Besuch des Genossen Axelrod[150] bei mir. Er setzte mir auseinander, dass er der Ausrufung aus dem Grunde Widerstand entgegengesetzt haben würde, weil sie ohne die genügende unterirdische Vorbereitung im Lande ins Werk gesetzt wurde. Alle Persönlichkeiten hätten überall in Bereitschaft stehen, alle Proklamationen und Maßnahmen im Augenblick der Aktion fix und fertig sein, vor allem der militärische Schutz wirksam organisiert sein müssen. Erst dann hätten wir handeln dürfen – und es wäre auf die Formalitäten dabei nicht angekommen. Wären uns am 4. April diese Argumente entgegengehalten worden, dann halte ich es für gewiss, dass das Unglück nicht Ereignis geworden wäre. Auf die Frage, ob er denn jetzt rate, alles rückgängig zu machen und uns der Regierung Hoffmann auszuliefern, erklärte Genosse Axelrod das für unmöglich, verteidigte aber die ablehnende Haltung der Kommunisten.

Diese Unterredung und die große Gefahr, die ich für den Frieden unter der Arbeiterschaft selbst aus dem von den Kommunisten ins Volk geworfenen Vorwurf, wir hätten eine »Scheinräterepublik« etabliert, erwachsen sah, veranlasste mich, aus eigener Initiative mit folgender Proklamation mich ans Proletariat zu wenden, die Landauer am 9. April öffentlich anschlagen ließ:

---

150 Towia Axelrod ist ein direkter Gesandter Moskaus und als Leiter des sowjetischen Pressedienstes nach Deutschland gekommen.

Proletarier aller Länder, vereinigt euch!

Der Schlussappell des Kommunistischen Manifestes ist der Schlachtruf der Internationale geworden. Jetzt richten wir den Appell an das revolutionäre Volk des eigenen Landes: Proletarier Baierns, vereinigt Euch!

Die Einigung der Proletarier kann nach dem herrlichen Beispiel des russischen Volkes nur auf einer Grundlage geschehen, auf der der Räterepublik!

Baiern ist Räterepublik.

Ohne Rücksicht auf die Streitigkeiten ihrer Führer hat sich die werktätige Bevölkerung im Willen zusammengeschlossen, den Sozialismus, den Kommunismus zu verwirklichen!

Der Landtag ist fortgeschickt, das von ihm eingesetzte kleinbürgerlich-sozialistische Ministerium existiert nicht mehr. Ein provisorischer Rat von Volksbeauftragten und ein provisorischer revolutionärer Zentralrat haben die Geschäfte des Landes vorläufig zu besorgen. Da kein einziger der kompromittierten Führer der Kriegssozialisten mehr in diesen Körperschaften sitzt, ist die Gewähr dafür gegeben, dass ihr Wirken ohne Rücksicht auf kapitalistische und bourgeoise Interessen der Herbeiführung der gerechten sozialistisch-kommunistischen Wirtschaft und der Sicherung der Revolution dienen wird.

Die Diktatur des Proletariats ist Tatsache!

Eine Rote Armee wird sofort gebildet!

Die Verbindung mit Russland und Ungarn wird sofort aufgenommen!

Eine Gemeinschaft zwischen dem sozialistischen Baiern und dem Kaiserdeutschland mit dem republikanischen Aushängeschild kann nicht mehr sein. Ein Revolutionsgericht wird jeden Versuch reaktionärer Machenschaften rücksichtslos ahnden. Die Lügenfreiheit der

Presse hört auf. Die Sozialisierung des Zeitungswesens sichert die wahre Meinungsfreiheit des revolutionären Volkes.

Die neue Gewalt wird so schnell wie möglich Neuwahlen der Betriebsräte auf revolutionärer Grundlage anordnen, auf denen von unten herauf sich das Rätesystem aufbauen soll, das die Entscheidung über alle seine Angelegenheiten in die eigenen Hände des arbeitenden Volkes legt. Nur des arbeitenden Volkes! Die Kapitalisten werden von der Mitbestimmung an den Geschicken des Landes ausgeschlossen.

Aus dem Rätesystem wird die sozialistische Gesellschaft herauswachsen, die keinen arbeitslosen Wohlstand und keine Armut der Fleißigen mehr kennen wird. Im Bunde mit dem revolutionären Russland und Ungarn wird das neue Baiern die revolutionäre Internationale herstellen und der Weltrevolution die Wege ebnen.

Proletarier! Haltet Frieden miteinander! Es gibt nur einen gemeinsamen Feind: die Reaktion, den Kapitalismus, die Ausbeutung und Bevorrechtung! Gegen diesen Feind müssen alle Kämpfer für Freiheit und Sozialismus geschlossen zusammenstehen.

An die Arbeit! Jeder auf seinem Posten!
Es lebe das freie baierische Volk!
Es lebe die Räterepublik!
Erich Mühsam

ERKLÄRUNG. Die Leitung der Kommunistischen Partei Deutschlands (Spartakusbund), Ortsgruppe München, stellt sich aus prinzipiellen Gründen außerhalb der provisorischen Verwaltung der Räterepublik. Durch die Anordnung der neuen Betriebswahlen auf revolutionärer Grundlage, aus denen die proletarische Gewalt endgültig hervorgehen soll, wird hoffentlich der Gegensatz sehr bald überbrückt sein.

Für meine Person erkläre ich, dass ich einen nach außen sichtbaren Posten in der jungen Räterepublik so lange nicht annehmen werde, bis nicht die Einigung der Arbeiterschaft vollständig gelungen sein wird. Es wäre mir unerträglich, wenn ich mich an verantwortlicher Stelle im Widerspruch gerade zu den Genossen befände, die mir bisher die nächsten im Kampfe waren und denen ich mich nach wie vor in Übereinstimmung im Wollen und Streben aufs engste verbunden fühle.
    9. April 1919. Erich Mühsam.[151]

Die Schreibweise der Proklamation, wie sie hier abgedruckt ist, folgt nicht Mühsams Überlieferung im Rechenschaftsbericht, sondern dem Original. Hauptunterschied ist, dass Bayern darin mit i statt mit y geschrieben wird. Das y hatte König Ludwig I. erst 1825 verfügt, weshalb die Räteregierung beschlossen hat, zur alten Form zurückzukehren. Eine Idee Mühsams ist diese skurrile Reform, für die man die Revolutionäre noch lange verspotten wird, sicher nicht gewesen. Sein Aufruf allerdings zeitigt zumindest einen kleinen Erfolg:

Die Kommunisten machten am 9. April angesichts des Drängens der Arbeiterschaft die erste Konzession an die gegebene Lage. Sie bewirkten die Wahl revolutionärer Obleute aus den Betrieben und sandten sie mit nur beratender Stimme in den Zentralrat. (...) Am nächsten Tag hatte ich eine längere Aussprache mit Leviné unter vier Augen; es war das erste und letzte Mal, dass wir von Person zu Person miteinander redeten. Genosse Leviné nahm die Gelegenheit wahr, mir die Genugtuung zu geben, dass er die Ehrlichkeit meiner Handlungsweise in allen Punkten zugab. Auf meine Bitten, die Obstruktion aufzugeben und einzugreifen, gab er bestimmte ablehnende Antwort mit

---
151 Aus: Von Eisner bis Leviné, Berlin 1929

der Begründung, dass er sich nun von der Hoffnungslosigkeit dieser Regierungstätigkeit durch eigenen Augenschein überzeugt habe. Auf den Einwand: »Wir können die Karre doch nicht im Dreck steckenlassen«, meinte er lakonisch: »Dann ziehen Sie sie wieder heraus!«, gab dann aber zu, dass die Auslieferung des Landes an die Regierung Hoffmann natürlich nicht in Frage kommen könne. Ich legte Leviné direkt nahe, uns gewaltsam auszuheben, um dem unmöglichen Zustand ein Ende zu machen und die revolutionäre Arbeit sicherzustellen; er hielt die Lage dafür nicht für reif, sprach aber ausdrücklich aus, dass die zu erwartenden revolutionären Kämpfe gegen die Bourgeoisie doch schließlich von den Kommunisten würden ausgetragen werden müssen. Ein Ausgleich der Gegensätze kam nicht zustande, doch schloss die Unterredung mit einem Händedruck, der alle persönlichen Differenzen zwischen uns aufhob und mir die Hoffnung gab, auch noch zu einer Übereinstimmung im Handeln zu gelangen.[152]

Doch dafür ist es längst zu spät. Die bayerischen Sozialdemokraten rund um das abgesetzte Kabinett Hoffmann, die von Bamberg aus das Geschehen beobachten, sehen ihre Zeit gekommen und schicken sich an, dem linken Spuk ein Ende zu machen:

Aus dem Lande kamen die ungünstigsten Nachrichten. Während sich die Räterepublik in Südbayern im Allgemeinen festigte und ausbreitete, war im Norden ein schwerer Rückschlag erfolgt. In Würzburg, wo die Räterepublik von dem zufällig dort auf einer Agitationsreise anwesenden KPD-Genossen Waibel ausgerufen war und die ganze Bewegung unter Leitung der Kommunistischen Partei stand, hatte es Straßenkämpfe gegeben, die mit einer Niederlage der Revo-

---

152 Aus: Von Eisner bis Leviné, Berlin 1929

lutionäre geendet hatten. Genosse Waibel sowie die beiden am 5. April zur Aufklärung dorthin geschickten Münchener Genossen Hagemeister und Sauber (Vorsitzender des Landessoldatenrats USPD) waren dabei verhaftet worden. Wir ordneten zu ihrer Sicherung sofort die Festsetzung von Geiseln an. – Dieser Erfolg der Gegenrevolution war für Nordbayern entscheidend. Er steifte Hoffmann das Rückgrat, um von Bamberg aus in großem Maße eine bewaffnete Aktion gegen München zu organisieren. Oberst Epp entfaltete eine mächtige Tätigkeit zur Aufstellung weißgardistischer Freikorps, die württembergische mehrheitssozialistische Republik bot Militär zur Unterstützung an. Noskes Anerbieten, von Reichs wegen in Bayern einzumarschieren, wurde vorläufig mit Rücksicht auf die preußenfeindliche Stimmung der bayerischen Bauernschaft abgelehnt, zumal die Annahme den Verzicht auf das Reservat Bayerns bedeutet hätte, eine Armee unter eigener Oberhoheit zu halten, wie es selbst den Weltkrieg hindurch bestanden hatte. Erst als sich Bayerns eigener Landesschutz trotz der württembergischen Hilfe zu schwach erwies, um den Willen des revolutionären Proletariats, das in der zweiten Hälfte des April endlich geeint in der Verteidigung der Räterepublik bewaffnet bereitstand, zu brechen, wurde Noske mit seinen Berufsmörderbanden geholt. Die militärische Selbständigkeit Bayerns musste zum Preise dafür aufgegeben werden. – Für uns war die Notwendigkeit, eine Rote Armee auf die Beine zu bringen, aber brennend geworden, und Genosse Reichhardt arbeitete eifrig an dieser Aufgabe. Wie tief aber der Verrat nistete, beweist folgende Tatsache: Ein führendes Mitglied des Landessoldatenrats, der Mehrheitssozialist Simon (nicht zu verwechseln mit dem früheren Minister Simon), legte Reichhardt einen fertig ausgearbeiteten Plan zur Aufstellung einer Roten Armee vor. Trotzdem wurden Gerüchte laut, er stehe insgeheim mit der Gegenregierung Hoffmann in Verbindung. In einer Zentralsitzung überraschte ihn Landauer mit der direkten Aufforderung, sich gegen den

Vorwurf zu rechtfertigen. Simon versicherte seine Ehrlichkeit und versprach, um jeden Zweifel aus der Welt zu schaffen, sofort alle Ämter niederzulegen und nach Nürnberg zu fahren, wo er seine frühere Zivilbeschäftigung wieder aufnehmen werde. Landauer und ich verlangten, ihn an der Abreise zu hindern und in Schutzhaft zu nehmen, wurden aber überstimmt. Simon reiste ab, und eine Woche später stand sein Name mit dem Schneppenhorsts und Hoffmanns unter den Aufrufen, die den Arbeitermassenmord propagierten. Als Simon in meinem Prozess als Zeuge erschien, gab er zu, dass er bereits, als er die Rote Armee vorbereiten half, die Beziehung zu Bamberg unterhielt. Noch krasser fast ist der Fall des von der Bauernschaft aufgestellten Volksbeauftragten für Landwirtschaft, Steiner. Der Mann gab von München aus heimlich den Bescheid an Hoffmann, dass er als Landwirtschaftsminister wieder in sein Kabinett eintreten wolle. Er war also gleichzeitig Volksbeauftragter der Räterepublik und Minister der Gegenregierung, was natürlich auch erst später ans Licht kam.

Die Arbeiterschaft hatte das Gefühl dafür, dass die Ursache der Verfahrenheit des öffentlichen Betriebs in der Uneinigkeit des Proletariats, in der Nichtanerkennung der Räterepublik durch die Kommunisten zu suchen war. So ergriffen die Betriebsräte von sich aus die Initiative zur Konsolidierung der Verhältnisse. Durch Plakate wurden zum 11. April (Freitag) abends sämtliche Betriebsräte Münchens zur Versammlung in den Hofbräusaal zusammengerufen. Zugleich wurden die Führer aller sozialistischen Parteien sowie diejenigen Genossen eingeladen, die, ohne einer Partei anzugehören, an sichtbarer Stelle standen. »Fernbleiben wird als Schuldbekenntnis aufgefasst«. Die Versammlung war überfüllt. Ein Mehrheitssozialist legte zunächst unter dem Gelächter der Arbeiter ein Bekenntnis zur Demokratie ab, während ein anderer Sozialdemokrat den Parteigenossen energisch abschüttelte und sich unbedingt für die Räterepublik aussprach. Toller sprach für die Unabhängigen – er war inzwischen an Niekischs Platz zum Vorsitzenden des Zentralrats aufgerückt –, verteidigte das gegenwärtige Regime und griff die Kommunisten scharf an. Dann erhielt Landauer das Wort, der seine Düpierung durch Schneppenhorst offen zugab, die Ausrufung der Räterepublik aber entschieden verteidigte und zur Einigkeit aufrief. Darauf kam ich an die Reihe. Ich bekannte, dass ich die Berechtigung der ablehnenden Haltung der KPD nachträglich eingesehen hätte, das längere Außenstehen der Kommunisten jedoch für verhängnisvoll halte, da den Vorteil von der Uneinigkeit nur die Reaktion habe, die jetzt schon zeige, dass sie ihn zu nutzen verstehe und sich überall zum Schlage rüste. Ich beschwor die Kommunistische Partei, ihren Widerstand aufzugeben und sofort aktiv einzugreifen, um dadurch der Diktatur des Proletariats Inhalt und Festigkeit zu schaffen. Der sehr starke Beifall, den besonders Landauer und ich fanden, bewies, dass wir der eigenen Ansicht des Proletariats Worte gegeben hatten. Für die KPD war Genosse Levien erschienen, der sich auf eine absolut intransigente Haltung verbiss. Eine Minderheit seiner Parteigänger stimmte ihm zu, während die große Mehrheit ihren Willen zur Einigung nachdrücklich zu erkennen gab. Levien fand einen Helfer in der Person eines Berliner Kommunisten, der unter größter Unruhe die Einigung des Proletariats im Prinzip verwarf, solange sie nicht auf dem Boden der KPD stattfinde. (...)

Am Samstag, dem 12. April, war die Lage offenkundig sehr ernst geworden. Die Regierung Hoffmann hetzte das Land in unglaublicher Weise gegen München auf, gegen uns bekanntere Führer wurden die ungeheuerlichsten Verleumdungen in die Welt gesetzt, von denen besonders die Behauptung, wir hätten in München die Kommunisierung der Frauen bereits eingeführt (jedem Bolschewisten müsse jede Frau nach Belieben zur Verfügung stehen), auf die naive Bevölkerung Eindruck machte. Die militärische Lage schien durch den Abfall Augsburgs, wenn auch nicht unmittelbar bedrohlich, so doch keineswegs sicher. Das Fehlen von Waffen für die Arbeiterschaft war eine furchtbare Gefahr, wenn auch die Entwaffnung der Bourgeoisie anscheinend gut durchgeführt wurde. (...) Das Bürgertum war furchtbar aufgeregt, da trotz der Mangelhaftigkeit aller diktatorischen Maßregeln doch schon eine Reihe von Symptomen da waren, die den Unterschied einer Räterepublik von einem Bourgeoisstaat deutlich machten. Vor allem wirkte die Besetzung der Banken, die Rationierung der Depotabhebungen und die Aufhebung des Bankgeheimnisses niederschlagend auf die Kapitalisten. Durch die Entwaffnung der Polizei fühlten sie sich in ihrer Sicherheit, durch das Revolutionstribunal in ihren konterrevolutionären Bestrebungen, durch Wadlers sehr energische Tätigkeit als Wohnungskommissar in ihrem Besitzrecht auf die häusliche Bequemlichkeit schwer bedroht. Dazu hingen die Ankündigungen Gesells gegen das spekulierende Kapital und Neuraths Vorbereitungen zur Schließung aller überflüssigen Betriebe wie ein Damoklesschwert über ihrer Existenz. Gründe genug, um etwas Entscheidendes zu versuchen.

Der Schlag wurde in der Nacht zum 13. April (Palmsonntag) ausgeführt, und zwar unter Leitung und auf Anstiften von Mehrheitssozialisten. Früh um vier Uhr wurde ich aus dem Bett heraus von Angehörigen der Republikanischen Schutztruppe, die uns kurz zuvor ihrer unbedingten Treue versichert hatte, verhaftet und zum Hauptbahnhof gebracht, wo sich im Laufe der Morgenstunden noch zwölf Genossen einfanden. Es waren Plakate angeschlagen, die im Namen der Kasernenräte den Sturz der Räteregierung verkündeten und die Regierung Hoffmann als allein rechtmäßig proklamierten. Einige Genossen, darunter der Volksbeauftragte Soldmann, waren aus dem Wittelsbacher Palais herausgeholt worden, wo sie in nächtlicher Arbeit ihre Pflicht taten. Mehrere außer mir, unter anderem Genosse Dr. Wadler, waren in ihren Wohnungen festgenommen, der Rest war bei der Festnahme von Geiseln überrascht und verhaftet worden. Wir blieben bis mittags im Bahnhofsgebäude, in beständiger Erwartung eines Angriffs des Proletariats zu unserer Befreiung. Dann wurden wir in einem Extrazug unter starker militärischer Begleitung nach Nordbayern verschleppt.

Der Sturm auf den Bahnhof erfolgte einige Stunden nach unserer Abreise und führte zum vollen Erfolg der Arbeiter, die nun unter Leitung der KPD die Räteregierung neu errichteten. Den weiteren Verlauf habe ich nicht miterlebt und überlasse es daher andern, die ferneren Ereignisse, frei von einer Parteilichkeit, die nach der einen Seite mit Füßen tritt, nach der andern lobhudelt, zu schildern. Bemerken möchte ich, dass Landauer gleich nach der Auflösung des früheren Zentralrats eine Erklärung veröffentlichte, worin er die neue Sachlage begrüßte, die kommunistische Räteregierung anerkannte und sich ihr für alle verlangten Dienste zur Verfügung stellte.[153]

Und so endet Erich Mühsams Räterepublik am 13. April 1919, nur sechs Tage nach ihrer Proklamation. Dafür, sie ihm persönlich, der während ihrer kurzen Dauer kein exponiertes Amt innehatte, namentlich zuzuordnen, gibt es gute Gründe: Obwohl der Palmsonntagsputsch sein Ziel verfehlt, die gesamte Räteregierung zu verhaften, ja, Mühsam genaugenommen der einzige führende Kopf ist, dessen die Konterrevolutionäre habhaft werden können, gerät dieser Schlag tödlich für die frisch gegründete Republik. Niekisch, Toller, Landauer, Klingelhöfer – sie alle sind noch da, könnten Gegenmaßnahmen ergreifen oder wenigstens weiter ihren Aufgaben nachgehen. Stattdessen akzeptieren sie ohne Gegenwehr, dass die KPD nun auf einer eilends anberaumten Sitzung der von ihr dominierten Betriebs- und Soldatenräte den Zentralrat für abgesetzt erklärt und die Regierungsverantwortung einem

---

153 Aus: Von Eisner bis Leviné, Berlin 1929

vierköpfigen Vollzugsrat um Leviné und Levien sowie einem beigeordneten Aktionsausschuss, in dem neben den KPD-Genossen dieselben Vertreter von SPD und USPD sitzen wie zuvor, überträgt. Eine nach all der Verweigerung doch überraschend schnelle Kehrtwende, denn: Was genau hat sich so plötzlich verändert – außer, dass der lautstarke Anarchist Mühsam, begnadeter Agitator und Massenliebling bis zuletzt, nicht mehr da ist, um den Alleinvertretungsanspruch der Interessen des Proletariats infrage zu stellen?

Der weitere Verlauf ist schnell erzählt: Sämtliche Reformprojekte, die die »erste Räterepublik« angestoßen hat, sind sofort perdu, ebenso wie der Anspruch, ganz Bayern zu regieren. Stattdessen liegt alles Augenmerk nun auf der Verteidigung Münchens gegen die von Schneppenhorst herbeigerufenen Noske-Truppen. Ernst Toller wird stellvertretender Stadtkommandant und befehligt gemeinsam mit Klingelhöfer fortan einen Teil der neuen »Roten Armee«. Landauer schmeißt hin, nachdem ihm Leviné unmissverständlich klargemacht hat, dass die Kommunisten keinerlei Interesse an seinem revolutionären Kulturprogramm und seinen antiautoritären Ansätzen für ein neues Schulsystem haben, das auf eine »Umbildung der Seelen« im anarchistischen Sinne hinauslaufen sollte. Die Gegenregierung Hoffmanns lässt Flugblätter über der Stadt abwerfen, die der Münchner Bourgeoisie baldige Hilfe versprechen. Freikorpsverbände kreisen die Stadt ein.

Mühsam kommentiert rückblickend:

Die Kommunisten hatten in den zweieinhalb Wochen ihrer Herrschaft mit ganz ähnlichen Schwierigkeiten zu kämpfen wie in den sechs Tagen vorher wir, nur dass ihre Arbeit nicht mehr von den Auerochsen, sondern von den Unabhängigen sabotiert wurde. Ihr großes Verdienst war, dass sie in kurzer Zeit eine schlagkräftige Rote Armee aufzustellen vermochten. Der Zwang, alle Kräfte auf die militärische Verteidigung der Räterepublik zu konzentrieren, entschuldigt völlig, dass die diktatorische Niederzwingung des Kapitalismus auch unter ihrem Regime kein rascheres Tempo annehmen konnte als unter unserem. Die vielen Missgriffe in der Auswahl der Personen, denen höchst verantwortliche Aufgaben übertragen wurden und die dem Verrat auch jetzt noch allerorts Zugang verschafften, sind dem Mangel an revolutionärer Erfahrung und der Plötzlichkeit zuzuschreiben, mit der alle Maßnahmen ergriffen werden mussten. Ich weiß zu gut, welcher Anteil an allen Übelständen während der zweiten Räterepublik unserem übereilten Handeln am 4. und 6. April zufällt, als dass ich als Ankläger gegen die kommunistischen Genossen auftreten möchte.

Der Zweck dieser Aufklärung war der, unser Verhalten psychologisch zu erklären, uns gegen den ruchlosen Vorwurf zu verteidigen, als hätten wir, speziell Landauer und ich, gegen die dieser Angriff gemünzt ist – aus Literateneitelkeit ein im Kaffeehaus ausgeheckstes Abenteuer verwirklichen wollen, und darzutun, dass wir unter einem von außen einwirkenden Zwang gehandelt haben. Dass unser Handeln fehlerhaft war, habe ich zugegeben. (...) So offen ich bekenne, dass die kommunistischen Genossen im Prinzip im Recht und wir im Unrecht waren, glaube ich doch heute noch, dass ihr taktisches Verhalten in jenen Tagen und während der ganzen Woche vom 6.–13. April verhängnisvoll fehlerhaft war und dass die rechtzeitige Unterstützung der revolutionären Elemente in der Räteregierung gegen die Sabotage der Sozialdemokraten einen, wenn nicht siegreichen, so doch in jeder Hinsicht vorteilhafteren Verlauf der ganzen Revolutions-Episode herbeigeführt hätte. Die Beteiligung der Kommunisten in Nordbayern beweist, dass durchaus nicht alle Genossen der KPD unser Vorgehen als Farce betrachteten. Die Verwirrung aber, die durch die Gegenorder der Parteileitung in München entstand, trägt in starkem Maße die Schuld daran, dass sich die Konterrevolution schnell und ungefährdet sammeln konnte. Die Teilnahme der Partei an der Räteregierung von Anfang an hätte, selbst wenn die schärfste Kritik gegen die Initiatoren zugleich eingesetzt hätte, das revolutionäre Proletariat in Einigkeit und Begeisterung aufstehen lassen. Die Auerochsen wären am dritten Tage, als Hoffmann in Bamberg die Gegenregierung errichtete, von den Massen selbst aus allen Ämtern entfernt und wie die Bourgeoisie behandelt worden. Die Unsicherheit unter den Arbeitern und Soldaten, die den Palmsonntags-Putsch ermöglichte, hätte nicht Platz gegriffen.[154]

Doch die Geschichte kennt nun einmal keinen Konjunktiv. Während Mühsam im fränkischen Zuchthaus Ebrach in den Hungerstreik tritt, verschlechtert sich die Versorgungslage im eingekesselten München. Toller und Klingelhöfer rebellieren aufgrund verschiedener eklatanter Fehlentscheidungen gegen Leviné und Levien und können sich am 27. April tatsächlich durchsetzen. Die kommunistischen Anführer treten zurück. Toller versucht, zum Wohle der notleidenden Münchener mit der Regierung in Bamberg zu verhandeln – erfolglos. Nicht nur Hoffmann und Schneppenhorst, auch Noske und die Berliner Reichsregierung wollen an den bayerischen Revolutionären um jeden Preis ein Exempel statuieren. Am 29. April dringen Noskes weißgardistische Truppen, von denen viele bereits das Hakenkreuz am Helm tragen, in die Münchener Vororte vor. Das Gemetzel beginnt. Mühsam hält, zwischen Hoffen und Bangen, in seinem Tagebuch fest, was er den zensierten Zeitungen entnehmen kann oder was ihm – zumeist mit einiger Verzögerung – zugetragen wird:

Zuchthaus Ebrach, Donnerstag, d. 1. Mai 1919. Der Vormarsch gegen München hat begonnen, die Truppen der Regierung haben Wasserburg und Erding besetzt und sind auf der Lechlinie näher an München herangekommen. Vielleicht liefert man heute

---

154 Aus: Von Eisner bis Leviné, Berlin 1929

die Entscheidungsschlacht. Es ist entsetzlich, daran zu denken, dass unsre wunderbare Idee von Freiheit und Menschenglück jetzt durch Mord und Blut beschmutzt werden muss – von denen, die durch das Lippenbekenntnis zur gleichen Idee erst die Stellung erklimmen konnten, von der aus sie ihre Verbrechen gegen den Sozialismus dirigieren können. – Nachrichten aus München liegen nicht vor, wenigstens keine kontrollierbaren. Egelhofer, den man als Zuhälter beschimpft, soll Oberkommandierender der Roten Armee sein, im Übrigen ist alles erstunkener Klatsch, was den Lesern vorgesetzt wird. – Heute sind, wie mir der Aufseher erzählte, 6 neue Gefangene eingeliefert worden. Wahrscheinlich ist Paulukum dabei, und Fechenbach, der streberische Jüngling, den Eisner zu seinem Geheimsekretär gemacht hatte (weil er Persönlichkeiten nicht um sich duldete), der dann während des Rätekongresses den Diplomaten spielen wollte und sich zwischen alle Stühle setzte, und der jetzt, wenn die Zeitungen recht haben, plötzlich zu den Kommunisten gegangen sein soll (von deren Erfolg er sich plötzlich überzeugt haben mag!) und in Ulm von den Hoffmannschergen geschnappt wurde. Gott halte mir derartige Leidensgenossen vom Leibe![155]

Zuchthaus Ebrach, Freitag, d. 2. Mai 1919. Was mag meine gute liebe Zenzl treiben? Kümmern sich Freunde um sie? Helfen ihr die Genossen? Oder bin ich für die auch im Zuchthaus noch der Verräter und Abtrünnige? – Und was macht München? (...) In einer Zeitung von gestern soll gestanden haben, dass die württembergischen Soldaten Starnberg den Spartakisten wieder abgenommen haben. Das wäre sehr schmerzlich. Von Starnberg nach München sind's aber gewiss zwei Tagesmärsche – und die Eisenbahn

---

[155] Aus: Erich Mühsam – Tagebücher Band 6, Chris Hirte & Conrad Piens (Hrsg.), Berlin 2014

wird kaum benutzbar sein. Altötting und viele andre Orte sind auch noch rätetreu. Immerhin ist bei dem Aufgebot der Weißen Garden aus dem Reich – nur Baden soll sich geweigert haben, gegen München Truppen zu stellen – an den siegreichen Widerstand der Unsern nur zu denken, wenn Aufstände in andern Städten die Zersplitterung der Möhlarmee[156] herbeiführen. Wie ich von Wadler hörte, kostete der inländische Krieg in Deutschland in den ersten 3 Monaten, also von Januar bis März, 8¾ Milliarden. Das ist bei dem ungeheuren Sold, mit dem die Brudermörder für ihr scheußliches Gewerbe gedungen wurden, sehr glaublich. Aber das bedeutet, dass der »Friede«, den uns die Scheidemänner bescheren, kaum billiger als der Krieg gegen die Welt ist. Wie man die Mittel zur Bezahlung des Bürgerkriegs noch den Taschen des Volks entnehmen will, ist unerfindlich. (…) Wenn das Kapital der Besitzenden ernstlich bedroht ist – und die durch den fortgesetzten Militarismus veranlasste beschleunigte Entwertung des Geldes, verbunden mit den Wirkungen der revolutionären Arbeiterausstände, besonders in den Kohlengebieten, macht diese Bedrohung in absehbarer Zeit sehr wahrscheinlich – werden die reaktionären Mächte das Äußerste wagen, um die Gewalt an sich zu reißen. Die Sozialdemokraten haben dann ihre Pflicht erfüllt und eine neue Ära Ludendorff mit monarchistisch-despotischer Tendenz blüht auf, die zwar den Untergang des Kapitalismus auch nicht verhindern kann, die aber ein Blutregiment über Deutschland aufrichten wird, das seinesgleichen noch nicht gesehn hat, und dessen Ende ich für meine Person bestimmt nicht erleben werde. Denn die »Rädelsführer« werden nicht lange prozessiert werden. Für diese Ära bereiten die Scheide- und Hoffmänner mit ihrer erbärmlichen feigen liebedie-

---

156 Der Weltkriegsgeneral Arnold Ritter von Möhl hat das Oberkommando über die Reichswehreinheiten und Freikorpsverbände, die zur Niederschlagung der Räterepublik eingesetzt werden.

nerischen Verräterpolitik jetzt den Boden, indem sie das zukunftsfrohe Proletariat niederbütteln und die Nutznießer der sich vorbereitenden nackten Reaktion, Marke Hohenzollern-Wittelsbach, in den Besitz des gesamten staatlichen Waffenarsenals und Verwaltungsapparats setzen. Eines Tages werden ihnen die Augen aufgehn, wenn sie selbst als Opfer ihres Verrats mitgehangen werden. Dann werden sie erkennen, dass ihre wahnwitzige Kommunistenverfolgung dem deutschen Volk mindestens zehn Jahre Freiheit und Glück gekostet haben wird. Nur ein rechtzeitiger Sieg der Revolution über Weimar kann uns dieses Unglück ersparen. Aber die nächste Zukunft liegt in düstern Nebeln vor uns.[157]

Zuchthaus Ebrach, Sonnabend, d. 3. Mai 1919. München ist gefallen. (...) Mit was für Methoden die Weißgardisten zur Gewalt gegen die Kommunisten aufgehetzt wurden, zeigt eine Notiz der Zeitung, in der sie aus einem Aufruf einen Passus mitteilt, der den in Bayern einrückenden Württembergern von amtlicher Stelle(!) überreicht wurde. Da geht es gegen die Führer der ganzen Bewegung los, die als »land- und wesensfremde Literaten und politische Hochstapler« bezeichnet werden. »Lipp, Spitzel und Agent des großen Hauptquartiers. Zweimal im Irrenhaus. Verriet die Revolution im November an das Hauptquartier u.s.w.« »Wadler, Arrangeur der belgischen Arbeiterdeportationen und Ober-Alldeutscher.« »Levien, gehirnsyphilitischer Bolschewist aus Moskau, der im Jahre 1906 die eignen Parteigenossen dem Henker überlieferte, um selbst dem Galgen zu entgehn etc. etc.« Harmloseres über Silvio Gesell und Toller. Und über mich wörtlich: »Erich Mühsam, anarchistischer Berliner Literat, der sein ganzes Leben im Kaffeehaus ver-

---

[157] Aus: Erich Mühsam – Tagebücher Band 6, Chris Hirte & Conrad Piens (Hrsg.), Berlin 2014

bracht und noch nie eine Stunde gearbeitet hat. Nach Mitteilung der Neuen Zürcher Zeitung in Zürich wegen Diebstahl polizeilich verfolgt.« Mit solch hundsgemeinen Mitteln pöbelhafter bewusster Verleumdung arbeitet die Sozialdemokratie amtlich![158]

Zuchthaus Ebrach, Sonntag, d. 4. Mai 1919.
Böse Einzelheiten von München, wo übrigens gestern noch gekämpft worden zu sein scheint. (...) In verschiedenen Meldungen wird die kräftige Hilfe erwähnt, die den Weißen Garden von bewaffneten Münchner Bürgern zuteil geworden sei, die sich im Stillen zu einer bereitstehenden Sicherheitswehr organisiert hätten. Die Entwaffnung der Bourgeoisie krankte also doch noch an zu zaghafter Ausführung. Wie in Berlin die Militärs die Entwaffnung des Proletariats, die doch komplizierter war, durchgeführt haben, hätte man sich zum Beispiel nehmen müssen. Einzelmeldungen müssen erst bestätigt werden. Dass Toller im Kampf gefallen sein soll, mag ich nicht eher glauben, als es gewiß ist. Landauer, Gandorfer, Kübler sollen verhaftet sein.[159]

Zuchthaus Ebrach, Montag, d. 5. Mai 1919.
Eben erhalte ich den »Freistaat« (das Regierungsorgan der Bamberger) vom Samstag. Daraus entnehme ich einige neue Daten über die Münchner Vorgänge, die so entsetzlich sind, dass ich sie vorerst nicht glauben kann. Die letzte Depesche, schon vom 3. Mai, enthält folgende Meldung: »... Die radikalen Führer Egelhofer, Landauer, Fraundorfer, Dr. Menci (gemeint sind wohl mit den beiden letzten Gandorfer und Muckle) sind verhaftet. Man wird mit ihnen verfahren, wie sie es mit den Geiseln gemacht haben, die sie am Mittwoch

---

158 Aus: Erich Mühsam – Tagebücher Band 6, Chris Hirte & Conrad Piens (Hrsg.), Berlin 2014
159 Aus: Erich Mühsam – Tagebücher Band 6, Chris Hirte & Conrad Piens (Hrsg.), Berlin 2014

und Donnerstag im Luitpoldgymnasium erschossen und in grauenhafter Weise verstümmelt haben, wie sich nun amtlich bestätigt. Die Namen konnten infolge der Verstümmelung der Leichen nicht festgestellt werden. Die Erbitterung der Einwohnerschaft ist aufs höchste gestiegen. Egelhofer wurde erschossen ...« Seit von der Erschießung von Geiseln die Rede ist, bin ich die Angst um Landauer nicht losgeworden. Gerade er hätte sich entschieden dagegen gestemmt. Eine verbrecherischere Verrücktheit wäre ja nicht auszusinnen gewesen. Man nimmt Geiseln fest, um der Gegenseite die Lust zu nehmen, ihren Gefangenen Böses zu tun. In dem Augenblick, wo der Gegner die Gewalt an sich reißt, Geiseln umbringen, heißt das Leben der eignen Genossen sinnlos und frivol opfern. Leider traue ich gewissen Führern der KPD in München derartige niederträchtige Dummheiten zu, doch beruhigt mich etwas die Angabe, die Leichen der Erschossenen seien verstümmelt. Das klingt denn doch so nach Gräuellüge, dass Zweifel an der ganzen Meldung gerechtfertigt scheinen. Es wäre ja schauderhaft, wenn man grade Landauer tötete. Was wissen denn diese Barbaren von seinem großen, klaren, starken Geist? Was von seinen Lehren, Bekenntnissen, Werbungen, Leistungen, was von den Bereicherungen, die er als Philosoph und Sozialist diesem Volk gegeben hat? Wie tief mich persönlich dies Furchtbare träfe – davon rede ich nicht, jetzt nicht. Denn ich glaubs nicht und wills nicht glauben. (...) Mich persönlich ängstigt die Mitteilung, wo die letzten Kämpfe stattfinden. Gegend Dachauerstraße, Schleißheimerstraße, Giesing und südlich vom Hauptbahnhof wird genannt, wo noch Widerstand geleistet werde. Schleißheimerstraße! Das ist also gerade unsre Gegend. Was mag Zenzl machen?[160]

---

160 Aus: Erich Mühsam – Tagebücher Band 6, Chris Hirte & Conrad Piens (Hrsg.), Berlin 2014

Zuchthaus Ebrach, Dienstag, d. 6. Mai 1919.
Landauer tot. Ich will und kann es nicht für möglich halten und muss es doch glauben. Nur ein kleines Restchen Hoffnung, dass es vielleicht doch nicht wahr sei, ist noch da, und an das klammere ich mich. Die Meldung – im »Bamberger Volksblatt« – lautet: »Landauer fiel in Pasing den Regierungstruppen in die Hände und wurde sicherem Vernehmen nach bei seiner Einlieferung ins Gefängnis von der Menge getötet.« Gelyncht also – wie Rosa Luxemburg von einer durch Lügen und verleumderische Verhetzung fanatisierte und mordgierig gemachte Soldateska schnöde ermordet. Es ist so furchtbar – so grauenvoll: mein Freund und Führer, mein Lehrer und Genosse. – Und ich sitze da, eingekerkert von denselben Verbrechern, die seinen Tod verschuldet haben und kann nicht helfen, niemanden trösten, nicht zu seinem Begräbnis gehn, kein Wort des Gedächtnisses für ihn sprechen. Und niemand – auch von denen nicht, die jetzt erbittert sind gegen seine Mörder – niemand weiß, welch ein Geist hier zerstört ward. Ich sitze in meiner einsamen Zelle und klage und weiß dabei, dass das Verbrechen der eignen Genossen – die unselige Ermordung der Geiseln – die letzte Ursache der Schandtat ist, die Gustav Landauer zum Opfer forderte. Wer die Geiselerschießung anordnete, der hat endlose Schuld auf sich geladen, der muss unendliches Blut guter reiner Menschen verantworten. So soll auch Klingelhöfer mit seiner Frau standrechtlich erschossen worden sein. Und gegen die standrechtlichen Erschießungen fehlt uns jetzt jedes Recht zur Entrüstung. (...) Auch mein Blut wird verlangt. Das »Bamberger Volksblatt« schreibt (der Bandit, der sich das leistet, zeichnet A. H.): »Der gewöhnliche Tod des Erschießens ist für die Münchner Bestien viel zu wenig, die bestialischen Verbrecher sollten auf öffentlichem Platze gehängt und als abschreckendes Beispiel für vertierte Gesellen zur Schau gehängt werden. Gleichviel, ob die Toller, Levien und Leviné direkt die Anordnung zu diesen Scheusäligkeiten gegeben haben oder

nicht, auf jeden Fall haben sie die Münchner Massen durch Verhetzung bis zu dieser Vertiertheit gebracht und darum sind sie gleich wie auch die Mühsam und Sauber an diesen himmelschreienden Verbrechen mitschuldig und unerbittlich muss hier die Gerechtigkeit ihres Amtes walten.« Sie lechzen nach Blut, dieselben, die während der vier Kriegsjahre jede neue Schurkentat der deutschen Militärgewalt schreiend gefeiert haben (...) – und sie, die für die Ermordung Liebknechts, Luxemburgs, Landauers kein Wort des Missfallens haben, zetern gegen die »Bestien« des Kommunismus, weil das Kapital in Gefahr ist. Wie schrecklich ist dies alles, und wie groß ist unsre Niederlage! Ich zittere um meine Zenzl. Wer weiß, ob man nicht in rachsüchtiger Wut zu ihr gedrungen ist und meine Wohnung, meine Arbeit demoliert hat. Ich ersehne aus heißem Herzen Nachricht von daheim. Habe ich die – mag sie ausfallen, wie immer, wenn nur Zenzls Leben und Gesundheit geschont ist – dann werde ich neuen Mut fassen und Klarheit gewinnen, wie aus all dem Wirrsal, aus all der Not doch noch Glück, Freiheit und Gutes erwachsen wird.[161]

Zuchthaus Ebrach, Mittwoch, d. 7. Mai 1919. Verächtlicher als dieses Gesindel von Mördern, Verrätern, Strebern, Helfershelfern aller volksfeindlichen Elemente hat nie in der Geschichte eine Bande von Konterrevolutionären dagestanden. (...) Die Namen Scheidemann, Ebert, Landsberg, Noske, Hoffmann, Schneppenhorst etc. werden als Abscheu, als Auswurf der Menschheit dereinst von den Zukünftigen genannt werden. Sie sind schlimmer als die Ludendorffs und Hohenzollern, die doch grade und offen ihre Standesinteressen vertreten haben, während jene proletarische Ideale

---

[161] Aus: Erich Mühsam – Tagebücher Band 6, Chris Hirte & Conrad Piens (Hrsg.), Berlin 2014

im Munde führen und der eigenen Herrschsucht zuliebe sich mit diesen Gestürzten der Novemberrevolution verbünden, um alle proletarischen Ideale niederzukämpfen. Der furchtbare Blutmensch Noske ist in Wahrheit ihr würdiger Repräsentant.[162]

Noskes Bilanz: Rund tausend Tote bei den Straßenkämpfen in München, 52 quasi en passant erschossene russische Kriegsgefangene, Landauer und Egelhofer ohne Urteil auf brutalste Weise ermordet und über 2.000 inhaftierte Unterstützer der Räterepublik, die in den kommenden Wochen in Standgerichtsprozessen zu meist langen Haftstrafen verurteilt werden. Eugen Leviné wird hingerichtet. Andere können fliehen, wie Ret Marut, der später in Lateinamerika als B. Traven wieder auftauchen wird, und Tausende weitere, unter ihnen Zenzl Mühsam, verlassen in den kommenden Wochen die bayerische Hauptstadt, in der nun das antisemitisch-nationalistische Bürgertum den Ton angibt.

Damit ist nicht nur die Bayerische Räterepublik Geschichte, sondern mit ihr auch Erich Mühsams Herzensort, das kreative, linke Schwabing der Kaiserzeit. Und wieder sind es beeindruckende Bilder: Die Freikorps-Kämpfer, hoch zu Ross, auf Lastkraftwagen oder zu Fuß mit geschultertem Gewehr, halten ihre Siegesparade ab. Manche tragen ihre Weltkriegsorden, andere das Hakenkreuz. Fahnen wehen, die schwarz-weiß-rote neben der bayerischen, und am Straßenrand jubelt die Münchner Bourgeoisie, in feinen Anzügen und Rüschenblusen, den Mördern zuprostend mit erhobenen Bierkrügen. Es sind Bilder, die eine deutliche Sprache sprechen: Nicht die sozialdemokratische Republik feiert hier ihren Sieg – es ist bereits der Faschismus.

---

162 Aus: Erich Mühsam – Tagebücher Band 6, Chris Hirte & Conrad Piens (Hrsg.), Berlin 2014

III.

TESTAMENT DER FREIHEIT

Gefängnis

Auf dem Meere tanzt die Welle
nach der Freiheit Windmusik.
Raum zum Tanz hat meine Zelle
siebzehn Meter im Kubik.

Aus den blauen Himmeln zittert
Sehnsucht, die die Herzen stillt.
Meine Luke ist vergittert
und ihr dickes Glas gerillt.

Liebe tupft mit bleichen leisen
Fingern an ein Bett ihr Mal.
Meine Pforte ist aus Eisen,
meine Pritsche hart und schmal.

Tausend Rätsel, tausend Fragen
machen manchen Menschen dumm.
Ich hab eine nur zu tragen:
Warum sitz ich hier? Warum?

Hinterm Auge wohnt die Träne,
und sie weint zu ihrer Zeit.
Eingesperrt sind meine Pläne
namens der Gerechtigkeit.

Wie ein Flaggstock sind Entwürfe,
den ein Wind vom Dache warf.
Denn man meint oft, dass man dürfe,
was man schließlich doch nicht darf.[163]

Parallel zur Zerschlagung der bayerischen Räterepublik endet am 2. Mai 1919 der letzte große Arbeiterstreik im Ruhrgebiet. Zwar gibt es in verschiedenen Regionen weiterhin Widerstand gegen die Reichsregierung, etwa im Vogtland, wo der Landarbeitersohn Max Hoelz, zur großen Begeisterung des inhaftierten Mühsam, noch im März 1921 einen größeren Aufstand initiieren wird. Zwar gelingt es den Sozialdemokraten nicht, die reaktionären Kräfte, denen sie ihren Sieg über die Revolution zu verdanken haben, dauerhaft wieder zu bändigen. Aber das auf den Leichen Tausender Revolutionäre errichtete und heutzutage allzu oft idealisierte Staatswesen der sogenannten Weimarer Republik, das sich allzu bald als Steigbügelhalter des deutschen Faschismus erweisen wird, sitzt vorerst einigermaßen fest im Sattel. Mühsam in seiner Zelle hofft trotzdem auf eine bessere, sozialistische Zukunft, wenn auch nicht unbedingt für sich:

Zuchthaus Ebrach, Sonnabend, d. 24. Mai 1919. Jetzt will man Bayern ganz ausräuchern und weist im großen Stil »lästige Ausländer« aus, wie es sehr hübsch dabei heißt, wird die Wohnungsnot dadurch gleichzeitig gemildert. Dass man Lästigkeit nur bei sozialistischen Ausländern fühlt, scheint mir selbstverständlich: Russen und Ungarn werden dran glauben müssen. Manchen meiner Bekannten wird es treffen. Ein Vorteil ist dabei: so wird den Genossen im Ausland jedenfalls von Augenzeugen mitgeteilt, wie

---

163 Aus: Sammlung 1898–1928, Berlin 1928

man in Bayern die »Errungenschaften der Revolution« sichert. Die Ausweisungen sollen sich auf über 1000 belaufen. So häufen sie Verbrechen über Verbrechen und sammeln Hass über Hass. Aber je ärger sie es treiben, umso sicherer trifft sie das Verderben. (...) In Bamberg tagen inzwischen die bayerischen Abgeordneten hinter dem Schutz starker Drahtverhaue. Die Gewerkschaftssekretäre der verschiedenen Richtungen beschimpfen sich gegenseitig und die andern jammern, das sei eine Blamage. Nun wollen sie feststellen, welchen Schaden die Räteherrschaft angestiftet hat und dann wollen sie eine Verfassung für den »Freistaat« Bayern schaffen. Ich soll aber erschossen werden – denn wenn ich nach den angezogenen Paragraphen schuldig gesprochen werde, gibt es nur das Todesurteil –, weil ich einen Angriff auf die Verfassung unternommen habe. Ich habe aus den deutschen und bayerischen Verfassungen, aus dem Strafgesetzbuch und dem Kriegszustandsgesetz Auszüge gemacht, die das Groteske der Anklage krass beleuchten. Selbst wenn man die Gesetzlichkeit der vorrevolutionären Zeit zugrunde legt, ist dieser Standgerichtsprozess absurd. Aber ich bin der »Volksjustiz« ja nun leider mal entgangen, – da muss man eine Rechtskomödie aufführen, um auf die politische Rechnung zu kommen. Aber keiner von denen, die sie schon gemordet haben, ist tot. Ihr Leben ist die Revolution, mein Leben, ob sie nun die Schale zerstören oder nicht, wird ebenfalls die Revolution sein, und die Freiheit, die mit der Weltrevolution über alle Länder kommen wird, wird auch in Deutschland mit der Gesellschaft fertig werden, deren Verächtlichkeit die jedes Freiheitfeindes der Weltgeschichte weit in den Schatten stellt. Die Abrechnung des Sozialismus mit der Sozialdemokratie wird furchtbar werden.[164]

---

164 Aus: Erich Mühsam – Tagebücher Band 6, Chris Hirte & Conrad Piens (Hrsg.), Berlin 2014

Während er die Berichterstattung über die Standgerichtsprozesse gegen seine Genossen verfolgt, versucht Mühsam, aus der Gefangenschaft heraus Einfluss zu nehmen, indem er beispielsweise den verhassten Schneppenhorst, der regelmäßig bei den Verhandlungen als Zeuge aufgerufen wird, seinerseits wegen Hochverrats anzeigt. Schließlich war der ja aktiv am Zustandekommen der Räterepublik beteiligt. Schneppenhorsts Leugnung dieser Tatsache unter Eid motiviert Mühsam, postwendend Anzeige wegen Meineids zu stellen. Gleichzeitig macht er sich jedoch keine Illusionen über die parteiische Rechtsprechung, die hier zur Anwendung kommt:

Zuchthaus Ebrach, Mittwoch, d. 25. Juni 1919
In München hat der Prozess gegen Niekisch stattgefunden, den eigentlichen Veranlasser der Räterepublik. Er wurde wegen Beihilfe zum Hochverrat unter Zubilligung mildernder Umstände zu 2 Jahren Festung verurteilt. Die Leute bemänteln ihre ungenierte Parteijustiz gar nicht mehr. Niekisch gehörte bis vor ganz kurzem der Mehrheitspartei an (wäre er nicht kürzlich zu den Unabhängigen übergetreten, wäre er wohl gar nicht prozessiert worden), da musste er äußerst milde angefasst werden. Hält man dagegen die Urteile gegen die viel weniger beteiligten Hagemeister, Sauber und Waibel (10, 12 und 15 Jahre) und gar erst den Mord an Leviné, der an dem »Hochverrat« doch nur ganz indirekten Anteil hatte, dann fasst man sich an den Kopf. Ich sagte heute zu meinen Genossen auf dem Hof: Ich müsste mich zu Tode schämen, wenn ich weniger als 10 Jahre bekäme. – Vielleicht werde ichs bald wissen. Sicher ist, dass sich Veränderungen vorbereiten.[165]

---

165 Aus: Erich Mühsam – Tagebücher Band 6, Chris Hirte & Conrad Piens (Hrsg.), Berlin 2014

Zuchthaus Ebrach, Donnerstag, d. 26. Juni 1919.
Über den Prozess gegen Niekisch stehn Einzelheiten im Blatt, die mich auf die Situation bei meiner Verhandlung vorbereiten. Schneppenhorst und Steiner lügen sich unschuldig, und die andern, soweit sie aus dem Lager der Mehrheit kommen (Dürr etc.) kneifen. Wesentliche Beweisstücke werden vom Gericht nicht zugelassen und das Urteil wird nicht nach den Handlungen, die der Angeklagte getan hat, bestimmt, sondern nach dem allgemeinen persönlichen Verhalten vor dem »Hochverrat«. Ich werde also allerlei Kräftiges gewärtigen dürfen. Aber wenn ich mich wirklich in der Beurteilung der Dinge so täuschen sollte, dass alle meine Hoffnungen auf den Fortgang der Revolution und ihre Ausbreitung zur Weltbefreiung trügerisch sind, wenn wirklich die Wichte, die jetzt am Steuer sitzen, ihren Weltverrat bis zum Wiedergesunden des Kapitalismus und zur endgültigen Versklavung des Proletariats sollten treiben können, dann will ich lieber meinen letzten Atem zwischen Kerkermauern verröcheln, als zwischen diesem Pack von Strebern und Hanswursten ein Bürger unter Bürgern Steuern zu zahlen und das Maul zu halten. Aber ich täusche mich nicht. Die Revolution geht ihren Weg – und bleibe ich wirklich am Rande liegen wie Landauer oder Leviné, – so brauchen die, die meiner später gedenken, sich nicht zu schämen, mich geliebt zu haben.[166]

Noch am selben Tag kommt endlich die Nachricht, dass er nach München verlegt wird. Sein Prozess steht an. Das bange Warten hat ein Ende.

---

[166] Aus: Erich Mühsam – Tagebücher Band 6, Chris Hirte & Conrad Piens (Hrsg.), Berlin 2014

Stadelheim, Sonnabend, d. 28. Juni 1919.
Die Reise ging an, und ich freute mich an der schönen Freundlichkeit des Steigerwalds. Dann zog ich eine Zigarre heraus. Als ich aber das Streichholz anrieb, hörte ich aus der andern Ecke meinen Gendarm: »Auf dem Schub darf nicht geraucht werden!« Das brachte mich auf. Ich protestierte gegen die Schikane, dass ich das, was ich in der Zelle nach Belieben tun durfte, plötzlich lassen sollte. Vorschrift! war die Erwiderung. Gut! sagte ich. Dann verlange ich in Bamberg sofort einen Vorgesetzten zu sprechen, der diesen Blödsinn von einer Vorschrift für mich aufheben soll. Da er sah, dass ich mich wirklich ärgerte, fing der Wachtmeister – das ist sein Posten bei der Gendarmerie, wie er mir später erklärte, an, mich zu begütigen. »Rauchen's also von mir aus«, sagte er zuerst, und als ich mich dann zu ihm hinübersetzte, um ihm das Widersinnige des Verbots begreiflich zu machen, taute er langsam auf und ließ sich auf ein Gespräch über den Dienst und über die schlechten Zeiten ein. Meinen Erklärungen über die Revolution hörte er aufmerksam zu und empfahl durch die Blume den kleineren Beamten der Aufmerksamkeit späterer Geschichtemacher. Im Laufe der Fahrt zeigte sich dieser Bär als der gutmütigste Mensch von der Welt. Je dichter sich im inneren Wagen die Leute drängten, umso brummiger wurden seine Verbote, sich zu uns zu setzen, aber umso schwächer wurde der tatsächliche Widerstand, den er leistete, und so kam erst ein Soldat, dann eine Bäuerin, dann noch einige Leute herein, und schließlich war unser reserviertes Kupee ebenso überfüllt wie der ganze Zug. (...) Bald war eine große Unterhaltung im Gange, die Leute erfuhren, dass ich einer der Räteleute von Ebrach sei, und das Gespräch gab mir Gelegenheit, den Leuten manches auseinanderzusetzen und festzustellen, dass diese Landbewohner höchst unzufrieden sind, besonders mit dem neuen Militarismus. Als ich sagte, Bayern sei durch den Anschluss an die Reichswehr zur preußischen Provinz geworden, fand ich allgemeine

Zustimmung. Auch mein Transporteur äußerte recht unfreundliche Empfindungen gegen die Zustände, und schließlich waren alle einig, dass nur ein neuer Umsturz »Ruhe und Ordnung« schaffen kann. Auch die Presse wurde von mir hergenommen und die Entrüstung über ihre Lügen und Verleumdungen war groß. Einer wollte wissen, wie ich »mich schreibe«. Darauf verweigerte ich aber die Auskunft. Jedenfalls sind die Reisenden alle mit dem Gefühl ausgestiegen, dass es so nicht weiter gehe, und dass der Krieg so lange nicht aus sei, wie die Offiziere, die in den 4 Jahren dauernd Pakete mit Zucker, Kaffee und allem Guten heim sandten und den Soldaten nicht das Schwarze unter dem Nagel gönnten, bei uns zu kommandieren hätten. (…) Am Montag in 8 Tagen soll meine Verhandlung steigen – und zwar werden wir 8 Mann stark zusammen verhandelt. Außer mir, Wadler, Killer, Soldmann etc. Da der Prozess Mühsam und Genossen heißt, werde ich jedenfalls am besten fahren bei Vernehmung und Plädoyers, da der »Rädelsführer« ja immer am liebsten gehört wird.[167]

Der Prozess ist natürlich – wie alle anderen zuvor – eine Farce, aber Mühsam hat ja mit nichts anderem gerechnet. Eindrücklich belegt er in der sechstägigen Verhandlung, dass er nichts aus seiner Berliner Zeit verlernt hat, in der er sein täglich Brot noch mit Cabaret-Auftritten verdiente:

Mühsam: Ich begegnete Landauer, Niekisch und anderen vor dem Wittelsbacher Palais. Sie forderten mich auf, mit ihnen mitzukommen in das Ministerium des Äußeren. Es handle sich um die Ausrufung der bayerischen Räterepublik. Ich hielt das zunächst für einen Scherz. Man setzte mir aber auseinander, dass das Proletariat das verlange.

---

[167] Aus: Erich Mühsam – Tagebücher Band 6, Chris Hirte & Conrad Piens (Hrsg.), Berlin 2014

Die Einberufung des Landtags sei eine Herausforderung, die mit revolutionären Maßnahmen beantwortet werden müsse. Im Ministerium waren Wadler, Levien, Niekisch, Schneppenhorst und viele andere anwesend.

Vorsitzender: Schneppenhorst sagt, es sei eine sehr fragwürdige Gesellschaft gewesen.

Mühsam: Das ist bezeichnend für den Charakter des Herrn Schneppenhorst.

Vorsitzender: Er hat sich geäußert, dass an jenen Sitzungen auch Damen teilgenommen haben, die keinen besonders guten Eindruck machten.

Mühsam: Ich glaube nicht, dass es schmeichelhaft ist für Damen, auf Schneppenhorst einen guten Eindruck zu machen. *(fortfahrend)* In der Sitzung wurde die Einigung des Proletariats verlangt. Die Kommunisten lehnten die Beteiligung ab.

Vorsitzender: Es wurde doch eine Ministerliste vorgelesen?

Mühsam: Die Namen wurden durchgesprochen. Minister Segitz sagte, er könnte sich nicht endgültig äußern, müsste erst seine Partei befragen, erklärte aber: meine Sympathie habt ihr.

Vorsitzender: Er stellt das in Abrede. Er erklärt, dass er gesagt habe, München sei doch nicht Bayern. Ebenso behauptet Schneppenhorst, dass er sich in ähnlichem Sinn ausgesprochen habe und dass Sie gegen ihn Opposition machten.

Mühsam: Das ist ungefähr das Gegenteil von dem, was wahr ist. Im Übrigen habe ich gegen Schneppenhorst Anklage wegen Meineids erhoben. Schneppenhorst ist der bayrische Noske. Ich hatte gegen seine Ernennung zum Volksbeauftragten protestiert. Er wollte aber durchaus Minister werden.

Vorsitzender: Man wird den Minister Schneppenhorst ja als Zeuge hören.

Mühsam: Aber hoffentlich nicht unter Eid. – Landauer legte mir dar, dass Einigkeit nötig sei. Ich erklärte mich deshalb einverstanden, dass er auf die Ministerliste komme. Ich hielt es für selbstverständlich, dass nach Ausrufung der Räterepublik unsere Mandate in die Hände der Massen zurückgegeben werden müssten. Ich selbst habe mich geweigert, einen nach außen sichtbaren Posten anzunehmen, solange nicht die Einigung der ganzen Arbeiterschaft vollzogen sei.

Die unter Anklage stehende Unterzeichnung von Proklamationen, Funksprüchen usw. gibt der Angeklagte zu.

Zeugenverhör: Walter Löwenfeld, Rechtspraktikant

Löwenfeld: Ich halte Mühsam für einen absolut ehrlichen und anständigen Menschen, dessen Ansichten allerdings außerordentlich verworren sind. Von Haus aus würde er wohl keiner Fliege etwas zuleide tun. Wenn er trotzdem zu einem Hetzer ausgeartet ist, so lag das in den ungeheuerlichen Verhältnissen jener Zeit. Es war unerhört, dass Leute wie Mühsam, die nach meiner Meinung schwere Psychopathen sind und politisch überhaupt nicht ernst genommen werden können, eine führende Rolle einnehmen konnten. Bei seiner früheren politischen Betätigung wurde er nie ernst genommen, man lachte ihn einfach aus. Erst durch die durch den Krieg geschaffenen Verhältnisse war es möglich, dass dieser Mann eine große suggestive Kraft auf die Massen ausgeübt hat. Mühsam hat zweifellos eine Reihe von Reden gehalten, die vom Standpunkt jedes vernünftigen Menschen aus fanatisch und unsinnig waren. Ich habe auch den Eindruck gehabt, dass er von den bedeutenden Kommunistenführern keineswegs ernst genommen wurde, sondern dass sie ihn als Werkzeug gebraucht haben. Er ist ein Hysteriker und wirkt manchmal auch direkt unfreiwillig komisch.

Mühsam: Der Herr Zeuge hat sich hier als psychiatrischer Sachverständiger versucht. Es ist natürlich nicht angenehm, an den Kopf geworfen zu bekommen, dass man nicht normal sei. Ich bitte den Vorsitzenden, aus den Akten festzustellen, ob in irgendeinem Verfahren gegen mich Zweifel an meiner Zurechnungsfähigkeit oder meiner geistigen Potenz laut geworden sind.

Vorsitzender: Nein.

Löwenfeld: Ich habe das »geistig nicht normal« in dem Sinne gemeint, dass bei Mühsam die Hemmungen fehlen und dass er seinem Temperament in einer Weise die Zügel schießen lässt, dass man von einem nervösen hysterischen Einschlag sprechen kann. Ich halte das nicht für ein belastendes Moment, sondern im Gegenteil für ein entlastendes Moment für Mühsam.

Mühsam: Das ist es ja gerade, was ich fürchte. *(Heiterkeit)*

Löwenfeld: Er ist ein ehrlicher Fanatiker.

Mühsam: Mir liegt daran, das Charakterbild dieses Zeugen festzustellen, wie er das meine festzustellen versucht hat.

Vorsitzender: Dazu sind die Zeugen nicht da.

Mühsam: Der Zeuge hat auch von Verworrenheit meiner Ansichten gesprochen. Ich möchte ihn fragen, welche Ansichten von mir kennt er? Beruht nicht vielmehr die Verworrenheit vielleicht auf seiner Auffassungsfähigkeit? Der Zeuge behauptet, ich sei in Volksversammlungen vor dem Kriege nie ernst genommen worden. Ich stelle fest, dass ich vor dem Kriege in Volksversammlungen sehr häufig verprügelt worden bin. *(Heiterkeit)*

Ich möchte wissen, ob daraus, dass ich meinen Ansichten konsequent geblieben bin, nicht der Rückschluss zu ziehen ist, dass sich meine Ansichten als richtig bestätigt haben?[168]

Das sieht das Gericht selbstverständlich anders. In seinem Schlussplädoyer erklärt der Staatsanwalt, mildernde Umstände seien bei Mühsam ausgeschlossen. Dieser sei ein »geborener Hetzapostel«, »die größte Gefahr für jedes staatliche Gemeinwesen«. Seine Forderung: zehn Jahre Zuchthaus und die Aberkennung der bürgerlichen Ehrenrechte. Das Gericht verneint zwar in seiner Urteilsbegründung die »ehrlose Gesinnung« Mühsams, bestätigt ihn aber als »treibende Kraft« der Räterepublik. Er habe »während der gesamten Revolutionszeit einen höchst verderblichen Einfluss auf die an sich erregten Massen ausgeübt« und somit sei die zulässige Höchststrafe zu verhängen: 15 Jahre Festungshaft.[169]

---

168 Aus: Scheinwerfer – Färbt ein weißes Blütenblatt sich schwarz, Fidus (Hrsg.), Berlin 1978
169 Zitiert nach: Erich Mühsam – Leben und Werk, Heinz Hug, Vaduz 1974

Mit diesem Urteil beginnt für Mühsam eine ebenso qualvolle wie zugleich höchst produktive Zeit. Zwischen tiefen Depressionsphasen und trügerischen Hoffnungen hin und her geworfen, kann und will er die Revolution nicht aufgeben und nutzt intensiv die Publikationsmöglichkeiten, die ihm die neue Republik bietet (auch wenn er seine Texte zumeist aus der Haft herausschmuggeln muss). Er verfasst zahlreiche Artikel für anarchosozialistische Zeitschriften, veröffentlicht mit »Brennende Erde. Verse eines Kämpfers« seine Gedichte der Kriegs- und Revolutionszeit (1920), mit »Judas« (1921) sein erfolgreichstes Theaterstück, mit »Die Einigung des revolutionären Proletariats im Bolschewismus« (1921–22) sein bis dahin bedeutendstes analytisches Werk und mit »Standrecht in Bayern« (1923) eine detaillierte Anklageschrift gegen die Siegerjustiz. Bei all dem empfindet er sich weiterhin als handelnder Revolutionär, und sieht sich als solcher gezwungen, die stetig wachsende Bedeutung der KPD anzuerkennen. Wenn da nur nicht deren Liebäugelei mit der Wahlbeteiligung wäre ...

So begann schon im Sommer 1919 in der kommunistischen Presse ein geschäftiges Orakeln, ein Einerseits und ein Anderseits, ein Hin- und Hersalbadern über das Wie, Wann, Wo und Warum einer eventuellen Beteiligung an der Wählerei. Wer die Bedenklichkeit eines Rückfalls der um die Revolution verdientesten Partei in sozialdemokratische Sitten erkannte, musste diese Entwicklung mit Sorge beobachten. Die Befürchtung lag nahe, dass die KPD, hatte sie erst einen Fuß auf die schiefe Ebene gesetzt, in rapidem Tempo in die Methoden der vulgärsten Parteipolitik abrutschen, dass sie das Niveau verlieren werde, das sie bisher hoch über dem Gehudel der politischen Schachermacherei gehalten hatte. (...) Im September 1919 entschloss ich mich, unter Überwindung schwerster Gewissensbedenken von meiner Festungshaft aus den Beitritt zu vollziehen. Ich erließ zur Begründung eine öffentliche Erklärung in den kommunistischen Blättern, worin ich die kommunistischen Anarchisten aufforderte, meinem Beispiel zu folgen, und der Hoffnung Ausdruck gab, »der Zustrom an Kampf und Verfolgung gewöhnter Rebellen werde die Tatkraft der Partei befeuern und sie vor Verknöcherung und Verbonzung dauernd bewahren«. Nachdem ich vorher auf die frühere »Versumpfung der Arbeiterbewegung in Parlamentsschwätzerei, Tarifmeierei und Vereinsbürokratismus« hingewiesen hatte, konnte kein Zweifel bestehen, was ich mit meinem Schritt beabsichtigte.

Die Freude meiner Parteizugehörigkeit war kurz. Wenige Wochen nach meinem Beitritt erschienen die Leitsätze der Kommunistischen Partei Deutschlands (Spartakusbund). Beschlossen auf dem Parteitag Oktober 1919, und darin heißt es: »Die KPD ist sich bewusst, dass dieser Kampf (um die Machtergreifung des Proletariats) nur mit den größten politischen Mitteln (Massenstreik, Massendemonstration, Aufstand) zum siegreichen Ende gebracht werden kann. Dabei aber kann die KPD auf kein politisches Mittel grundsätzlich verzichten, das der Vorbereitung dieser großen Kämpfe dient. Als solches kommt auch die Beteiligung an Wahlen in Betracht, sei es zu Parlamenten, sei es zu Gemeindevertretungen, sei es zu gesetzlich anerkannten Betriebsräten usw.«. Und der Punkt 7 der »Leitsätze über kommunistische Grundsätze und Taktik« verfügt: »Mitglieder der KPD, die diese Anschauungen über Wesen, Organisation und Aktion der Partei nicht teilen, haben aus der Partei auszuscheiden.« Damit war ich also automatisch wieder an die Luft gesetzt und verschwand lautlos mit zahlreichen anderen überzeugten revolutionären Kommunisten durch die Kulisse links.[170]

---

170 Aus: Die Einigung des revolutionären Proletariats im Bolschewismus, IV Parlamentarischer Kretinismus, Die Aktion, Nr. 5/6, Berlin 1922

Seine kurze Parteimitgliedschaft wird man ihm in Anarchistenkreisen noch lange vorwerfen. Doch in dieser Frage rudert er nicht zurück. Bis zu seinem Tode wird er der Überzeugung treu bleiben, dass Anarchisten und Parteikommunisten im Geiste der Revolution gemeinsam agieren müssen – zumal gegen den aufkommenden Faschismus. Dennoch wird er nie müde, die Differenzen zu betonen:

Kunst und Proletariat

Der Gegensatz zwischen anarchistischer und marxistischer Weltanschauung beruht zum geringsten Teil auf der verschiedenen Beurteilung gesellschaftlicher Grundfragen. Soweit diese Fragen ökonomischer Natur sind, besteht sogar weitgehende Übereinstimmung. Die Klassenscheidung der Staaten durch den Kapitalismus wird gleichmäßig zum Ausgangspunkt des Kampfes gemacht, das Proletariat gilt kraft seiner gesellschaftlichen Funktion als bloßes Ausbeutungsobjekt der besitzenden Klasse und wird somit für die Aufgabe ausersehen, in korporativem Ansturm, aber auf die eigene Tat gestellt, die Einrichtungen, die sein Sklavenschicksal ermöglichen, zu zerstören; die Aufhebung des Privateigentums an Grund und Boden und an Produktionsmitteln und deren sozialistische Vergesellschaftung ist zum Ziele gesetzt. In den Lehrmeinungen, welche die organisatorische Zusammenfassung der Klassenkampfkräfte, die Kampfformen und die sozialistische Weltgestaltung der Zukunft betreffen, bestehen allerdings weitreichende Unterschiede, doch brauchten sie, wo zum revolutionären Umsturz entschlossene Anarchisten und Marxisten in Betracht kommen, die Kameradschaft nicht zu hindern, wenn ihre Quellen nicht viel tiefer lägen als in akademischen und taktischen Auffassungen. Die Unvereinbarkeit des Anarchismus und des Marxismus wurzelt in ihrer entgegengesetzten Stellung zum Menschen als Einzelwesen, mithin in ihrer seelisch-geistigen Haltung allgemein, aus der sich wiederum die Beziehung der beiden sozialistischen Lehren zur Kernfrage aller menschlichen Gemeinschaft ableitet: Welche Bedeutung wird der selbstverantwortlichen Persönlichkeit zur Beeinflussung des gesellschaftlichen Geschehens eingeräumt? Dies ist zugleich die Frage nach der individuellen Freiheit im organischen Getriebe, ist die Frage nach der Rolle des Geistes in der Mechanik des öffentlichen Lebens. Die Entscheidung zwischen Anarchismus und Marxismus im Ringen um die Gestaltung der menschlichen Gesellschaft muss auf dem Turnierplatz der geistigen Kultur erkämpft werden.

Die Lehre des Karl Marx geht von der Erkenntnisgrundlage aus, dass die Produktionsverhältnisse, die in ihrer Gesamtheit die ökonomische Struktur der Gesellschaft bilden, »die reale Basis« seien, »worauf sich ein juristischer und politischer Überbau erhebt, und welcher bestimmte gesellschaftliche Bewusstseinsformen entsprechen. Die Produktionsweise des materiellen Lebens bedingt den sozialen, politischen und geistigen Lebensprozess überhaupt«. (Marx, Zur Kritik der politischen Ökonomie.) Das ist die sogenannte materialistische Geschichtsauffassung, die also die jeweilige Entwicklungsstufe der materiellen Produktion zum einzigen und immer anwendbaren Maß aller gesellschaftlichen Erscheinungen machen will. Alle Umwälzung im gesellschaftlichen Leben wird mit folgerichtiger Einseitigkeit aus dem Widerspruch erklärt, in den allmählich die Produktivkräfte mit den Produktionsverhältnissen geraten, und die »juristischen, politischen, religiösen, künstlerischen oder philosophischen, kurz ideologischen« Bestandteile des »Überbaus« sind nur die Formen, »worin sich die Menschen dieses Konflikts bewusst werden und ihn ausfechten«. Die notwendige Wirkung einer solchen Einschätzung der geschichtlichen Bewegungskräfte der Menschheit war – je fester der

Marxismus sich als anerkannte Doktrin bei den Sozialisten der verschiedenen autoritären Richtungen einnistete, umso unvermeidlicher –, dass die natürlichen Empfindungen der Leidenschaft, ohne deren ungehemmte Ursprünglichkeit nie ein Kampf gelingen kann, von einem verheerenden Wissenschaftsdünkel umnachtet wurden. Dcm Proletariat fror Herz und Galle ein, das es sich einreden ließ, man dürfe diese Organe zum Tun und Lassen nicht zu Rate ziehen, ehe man nicht unter dem Mikroskop untersucht habe, worauf ihre Erregbarkeit beruhe. »Das Sein bestimmt das Bewusstsein!« Bis zum unerträglichen Überdruss plärren es einem die von solchen Schlagworten, die, aus den großen Zusammenhängen herausgenommen, nichts als Redensarten sind, bewusstlos gemachten marxistischen Vorzugsschüler entgegen, wenn man sie mahnt, ihr Bewusstsein, nämlich ihr Leiden und Sehnen, ihr Hassen und Lieben, ihr Wollen und Beschließen »das Sein«, nämlich die Wirklichkeit einer neuen Menschengemeinschaft, bestimmen zu lassen. Alles Geistige ist den Anhängern dieser trockenen Lehre nur ein nebensächlicher Ausdruck materieller Gegebenheiten, alle sittliche Vernunft ökonomischer Zweckmäßigkeit untergeordnet, alle Begeisterung und seelische Erhebung unstatthaft, sofern sie die Schranken wissenschaftlicher Billigung durchbricht. Die anarchistische Lehre setzt demgegenüber die individuelle Freiheit der gesellschaftlichen Freiheit gleich. Das bedeutet in Beziehung auf den historischen Materialismus die Verneinung von Formeln, welche das Verhalten der Menschen in die erzwungene Abhängigkeit schicksalhaft verhängter Zustände zu bringen versuchen. Das, was Marx »das gesellschaftliche Sein« nennt, bestimmt »das gesellschaftliche Bewusstsein« durchaus in keinem höheren Maße, als es selbst aus dem gesellschaftlichen Bewusstsein der Menschen geworden ist. Nach dem an der zitierten Stelle ausdrücklich verkündeten Glaubenssatz seiner materialistischen Auffassung »gehen die Menschen bestimmte, notwendige, von ihrem Willen unabhängige Verhältnisse ein«, und zwar »Produktionsverhältnisse, die einer bestimmten Entwicklungsstufe ihrer materiellen Produktionskräfte entsprechen«. Das ist Determinismus-Lehre von der Unfreiheit des Willens und der vorbestimmten Notwendigkeit allen Geschehens – in reinster Ausprägung. Eine solche Lehre ist allerdings unvereinbar mit jeglichem Freiheitsgedanken. Ist es wahr, dass der Wille der Menschen gebunden ist an krass materielle Tatsächlichkeiten, dann ist jeder Appell an das Gefühl der Opfer dieser Tatsächlichkeiten, an ihre menschliche Würde, an ihr Bewusstsein auf das Recht der Persönlichkeit verlogene Windmacherei, dann muss man sich in der Tat auf den wissenschaftlichen Nachweis beschränken, dass wieder einmal eine Entwicklungsstufe erreicht sein, wo »die materiellen Produktionskräfte der Gesellschaft in Widerspruch mit den vorhandenen „Produktionsverhältnissen« geraten sind, weshalb nunmehr das gesellschaftliche Sein das Bewusstsein der Menschen zur Ausführung der fälligen sozialen Revolution zu bestimmen habe. Wir Anarchisten sehen Wesen und Wirkung der »vorhandenen Produktionsverhältnisse« nebst ihrem Widerspruch zu den Bedürfnissen derer, die die Produktion verrichten, nicht minder klar als Marx und seine Herolde. Nur scheinen uns das lebendige Menschen zu sein und nicht bloß »materielle Produktivkräfte«, und der Widerspruch scheint uns nicht nur darin zu bestehen, dass ein ökonomisches Missverhältnis vorliegt, das zeitgemäß eingerenkt werden müsse, sondern darin, dass allgemeine seelisch-geistige, in der Menschennatur selbst begründete Ansprüche, Kulturforderungen vergewaltigt werden, die nicht als »gesellschaftliches Sein« zu entschuldigen, sondern als üble Menschenveranstaltungen von denkenden und fühlenden Menschen auszurotten sind.

Der Marxismus, den Gustav Landauer »die Pest des Jahrhunderts und den Fluch des Sozialismus« nannte, beherrscht fast unbelästigt die gedankliche Welt der dem Kapitalismus abgeneigten Zeitgenossen.

Der durch die Fron des täglichen Lebens zum Denken gebrachten Arbeiter, tausendfach betrogen von religiösen und unreligiösen Augenverdrehern, die irgendeinen wohlriechenden Idealismus als Trost im Elend gewinnbringend verschleißen, befreundet sich begreiflicherweise gern mit einer Idee, welche frei von allem übersinnlichen Mystizismus, die harte Erkenntnis, woher Not, Leid und Unrecht in seinem eigenen Erleben quoll, dem kritischen Bewusstsein als Lenkstange zuteilte. Er empfindet marxistisch insofern, als er nicht mehr wünscht, als sein wirtschaftliches Los wirtschaftlich zu erfassen und auf wirtschaftlichen Wegen zu ändern; mit den übrigen Ansprüchen des Marxismus, als allgemeine Denkmethode und unfehlbares Mittel zur Ergründung sämtlicher Welträtsel und Daseinserscheinungen anerkannt zu werden, hat er nichts zu tun, da ihn nach dergleichen Universalrezepten gar nicht verlangt. Umso heftiger krallt sich der sogenannte »Intellektuelle« an den philosophisch-formalistischen Aufstellungen des Marxismus fest: hier hat er hinreichend Fremdwörter, die ihn der Mühe überheben, einmal Vorgedachtes durch eigenes Nachdenken zu berichtigen oder zu erweitern, beziehungsweise sein Intellektuellentum in ein wenig Geistigkeit umzusetzen. Er befleißigt sich der Literatur, der Kunst oder der Kritik an diesen erhabenen Äußerungen menschlichen Schaffensdranges, ist aber, als moderner Denker selbstverständlich historischer Materialist, weit entfernt, dem kulturellen Werten des Lebens andere als nur materielle Zwecke, dem geschlossensten Ausdruck der Persönlichkeit andere als nur unpersönliche Befugnisse zuzubilligen.

Der Marxismus hat, seit er als große Mode der Gebildeten getragen wird, in den Bezirken der künstlerischen Kultur unbeschreibliche Verwirrung angerichtet, und es gilt, im Namen des Sozialismus, der nicht allein eine wirtschaftliche Regelung von Arbeit, Verbrauch und Verkehr bedeutet, nicht allein die Befreiung des Proletariats aus ökonomischer Verknechtung, sondern vor allem die Neugestaltung der geistigen und seelischen Beziehungen der Menschen untereinander, die kulturelle Nahrung der Arbeiterschaft der unverdaulichen Zubereitung marxistischer Systemkocher zu entziehen. Es ist eigentümlich, dass die schreckliche Geistlosigkeit der einförmigen Anwendung eines als wissenschaftlich ausgegebenen Urteilsverfahrens auf alle Daseinsgebiete in der Kunst nicht zur Vereinfachung des Verständnisses für ihre Werte beim Proletariat geführt hat, sondern im Gegenteil zur Verrottung und Verluderung des gesamten künstlerischen Empfindens und zur Heranzüchtung einer völlig verworrenen, verdorbenen und dabei jämmerlich anspruchslosen Geschmacksbanalität.

Niemand glaube, dass den Arbeitern hier etwa an Stelle der ihnen neuerdings als »proletarische Kunst« gebotenen Kost der alte nahrhafte Brei aus der bürgerlichen Gemütsküche empfohlen werden solle. Es versteht sich ganz von selbst, dass die Spaltung der Gesellschaft in zwei von vollkommen entgegengesetzten Interessen geleitete Klassen im geistigen und kulturellen Leben einen nicht weniger kämpferischen Ausdruck finden muss als in der wirtschaftlichen Lebensführung. Das bezieht sich aber durchaus nur auf die inhaltliche Tendenz, keineswegs auf die formale Fassung, geschweige auf das dynamische Wesen der Kunst selbst. Es ist (...) lächerlicher Unfug, von proletarischer Kunst zu reden. Es gibt Kunst die Proletarier tiefer bewegt als gesättigte und ästhetisch gerichtete Bürger, weil der künstlerisch behandelte Gegenstand dem Arbeiter nahe-, dem Bourgeois fernliegt. Es gibt Kunst, die von werktätigen und ausgebeuteten Menschen geschaffen ist, und diese Kunst kann manchmal dem Geschmacksbedürfnis der Bankiersfrauen viel besser entsprechen als dem der Klassengenossen des Künstlers, während vielleicht das Werk eines Adligen oder eines millionenschweren Mannes, dessen dichterischer Genius von sozialen Erregungen zittert, unmittelbar an das Klassengefühl des Proletariers greift. Der Begriff der Kunst bleibt dabei ganz unberührt, er steht im Gegensatz zur Unkunst, zum Kitsch und bezeichnet die Äußerung einer mitteilungsbedürftigen Natur, die sich mit Hilfe bildhafter Übertragung durch Sprache, Ton, Farbe, Form, Bewegung, Mimik in streng gebändigtem Ausdruck unmittelbar an das Gefühl der Mitmenschen wendet. Das eben unterscheidet Kunst von jeder anderen Art der Einwirkung auf die Menschen, dass ihre Mittel nicht die der logischen Überführung, sondern die der seelischen Erschütterung, Erhebung, Zerknirschung oder Begeisterung sind. Das Proletariat ist eine von den Besitzenden unterworfene Menschenklasse, keineswegs aber eine von jenen im Wesen unterschiedlichen Menschengattung. Die herrschenden Klassen haben die Kultur geschaffen, die den geistigen Stand der Gegenwart bezeichnet – beschränkte sich der Marxismus auf diese Feststellung, statt von ihr die fatalistische materialistische Geschichtsauffassung abzuleiten, dann wäre gar nichts dagegen einzuwenden –; die Kapitalisten bestimmen überdies die geistige Ausbildung, die das Arbeiterkind erfährt; von eigenen Lebensformen des Proletariats kann daher in geistigem Betracht überhaupt keine Rede sein. Auch wird es niemals eine proletarische Kultur geben; denn das es Proletariat gibt, ist an und für sich eine Kulturwidrigkeit, und aller proletarische Kampf, der auf neue Gesellschaftsformen abzielt, kann nur den Sinn haben, diese abscheuliche Kulturwidrigkeit aus der Welt zu schaffen und die klassenlose Menschengemeinschaft an ihre Stelle zu setzen. Soweit die Kunst in den Dienst revolutionärer Ziele des Proletariats genommen werden soll – und sie soll es wahrhaftig! Sie soll es viel gründlicher als bisher! –, muss es die Kunst sein, welche aus der gegenwärtigen Kultur erwachsen ist. Eine neue Kultur nämlich kann erst entstehen, wenn dazu die Bedingungen, nicht etwa nur die ökonomischen, sondern die seelischen, die geistigen, die moralischen Bedingungen durch völlig gewandelte Beziehungen zwischen den Menschen geschaffen sind. Genau so, wie die für bürgerliche Zwecke ersonnenen Maschinen, Waffen und Geräte aller Art keine Konstruktionsveränderungen brauchen, um den Zwecken des Proletariats ebenso gut dienstbar sein zu können, verhält es sich mit der Kunst. Wer sie bedient, mit welcher Absicht sie bedient wird, ist entscheidend. (...)

Kunst soll begeistern. Begeisterung ist eine Sache, die aus dem Geiste kommt. Nicht Gesinnung zu schulen ist Aufgabe derer, die dem Proletariat die Kunst zuführen wollen, sondern Gesinnung zu durchgeistigen und zu verklären. Der Geist der Kunst verträgt keine Fesseln. Weder die Dialektik noch der historische Materialismus hat mit Kunst etwas zu schaffen: nur die Kunst kann das Proletariat begeistern und entflammen, die ihren Reichtum und ihr Feuer aus der Gesinnung der Freiheit empfängt.[171]

Als Mühsam diesen Text schreibt, ist er seit fünf Jahren wieder in Freiheit. Zu verdanken hat er seine vorzeitige Freilassung im Dezember 1924 allerdings einer Amnestie für politische Gefangene, deren vorrangiges Ziel es war, Adolf Hitler und seine gescheiterten Putschisten entlassen zu können. Obwohl die Jahre der Festungshaft seine Gesundheit ruiniert haben, beginnt für ihn mit der Freilassung eine rastlose Zeit. Er setzt sich intensiv für die Rote Hilfe ein (was für viele Anarchisten abermals eine zu große Nähe zur KPD bedeutet und zu seinem Ausschluss aus der »Föderation kommunistischer Anarchisten Deutschlands«, FKAD, führt), hält Vorträge im ganzen Land und gründet mit »Fanal« eine neue Monatszeitschrift, die er abermals weitgehend mit eigenen Texten füllt. Aber etwas hat sich verändert: Mühsams Tonfall hat an agitatorischem Feuer verloren. Er klingt jetzt deutlich analytischer, und viele seiner Artikel rekurrieren auf die Räterepublik als historisches Beispiel. Als eine Art Nachlassverwalter der gescheiterten Revolution ist er bemüht, deren Darstellung in den

---

171 Aus: Fanal, 4. Jahrgang, Nr. 8, Berlin Mai 1930

Geschichtsbüchern zu prägen. Er schreibt Gedenkartikel über Gustav Landauer, Eugen Leviné und sogar seinen alten Gegner Kurt Eisner, veröffentlicht 1929 seinen »Rechenschaftsbericht« und ist stets bestrebt, die eigene Gesellschaftsutopie deutlich vom autoritären Staatssozialismus in Sowjet-Russland abzusetzen:

Der Grundirrtum der marxistischen Theorie, das zentralistische Prinzip, gewann in Russland Geltung. Aus der Räterepublik wurde ein »Räte-Staat«, ein Widerspruch in sich selbst. Eine Staatsregierung, an deren Wesensart der Name »Räte-Regierung« nichts ändern kann, erlässt Staatsgesetze, und das Gefäß des Staates füllt sich langsam und unaufhaltsam mit dem Inhalt, für den die Form des Staates ursprünglich geschaffen, für dessen Aufnahme sie allein geeignet ist: mit dem Inhalt kapitalistischer Konzessionen.

Das russische Revolutionsproblem lässt sich nicht von einem Punkt aus beurteilen. Die krisenhafte Zuspitzung der Differenzen wegen der russischen Staats- und Wirtschaftspolitik und mithin der Taktik und der Methoden der kommunistischen Internationale, die heute die populärsten Persönlichkeiten der revolutionären Heroenzeit in Opposition gegen das herrschende Regime zeigt, unter ihnen Trotzki, Sinowjew, Kamenew und selbst Lenins Witwe, Krupskaja, hat zahlreiche Gründe, die zum allergeringsten Teil in persönlichen Rivalitäten, geschweige denn in gewolltem Verrat oder mangelndem Idealismus zu suchen sind. Die Tatsachen sind überall stärker als die Menschen, zumal die Tatsachen der Ökonomie. Nur stellen auch Tatsachen, an deren Auswirkungen die Menschen nicht mehr vorbeikommen, ihr Verhalten unter dem Gesichtspunkt zur Kritik, ob nicht ein anderes Verhalten andere Tatsachen gezeitigt hätte. Und da sollte man bei der Erörterung der russischen Frage nicht an der Möglichkeit vorbeigehen, dass die Gesamtanlage des bolschewistischen Staatssystems an einem Konstruktionsfehler leidet: an dem, dass die föderative Rätemacht durch eine zentralistische Staatsmacht ersetzt ist.[172]

Die Losung »Alle Macht den Räten«, unter der die russische Revolution 1917 ihren Oktobersieg errang, erwies sich als so erschöpfender Ausdruck des wahren Willens der gesamten revolutionären Arbeiterschaft in allen Ländern, dass auch die entschiedensten Autoritären, die Bolschewiken, sie aufnahmen, da sie sonst einfach den Anschluss an die Massen verpasst und keine Gelegenheit gefunden hätten, sich nach dem Siege der Revolution zu demaskieren. Sie wären, wie es den Menschewiken erging, schon vorher als Staatssozialisten erkannt und zu keiner Teilnahme an der Neuordnung der Verhältnisse zugelassen worden. Nachdem die Dinge in Russland nun leider den Verlauf genommen haben, den jede jakobinische Revolutionsverfälschung nehmen muss: von einer Massenerhebung über Klüngeldiktatur und Direktorium zum Bonapartismus – der gegenwärtige Zustand entspricht einer Zwischenstation zwischen Robespierre und Barras, aber die Konturen des Konsulates überschatten schon den Hintergrund –, zwingt die lärmende Anpreisung eines »Sowjet-Deutschland«, das dem Vorbild des heutigen Russland genau nachgeahmt werden soll, zur klarsten Herausstellung des Gegensatzes zwischen einem Sowjetstaat und einer Räterepublik.

Eine Darstellung dessen, was sich in Russland als »Diktatur des Proletariates« ausgibt, erübrigt sich in diesem Zusammenhang. Es genügt, daran zu erinnern, dass die Verfolgungen und Brutalisierungen gegen alle Proletarier, die sich noch heute zu den gemeinsamen Parolen von 1917 bekennen, dauernd gesteigert werden und dass die Moskauer Machthaber sich noch nie bewogen gefühlt haben, dem Protest der proletarischen Revolutionäre aller Länder, die nicht ihre

---

172 Aus: Staatsverneinung, Fanal 1. Jahrgang, Nr. 1, Berlin Okt. 1926

gefügigen Parteigänger sind, auch nur einen Teil der Beachtung zu schenken, die sie den Protesten empfindsamer Intellektueller zuwenden, wenn sich ihr revolutionärer Eifer wirklich einmal statt gegen Anarchisten und linke Kommunisten gegen Saboteure, Weißgardisten und Pfaffen richtet.[173]

Wirkliche sozialistische Gleichheit, so Mühsam, kann nur auf der Basis von Freiwilligkeit entstehen. Die wiederum setzt die Freiheit des Individuums voraus:

Die auf der Kameradschaft gleichberechtigter Menschen errichtete freie Gesellschaft ist ein Organismus, dem alle Elemente der Persönlichkeit innewohnen mit Einschluss selbst des individuellen Empfindungslebens, während jeder Mensch, der unter natürlichen, das heißt freiheitlichen Umständen lebt, sich nicht nur als Glied der gesellschaftlichen Kette, als Rädchen im Riesenapparat des gesellschaftlichen Geschehens fühlt, sondern durchaus als identisch mit der Gesamtheit, die für ihn genau so lebendige Wirklichkeit ist, wie sein eigenes körperliches und seelisches Sein. Mensch und Gesellschaft können unter freiheitlichen Lebensverhältnissen niemals in Gegensatz geraten, sie sind gleichwertige, einander ergänzende Ausdrucksformen desselben Zustands.

Daher ist auch, die Wirklichkeit einer freien Gesellschaft angenommen, die Freiheit des Einzelnen nicht begrenzt bei der Freiheit aller, wie das die reinen Individualisten postulieren; vielmehr kann tatsächliche gesellschaftliche Freiheit gar nicht zur Begrenzung der Freiheit des Einzelnen zwingen, da ja Freiheit der Persönlichkeit nicht bestände, wo sie im Widerspruch zur allgemeinen Freiheit wirken wollte. Die Willkür nämlich, die für sich selber Rechte in Anspruch nimmt,

---

[173] Aus: Alle Macht den Räten!, Fanal, 5. Jahrgang, Nr. 3, Berlin Dez. 1930

die in der gesellschaftlichen Einheit nicht begründet sind, hat mit Freiheit gar keine Berührung; sie ist Despotie, die Unfreiheit voraussetzt, ist somit selber abhängig von der Bereitschaft anderer, sich Obrigkeit und Befehlsgewalt gefallen zu lassen und würde Gegensätze zwischen Gesellschaft und Mensch aufreißen, die die Natur nicht geschaffen hat und die dem Prinzip der Freiheit krass zuwiderlaufen.

Die Gesellschaft der Freiheit ist ein Organismus, das heißt ein einheitliches und darum harmonisch schaltendes Lebewesen; das unterscheidet sie vom Staat und jeder Zentralgewalt, wo ein Mechanismus die Funktionen des organischen Lebens zu ersetzen sucht und wo nicht die Dinge der Gemeinschaft gemeinsam verwaltet, sondern die Menschen von anderen Menschen zur Innehaltung von auferlegten Pflichten zwangsweise angehalten werden. Es genüge hier, die beiden Möglichkeiten menschlichen Zusammenlebens einander gegenüberzustellen. Das System der Regierung von oben nach unten, das System der Zentralisation der Kräfte, hat sich in aller Welt durchgesetzt und bis jetzt, kaum ernstlich bedrängt, erhalten. Das System der Föderation von unten nach oben, des Bündniswesens, der Kameradschaft und der Freiheit, dieses System der Ordnung durch Bünde der Freiwilligkeit muss den Beweis seiner Verwendbarkeit in der wirklichen Welt aus der grauen Vorzeit der Menschheitsgeschichte und aus den täglichen Beispielen der uns umgebenden Tierwelt führen. Wer den Glauben an die Zukunft der Freiheit hat, wird ihn sich durch die Einwendungen der handfest praktischen Gegenwart nicht rauben lassen.[174]

Damit steht Mühsam im schärfsten Gegensatz nicht nur zum autoritären, durchbürokratisierten Regime in Sowjet-Russland, sondern ebenso zu dessen deutschem Ableger, der KPD. Ein Widerspruch, der

---

[174] Aus: Die Freiheit als gesellschaftliches Prinzip, Fanal, 4. Jahrgang Nr. 12, Berlin Sept. 1930

auch seine weitere Mitwirkung in der Roten Hilfe bald unmöglich macht. Nachdem sich diese deutlich gegen seine Forderung einer Amnestie für die anarchistischen Gefangenen in Sowjet-Russland positioniert und zudem damit beginnt, Werbeaktionen für die »Rote Fahne«, das Zentralorgan der KPD durchzuführen, beendet Mühsam die Zusammenarbeit. Damit ist er nun endgültig isoliert. Ein Umstand, der ihm jedoch weniger Sorge bereitet als die allgemeine Unfähigkeit der deutschen Linken, wenigstens gegen die immer stärker werdenden Nationalsozialisten eine gemeinsame Linie zu finden:

Leider muss ja allerdings, wenigstens in Deutschland, auf die Teilnahme der beiden großen Arbeiterparteien an jedem gemeinsamen Kampf der proletarischen Klasse verzichtet werden, weil beide zwar das Wort »Einheitsfront« dauernd im Munde führen, darunter aber nichts anderes verstehen als das Einfangen aller Kräfte in ihre Befehlsgewalt, die Unterordnung aller klassengemeinsamen Angelegenheiten unter ihr Parteiinteresse. Jede wirkliche einheitliche Aktion zerschlagen sie, indem sie sie beschimpfen, verleumden und sabotieren.[175]

Mühsams neue politische Heimat ist nun die »Anarchistische Vereinigung (Berlin)«, ein äußerst überschaubarer Zusammenschluss, der allerdings zumindest in der gewerkschaftlich organisierten »Freie Arbeiter-Union Deutschland« (FAUD) einen gewissen Resonanzraum findet. Bindeglied ist der anarchosyndikalistische Philosoph Rudolf Rocker, der seinerseits bereits 1924 aus der FKAD ausgetreten ist. Mit ihm und seiner Frau Milly Witkop-Rocker leben die Mühsams in der Britzer Hufeisensiedlung in enger Nachbarschaft. Zuweilen schreibt Rocker auch für »Fanal« und veranstaltet gemeinsam mit Mühsam

---

175 5. Mai 1932 an Karin Michaelis, aus: Erich Mühsam, In meiner Posaune muss ein Sandkorn sein, Briefe 1900–1934, Gerd W. Jungblut, Vaduz 1984

anarchistische Diskussionsabende. Zentraler Treffpunkt der Gruppe ist das winzige Häuschen der Mühsams, in dem das Leben auf ähnliche Weise weitergeht, wie in den Münchener Jahren: Ständige Geldsorgen, offene Türen für obdachlose Genossen, Zenzl kocht für alle, und Mühsam hält flammende Reden vor jungen Leuten. Aber in all dem liegt kein Aufbruch mehr. Es ist nurmehr ein Abgesang.

Noch 1927 heißt es in der ersten Folge von Mühsams »Unpolitischen Erinnerungen«:

Die Arena des politischen Kampfes, des Meinungskampfes, hat mich bisher nicht freigegeben, wird mich auch nie freigeben, solange nicht Ziele erreicht sind, die nicht die Ziele der Leser dieser Bekenntnisse sind. *Politische* Memoiren denke ich somit in absehbarer Zeit nicht zu schreiben. Vielleicht werde ich einmal im Rollstühlchen sitzen, müde, runzlig und resigniert – dann mag meinetwegen auch auf dem Gebiet des sozialen Geschehens der erzählende Schriftsteller den Agitator, Propagandisten und auf öffentliches Wirken bedachten Menschen ablösen.[176]

Tatsächlich aber hat Mühsam, der sich nie Illusionen über die Haltbarkeit der Republik machte, zu diesem Zeitpunkt bereits damit begonnen, seinen Nachlass zu regeln. Seit seiner Freilassung aus der Festungshaft 1924 führt er kein Tagebuch mehr und schreibt Gedichte nur noch zum Broterwerb – »gereimte Leitartikel«, wie er sie selbst abfällig nennt. 1928 erscheint mit »Sammlung. 1898-1928« der Schlussstein seines lyrischen Gesamtwerks. Und 1929 beschließt er die letzte Folge der »Unpolitischen Erinnerungen« mit den Worten:

---

176 Aus: Soll man Memoiren schreiben? – Namen und Menschen. Unpolitische Erinnerungen, Leipzig 1949

Das Sterben der Gefährten mahnt den Lebenden, zu tun, was seines Werkes ist. Das Werk des Lebenden aber ist, nicht anders beim Vergangenen zu verweilen als schöpfend für Gegenwart und Zukunft. Ich schöpfe aus meinen unpolitischen Erinnerungen, und ich finde in ihnen Freude und Kampf und die Unbefangenheit zu leben, wie es lebendigen Geistern geziemt. War ich früher den wenigen verbündet, die der Menschheit vorausliefen zu einer frohen Welt, so will ich auch den vielen verbündet bleiben, die die Not lehrt, dass eine frohe Welt erkämpft werden muss, eine Welt, in der wieder Freude und Lachen Raum hat, aber nicht als das Vorrecht rebellierender Außenseiter, sondern als Inhalt des Lebens und der befreiten Menschheit.[177]

Die Zukunft, die in diesen Zeilen beschworen wird, ist inzwischen nur noch ferne Utopie, und Mühsam weiß das. Stattdessen rückt die von ihm bereits am 2. Mai 1919 im Tagebuch prognostizierte deutsche Diktatur unaufhaltsam näher. Bereits seit 1925 (fünf Monate nach Mühsams Freilassung) steht mit Generalfeldmarschall a. D. Paul von Hindenburg ein erklärter Antirepublikaner als Reichspräsident an der Spitze der Republik. 1927 weiht dieser das die deutsche Kriegsschuld leugnende Tanneberg-Denkmal ein – eine bizarr mittelalterlich dräuende Kulisse für künftige völkische Massenversammlungen in der Tradition der Monumentaldenkmäler der Kaiserzeit. Minderheitsregierungen wechseln in schneller Folge, während die reaktionären Kräfte immer stärker werden. Aus der Reichstagswahl 1930 geht die NSDAP bereits als zweitstärkste Kraft hervor. 1931 tritt eine Verordnung des Reichspräsidenten »zur Bekämpfung politischer Ausschreitungen« in Kraft, der Mühsams Zeitschrift »Fanal« sofort zum Opfer fällt. Sie wird für die Dauer von vier Monaten verboten, was letztlich das Ende

---

177 Aus: Rückblick, Ausblick – Namen und Menschen. Unpolitische Erinnerungen, Leipzig 1949

für die wirtschaftlich defizitäre Publikation bedeutet. Im Juli 1932 wird abermals gewählt und die NSDAP kann nun mehr Stimmen auf sich vereinigen als SPD und KPD zusammen. In den Straßen marodiert die SA. Und Erich Mühsam setzt sich an sein letztes Werk. Es ist eine Art Testament jener Freiheit, von der er als junger Mann im Kaiserreich träumt und die ihm während der Revolutionsmonate 1918/19 kurzzeitig aus der Zukunft in die Gegenwart schien – »Die Befreiung der Gesellschaft vom Staat«:

Gemeinsame Verantwortlichkeit aller für alles, das ist der eigentliche Sinn des Kommunismus. Gemeinsame Verantwortlichkeit aller für alles bedeutet aber genau dasselbe wie Selbstverantwortlichkeit eines Jeden für das Ganze, und das ist der eigentliche Sinn des Anarchismus.

Damit ist die Frage der Wechselbeziehung von *Gesellschaft und Persönlichkeit* aufgeworfen. Der Marxismus will die soziale Gleichheit herstellen, indem er die Lebensformen des einzelnen Menschen in das Streckbett der für ökonomisch auswägbar gehaltenen Nutzzwecke der Gesamtheit zwingt. Der Individualismus will umgekehrt den ungekürzten Lebensraum des Individuums zum Maß der gesellschaftlichen Daseinsform machen, ohne Rücksicht auf Gleichheit und Gesamtnutzen. Beide Auffassungen nehmen also einen Gegensatz zwischen Gesellschaft und Mensch an und kommen nur bei der Abschätzung der Frage, wessen Rechtsanspruch ans Leben wichtiger sei, zu verschiedenen Ergebnissen. Der kommunistische Anarchismus lehnt die Unterscheidung zwischen Gesellschaft und Persönlichkeit ab. Er betrachtet die Gesellschaft als Summe von Einzelmenschen und die Persönlichkeit als unlösliches Glied der Gesellschaft. Eine soziale Gleichheit, bei der der individuelle Betätigungsdrang des seines Eigenwertes bewussten Menschen beeinträchtigt ist, die sich mit der Beseitigung des Mehr oder Weniger in der Verfügung über die irdischen

Güter begnügt, schafft allein nicht die gesellschaftliche Gleichheit, die die Forderung der Gerechtigkeit erfüllt, die Gleichheit, die auf Gegenseitigkeit in allen, nicht bloß den materiellen Dingen, und die auf dem Gefühl der verbundenen Verantwortung aller und der Selbstverantwortlichkeit jedes Einzelnen beruht. Die Herstellung einer Gleichheit, die in Wahrheit die Bedeutung der Gleichberechtigung hat, ist nicht die einfache Lösung einer ökonomischen Rechenaufgabe. In der Erkenntnis, dass hier seine Schwäche liegt, flüchtet der Marxismus in die Gefilde der philosophischen Tröstungen und redet den Sozialisten den Gedanken der persönlichen Verantwortung im gesellschaftlichen Geschehen mit der alten Tempelweisheit der Gebundenheit des Willens und der Vorbestimmung alles Werdens und Waltens aus; einer Lehre, deren übersinnliche Verstiegenheit dadurch um nichts besser wird, dass sie anstelle der göttlichen Fügung den historischen Materialismus, also die Abhängigkeit des menschlichen Tuns von den jeweiligen Produktionsformen setzt. Die wirtschaftlichen Verhältnisse beeinflussen selbstverständlich die Entschließungen der Menschen, außer ihnen aber bilden noch eine Fülle anderer Gegebenheiten, die aus geographischen, biologischen, in Stamm und Überlieferung begründeten oder sonstigen Eigentümlichkeiten quellen, den seelischen Mischkessel, den wir Charakter nennen. Mag die Bewusstseinsbildung somit vielfachen sozialen Bedingungen unterliegen, die Persönlichkeit wird davon in ihrer Fähigkeit zur unmittelbaren Einwirkung auf das gesellschaftliche Sein und in ihrer Ermessensfreiheit nicht betroffen. Innerhalb eines Charakters ist der Wille frei.

Den Einzelwillen jedoch in die Mitte alles Geschehens zu stellen, ihm die Dinge der Gesamtheit unterzuordnen in dem Glauben, der Sinn der Gesellschaft erschöpfe sich in der Befriedigung der materiellen und geistigen Bedürfnisse der ihres einmaligen Ichs bewussten Persönlichkeit, bedeutet ebenfalls nichts als die Flucht aus der Wirklichkeit in die vorgestellte Welt einer sozial zusammenhanglosen

Menschheit. Wie unteilbar aber die Einheit von Mensch und Menschheit ist und von jedem Menschen empfunden wird, erhellt, um ein einziges Beispiel zu nennen, aus dem Bestreben aller Menschen, Zeugnisse des individuellen Lebens über den Tod hinaus ins gesellschaftliche Leben zu verpflanzen. Für das Einzelwesen besteht die Welt nur, solange sie sich seinen Sinnen bemerkbar macht. Das Sterben, das mit dem Individuum sein ganzes Bewusstsein und alle persönliche Wahrnehmung auslöscht, wäre ohne die vollständige Verflechtung des persönlichen mit dem gesellschaftlichen Leben für den Einzelnen das Ende der Dinge überhaupt. Eine Gegenseitigkeitsbeziehung zwischen den Menschen auf Abruf kann es nicht geben. Der im Instinkt der Menschen begründete Drang, den schaffenden Eifer im Dienste der Menschheit zu betätigen, aus dem Eigenen die materiellen, geistigen und sittlichen Schätze der Gesamtheit zu mehren, wäre vollkommen sinnlos, wenn das Individuum ein lösbarer Teil des Ganzen wäre. Alle Regsamkeit der Persönlichkeit empfängt den Antrieb aus dem Bewusstsein der Gemeinsamkeit. Die Gesellschaft ist der Ursprung des Lebens, wie sie zugleich Sinn und Inhalt des Lebens ist. Da die Gesellschaft indessen sich zusammensetzt aus dem lebendigen gemeinsamen Sein der Einzelnen, sind ihre wirksamen Eigenschaften nicht unterschieden von denen der Menschen, der Tiere oder der Pflanzen, die miteinander Gesellschaft bilden, aus ihr geworden sind und sie unausgesetzt neu aus sich erzeugen.

Gesellschaft und Mensch ist demnach als einheitlicher Organismus zu begreifen, und jeder Fehler in der Wechselbeziehung der Menschen zueinander muss sich als gesellschaftlicher Schaden, jeder Mangel in der gesellschaftlichen Ordnung als Krankheitserscheinung im sozialen Getriebe und somit als Benachteiligung von Individuen in Erscheinung setzen. Diese Untrennbarkeit eines Ganzen von seinen Gliedern, dieses Ineinander-Verstricktsein der Teile, deren jedes ein Organismus mit den Eigenschaften des Ganzen ist, dieses Miteinander- und Durcheinander-Bestehen des Einzelnen und des Gesamten ist das Merkmal des organischen Seins in der Welt und jeder Verbindung in der Natur. Wie der Wald aus Bäumen besteht, deren jeder sein Eigenleben hat, mit eigenen Wurzeln im Erdreich steckt, sich selbst ernährt, lebensunfähig gewordene Äste absterben lässt und neue Triebe entwickelt, im Welken der Blätter und Hervorbringen neuer Keime, im Ausstreuen des Samens und im allmählichen Verbrauchen der Lebenskraft jungem Nachwuchs Platz schafft, und wie in diesem Werden und Vergehen und in der wechselseitigen Kraftübertragung der einzelnen Bäume das Leben des Waldes als Zusammenfassung zu einem Ganzen wiederum völlig den Charakter eines lebenden, sterbenden, sich stets von neuem schaffenden individuellen Wesens erhält, so ist jede Gemeinschaft ein Organismus aus Organismen, ein Bund von Bünden, eine zur Einheit gewordene Vielheit von Einheiten. Der kommunistische Anarchismus will diese natürliche Verbindung von Persönlichkeit und Gesellschaft mit Gleichberechtigung, gegenseitiger Unterstützung und Selbstverantwortlichkeit aller Einzelnen im Bewusstsein der Gesamtverbindlichkeit und gemeinsamen Verantwortung fürs Ganze wieder zur Lebensform auch der Menschheit werden lassen. Dazu erforderlich ist aber die vollständige Neugestaltung der Organisationsgrundsätze im wirtschaftlichen und gesellschaftlichen Verkehr.

Solche auf natürlichen Zusammenschluss der Teile zum Ganzen und auf die Kraft des Ganzen als Lebensquelle der Teile gestützte Vereinigung stellt die Organisationsform des *Föderalismus* dar im Gegensatz zum *Zentralismus,* der die künstliche Organisationsform der Macht und des Staates ist, wie sie der Kapitalismus bis zur restlosen Vernichtung der Persönlichkeit, der Gleichheit, der Selbstbestimmung, der Selbstverantwortung und der Gegenseitigkeitsbeziehung emporgezüchtet hat. Föderalismus verhält sich zu Zentralismus wie Organismus zu Mechanismus, das heißt wie Gewachsenes, Naturgewordenes, Wesenhaftes zu Geknetetem, Zusammengebasteltem,

Nachgemachtem. Föderalismus ist Gemeinschaft der lebendigen Teile zum Gefüge eines lebendigen Ganzen, Zentralismus ist Aneinanderkettung der Teile zur willenlosen Lenkung durch ein unbeseeltes Triebwerk. Im Föderalismus wirkt die Übereinkunft der Individuen, ihren unterschiedslos auf den eigenen wie auf den Gesamtvorteil gerichteten Willen zur vernünftigen Herstellung des Bedarfs, zu seiner vernünftigen Verteilung und Verwendung und zur gerechten Gestaltung aller übrigen Lebensbeziehungen zu verbinden; im Zentralismus wirkt das von außen gegebene Gesetz der jeweiligen Macht, welche die Vorrichtungen zur Niederhaltung des Gemeinschaftswillens in den Händen hält. Der Föderalismus baut den Gemeinschaftskörper von unten auf, indem er die schaffenden Kräfte selber in unmittelbarer Verständigung die Maßnahmen treffen lässt, von denen das Wohl der Einzelnen und das Gemeinwohl abhängt und die die Bürgschaft gewähren, dass das Gemeinwohl das Wohl des Einzelnen in sich schließt. Der Zentralismus bewegt die nur äußerlich zusammengebundenen, aber aus keiner inneren Notwendigkeit einander vertrauten Einzelnen von oben her, indem er den Persönlichkeitswillen lähmt und ihm die Leitung durch einen gemeinschaftsfremden, der Prüfung entzogenen Willen aufzwingt. Föderalismus ist Organisation durch natürliche Ordnung; Zentralismus ist Ersatz der Ordnung durch Überordnung und Anordnung. Die föderalistische Organisation entspricht den Forderungen der Gerechtigkeit, der Gegenseitigkeit, der Gleichheit, der gemeinsamen Selbstverantwortung, der Gemeinschaft aus Einzelnen. Die zentralistische Organisation entspricht den Bedürfnissen der Macht, der Obrigkeit, der Ausbeutung, des Klassenzwiespalts, der Bevorzugten. Föderalismus ist Ausdruck der Gesellschaft; Zentralismus ist Ausdruck des Staates.

Staat und Gesellschaft nämlich ist zweierlei. Weder ist die Gesellschaft eine Zusammenballung aller verschiedenen Organisationen und Verbindungen, innerhalb deren die Menschen ihre gemeinschaftlichen

Angelegenheiten ordnen und unter denen der Staat neben anderen Einrichtungsformen besteht, noch ist der Staat von etlichen Möglichkeiten eine der Organisationsarten, in denen sich die Gesellschaft verkörpern kann. Es ist in aller Eindeutigkeit so, dass, wo Gesellschaft besteht, für den Staat kein Raum ist, wo aber der Staat ist, er als Pfahl im Fleische der Gesellschaft steckt, ihr nicht erlaubt, Volk zu bilden und gemeinschaftlich ein- und auszuatmen, sie statt dessen in Klassen trennt und dadurch verhindert, Gesellschaft zu sein. Ein zentralisiertes Gebilde kann nicht zugleich ein föderalistisches Gebilde sein. Ein obrigkeitlich zugerichtetes Verwaltungswesen ist Regierung, Bürokratie, Befehlsgewalt, und dies ist das Merkmal des Staates; eine auf Gleichberechtigung und Gegenseitigkeit aufgebaute Gemeinschaft ist in den Grenzen der räumlichen Verbundenheit der Menschen Volk, als allgemeine Lebensform der Menschheit betrachtet, Gesellschaft. Staat und Gesellschaft sind gegensätzliche Begriffe; eins schließt das andere aus.[178]

»Die Befreiung der Gesellschaft vom Staat« erscheint Anfang 1933 als »Fanal«-Sonderheft. Am 30. Januar wird Adolf Hitler zum Reichskanzler ernannt und beginnt damit, das totalistärste Staatswesen zu errichten, das die Welt je gesehen hat. Mühsam verpasst die Möglichkeit zur Flucht, will vielleicht auch gar nicht mehr fliehen, und wird in der Nacht des Reichstagsbrands vom 27. auf den 28. Februar verhaftet.

Was folgt ist ein anderthalbjähriges Martyrium. In verschiedenen Gefängnissen und Lagern setzt man den 56-jährigen Dichter bestialischen Folterungen aus. Die Daumen werden ihm ausgerenkt, damit er nicht mehr schreiben kann, die Ohren verstümmelt, Kopf und Gesicht kahlrasiert. Man schlägt ihn mit Peitschen und Kanthölzern, setzt ihn Schießübungen aus. Eine formelle Anklage wird nie erhoben, aber die Aufseher lassen keinen Zweifel daran, was man ihm zur Last legt,

---

178 Aus: Die Befreiung der Gesellschaft vom Staat, Fanal-Sonderheft, Berlin 1933

nämlich seine führende Rolle beim Versuch, in Bayern eine wirklich freie Gesellschaft zu errichten – ein Verbrechen, für das es im Nationalsozialismus nur eine Strafe geben kann. Und so ist nun auch Mühsam, 33 Jahre nach seiner folgenreichen Begegnung mit Gustav Landauer und 15 Jahre nach dessen Ermordung, zum Tode bestimmt.

In der Nacht vom 9. auf den 10. Juli 1934 wird Erich Mühsam von eigens dafür abgestellten bayerischen SS-Männern in der Latrine des KZ Oranienburg erhängt. Es ist eine Präsentation mit Symbolcharakter, nicht nur für die andere Inhaftierten: Seht, da hängt sie, eure Freiheit!

Ich lade euch zum Requiem

Ich lade euch zum Requiem
vors Ehrenmal der Totenmauer.
Aus Liebe, Schmerz, Empörung, Trauer
wand ich ein Blumendiadem.

Zerpflückt nicht, so ihr Menschen seid,
den Kranz, den ich gebunden habe,
und denkt daran: am frischen Grabe,
unkritisch, weint das frische Leid.

Das Heut erkennt das Gestern nicht,
trotz Ruhmeskranz und Seelenmessen. –
Wer Zukunft schuf, bleibt unvergessen.
Erst die Geschichte hält Gericht.[179]

---

179 Aus: Sammlung 1898–1928, Berlin 1928

Literatur (Auswahl)

Buber, Martin (Hrsg.): *Gustav Landauer. Sein Lebensgang in Briefen,* Frankfurt/Main 1929
Dorst, Tankred (Hrsg.): *Die Münchner Räterepublik. Zeugnisse und Kommentar,* Frankfurt/Main 1966
Hirte, Chris: *Erich Mühsam. Eine Biographie,* Freiburg 2009
Höller, Ralf: *Der Anfang, der ein Ende war. Die Revolution in Bayern 1918/19,* Berlin 1999
Hug, Heinz: *Erich Mühsam. Untersuchungen zu Leben und Werk,* Vaduz 1974
Kellermann, Philippe (Hrsg.): *Erich Mühsam. Die Einigung des revolutionären Proletariats im Bolschwismus,* Münster 2015
Lausberg, Michael: *Landauers Philosophie des libertären Sozialismus,* Münster 2018
Linse, Ulrich: *Organisierter Anarchismus im Deutschen Kaiserreich von 1871,* Berlin 1969
Müller, Richard: *Eine Geschichte der Novemberrevolution,* Berlin 2011
Nexö, Martin Andersen: *Kultur und Barbarei,* Berlin 1957
Schriftenreihe der Erich-Mühsam-Gesellschaft, Lübeck seit 1989
Souchy, Augustin: *Erich Mühsam. Sein Leben, sein Werk, sein Martyrium,* Grafenau 1984
Souchy, Augustin: *Anarchistischer Sozialismus,* Münster 2010
Viesel, Hansjörg: *Literaten an der Wand,* Frankfurt/Main 1980
Werner, Paul (alias Paul Frölich): *Die Bayrische Räterepublik. Tatsachen und Kritik,* Leipzig 1920

Die Quellen der in diesem Buch verwendeten Originaltexte von Erich Mühsam finden sich in den Fußnoten.